复旦大学研究生系列教材　 复旦大学社会工作硕士系列教材

Social Service Organization
Operation and Management

社会服务机构
运营与管理

王川兰　主编

复旦大学出版社

前言
FOREWORD

《社会服务机构运营与管理》一书作为复旦大学社会工作硕士(Master of Social Work, MSW)系列教材之一,旨在将广阔的社会管理理论视野与丰富的社会工作服务实践经验相结合,探讨社会服务机构内外部的管理问题及其参与经济社会治理的方法、路径和策略。

本教材的特点在于从社会服务机构所特有的社会性、专业性和服务性特点和内涵出发,聚焦该类社会组织的运营与管理过程,深入概括和分析其不同于一般社会组织的管理要素、理论、方法和机制。本教材主要包括宏观层面的社会问题和社会政策分析、中观层面的社会工作服务领域和行业分析,以及微观层面的社会服务机构组织与行为分析三大有机联系的部分。与此同时,本教材的每一章节根据不同主题设置案例讨论和思考题,以便让读者对知识点有更准确的理解和掌握,达到理论联系实践并且加以科学应用的目的。

本教材可作为高校社会工作专业硕士(MSW)的教学用书,也可用于社会管理和社会政策、公共管理以及相关专业的研究生和本科生的教辅书,还可作为社会服务机构、公益慈善组织以及政府有关部门和社区工作者的学习书籍。本教材的编写工作主要由本人承担完成,同时谢智圆、张秀鑫和王热情等MSW研究生参与了部分章节的资料收集工作。最后,对于本教材可能存在的不当甚至错漏之处,还请专家读者不吝指正。

王川兰

2022年7月于上海

目录
CONTENTS

第一章 导论 ··· 001
- 第一节 社会服务机构管理的含义 ··· 001
- 第二节 社会服务机构管理的特征 ··· 013
- 第三节 社会服务机构的类型与功能 ·· 015
- 案例思考与讨论：上海市徐汇区S镇养老服务机构的发展 ········ 020

第二章 社会问题与社会服务机构 ··· 025
- 第一节 社会问题的界定与识别 ··· 025
- 第二节 社会服务机构的使命和目标 ·· 034
- 第三节 社会服务机构的管理 ·· 041
- 案例思考与讨论：养老服务机构与人口老龄化 ························· 053

第三章 社会服务机构管理的理论基础 ································· 056
- 第一节 古典管理理论 ·· 057
- 第二节 人际关系和行为科学学派 ··· 066
- 第三节 新公共管理和新公共服务理论 ··· 070
- 第四节 人本主义管理理论 ··· 077
- 第五节 激励理论 ··· 082
- 案例思考与讨论：平衡计分卡在R社会工作机构管理中的运用 ······ 090

第四章　社会服务机构的宏观外部管理 096
第一节　社会服务机构与政府的关系 096
第二节　政府对社会服务机构的行政管理体制 104
第三节　政府购买社会服务 120
案例思考与讨论：A 直辖市的社会服务机构与政府服务购买 127

第五章　社会服务机构的内部治理结构与过程 130
第一节　社会服务机构内部治理的概念与理论 130
第二节　理事会的结构与职能 136
第三节　行政管理层 142
第四节　监事会的监督权 147
案例思考与讨论：上海市 CT 社会服务中心的内部治理 150

第六章　社会服务机构的人力资源管理 153
第一节　人力资源的构成 153
第二节　员工管理 159
第三节　志愿者招募与管理 167
第四节　督导管理 175
案例思考与讨论：辽宁省 W 社会服务机构的志愿者管理 180

第七章　社会服务项目管理 184
第一节　社会服务项目管理的定义与原则 184
第二节　社会服务项目的开发与设计 192
第三节　社会服务项目的执行 202
案例思考与讨论：金花街社区养老服务项目的需求调研与方案设计 206

第八章　社会服务机构的筹资与财务管理 211
第一节　社会服务机构筹资的渠道与方式 211

第二节　社会服务机构的筹资管理与创新…………………… 218
  第三节　社会服务机构的财务管理体系………………………… 228
  案例思考与讨论：深圳市L社工机构的筹资管理及其困境……… 234

第九章　社会服务机构评估……………………………………… 237
  第一节　社会服务机构评估概述………………………………… 237
  第二节　社会服务评估的类型与特点…………………………… 250
  第三节　社会服务评估的方法与模式…………………………… 253
  案例思考与讨论：四川省MH社工服务站灾后社区生计
  　　　　　　　　发展项目评估……………………………… 265

第十章　社会服务机构管理的挑战与发展趋势………………… 267
  第一节　社会服务机构的使命、效率与责信…………………… 267
  第二节　社会创新中的社会服务机构发展……………………… 280
  案例思考与讨论：春草社工服务机构的使命、责信与创新 ……… 294

第一章 导 论

第一节 社会服务机构管理的含义

一、社会服务机构的历史、现状及问题

2016年9月1日起施行的《中华人民共和国慈善法》(简称《慈善法》)将民办非企业单位更改为社会服务机构。[①] 在此之前的官方文件和文献资料等都是关于民办非企业单位的表述,而关于社会服务机构的论述和研究始自《慈善法》,资料相对较少。由此可见,民办非企业单位和社会服务机构乃同一类社会组织,本书中对两者不做区分。从社会服务机构成立的目的和其特定内涵来看,通常是指由政府、社会团体或个人兴办的,通过社会福利从业人员,包括专业社会工作者、其他专业的服务人员、辅助工作人员等,为特定的、有需要的服务对象提供专业服务的非营利组织,其目的是提高服务对象的社会功能,协助他们面对问题、解决问题,并促进其发展。[②] 在此意义上,可以把社会服务机构理解为不以营利性为目的、属于社会组织(非营利组织)的范畴。因此,了解社会组织的发展历程在很大程度上有助于我们了解社会服务机构的历史、现状及问题。

[①] 《中华人民共和国慈善法》,2016年3月21日。
[②] 参见全国社会工作者职业水平考试教材编写组编:《社会工作综合能力(中级)》,中国社会出版社,2007年。

(一) 社会服务机构的历史

从中国现代历史来看,社会组织的发展主要经过了三大阶段。[①]

1. 第一阶段:20世纪初至1949年新中国成立

由于该阶段中国处在各种势力相互争夺的半殖民地半封建的特殊历史时期,中国社会出现了大量的民间非营利组织。现有资料表明,这一阶段至少包括了以下六类民间社会组织。

第一类是行业协会,包括各种"会馆""行会"等。它们是由传统的手工业者、早期工商业者等组成的维护群体利益和行业秩序的民间非营利组织。其中部分是传统商会、行会的延续,另一部分是伴随民族工商业的兴起而发展起来的新型行业组织。第二类是互助与慈善组织,包括各种"互助会""合作社""协会""慈善堂""育婴堂"等。其中一部分是中国传统的互助组织和慈善组织的延续,另一部分则主要由外国传教士所建。第三类是学术性组织,包括各种"学会""研究会""学社""协会"等。其中一部分产生于清末洋务运动时期,是思想启蒙和西学东渐的产物,另一部分产生于20世纪20年代至30年代,是五四运动和新文化运动的产物。第四类是政治性组织,如学生联合会、工会、妇女联合会、青年团等革命性社团,以及"三青团""干社"等反革命社团,还有在抗战期间兴起的各种战地服务组织、救国会等。这类组织一般都具有很强的政治色彩。第五类是文艺性组织,如各种剧团、剧社、文工团、棋会、画社等,主要由文艺界人士创设。第六类则是中国近代一直被蒙上一层神秘面纱的"会党"或秘密结社,如"哥老会""洪帮""青帮"等。这类组织往往带有反政府的倾向,其中一部分为革命党人所利用。

这一时期,为了规范民间组织的管理,国民党政府曾于1932年公布过一部名为《修正民众团体组织方案》的法规。这大约是中国历史上第一部有关社会组织的专门法规。此后,中国共产党领导的边区政府曾于1942年颁布《陕甘宁边区民众团体组织纲要》以及《陕甘宁边区民众团体登记办法》。

---

① 参见王名编著:《非营利组织管理概论》(修订版),中国人民大学出版社,2010年。

2. 第二阶段：新中国成立至"文化大革命"结束

新中国成立后，根据社会主义原则对民间结社进行了彻底的清理和整顿。这次清理整顿的过程大致持续到50年代前期。在整个过程中，有两方面的变化对民间组织的发展带来了重大的影响。一方面是一部分民间组织的政治化，一些政治倾向明显的团体被定义为"民主党派"，转化为政党组织，如中国民主同盟、九三学社等。另一方面是一部分民间组织被依法取缔，一大批封建组织和反动组织被新政权根据新的法律规定加以取缔，其中既包括会党和反动政治团体，也包括一些带有浓厚封建色彩的互助组织和慈善组织，还有一大批宗教性的组织。从那时候起，非政治性开始成为中国民间组织的一个鲜明而重要的特征。这一时期在立法上，曾于1950年9月制定了《社会团体登记暂行办法》，采取类举法对社会团体进行了定义，规定了社会团体的登记管理办法及相应的一些原则。经过清理整顿以后，中国的社会团体在50年代到60年代中期出现了一个较为迅速的发展时期。据统计，1965年全国性社会团体由解放初期的44个增加到近100个；地方性社会团体发展到6 000多个。1966年开始的"文化大革命"使中国的民主与法制被肆意践踏，中断了社会团体和民间组织在法制基础上的健康发展。

3. 第三阶段：改革开放至今

改革开放政策的全面推行使得中国的经济、政治、社会生活以及文化观念发生了巨大的变化。这种变化很快反映到民间组织的发展上来。在整个20世纪80年代，社会团体的数量增长呈现空前的势头。有学者曾对浙江省萧山市社会团体在80年代的发展进行过统计。根据他们的调查可以看到，该市的社会团体数量在1978—1990年的12年间增长了近24倍。[①] 萧山市的情况从局部反映了80年代全国社会团体的发展，说明在这一时期，随着经济发展和社会政治环境变得较为宽松，中国的社会团体得到了长足的发展。

---

① 参见王颖、折晓叶、孙炳耀：《社会中间层——改革与中国的社团组织》，中国发展出版社，1993年。

进入 90 年代以后,经济体制的转轨和政府职能的转变为民间组织的发展提供了较为宽广的空间。在经过一段时间的调整以后,社会团体的发展在 90 年代中期出现了一个新的高潮。在此宏观背景下,民办非企业单位的迅速发展也是 90 年代中期以来具有划时代性的事件。随着市场经济的迅猛发展,公民个人以及其他社会力量投资兴办学校、医疗机构、社会福利机构、研究机构等民办非企业单位的积极性迅速高涨。

随着民间组织的大量涌现,制定于 50 年代初期的原有法规显然已无法适应新形势的需要。1989 年 10 月,国务院颁布了《社会团体登记管理条例》,是新中国成立后制定的第二部社会团体法规。此外,国务院于 1988 年 8 月、1989 年 6 月,先后颁布了《基金会管理办法》和《外国商会管理暂行规定》。此后,经过十年的实践,上述法规的某些内容有些滞后,无法适应社会组织现实发展的需要。1998 年 10 月,国务院发布了《民办非企业单位登记管理暂行条例》,同时修订了《社会团体登记管理条例》,并且于 1999 年 8 月颁布了《公益事业捐赠法》。此外,2016 年 3 月公布的《中华人民共和国慈善法》更是将与慈善事业有关的包括基金会、社会团体和社会服务机构等在内的慈善组织及其行为通过法律的形式予以规范化。随着一系列法律法规的发布和执行,中国民间组织的宏观管理逐步走上了法制化的轨道。

(二) 社会服务机构的发展现状

截至 2020 年年底,全国共有社会组织 89.4 万个,比上年增长 3.2%。民办非企业单位(社会服务机构)510 959 家,年增长率 4.9%,民办非企业单位发展非常迅速,已经占据我国社会组织的半壁江山,成为我国社会主义现代化建设不可或缺的重要力量。① 根据民政部《2017 年社会服务发展统计公报》来看,我国民办非企业单位的主要活动领域为:科技服务类、生态环境类、教育类、卫生类、社会服务类、文化类、体育类、法律类、工商服务类、

---

① 《2020 年民政事业发展统计公报》,http://images3.mca.gov.cn/www2017/file/202109/1631265147970.pdf,最后浏览日期:2022 年 10 月 20 日。

宗教类、国际及其他涉外组织类和其他。中国社会组织网的数据显示，截至 2021 年 1 月 20 日，全国社会组织累计登记数量达到 900 914 家，突破 90 万家。① 截至 2020 年年底，全国社会组织固定资产 4 785.5 亿元，吸纳就业 1 061.8 万人，其中，从 2010 年起，我国的民办非企业单位逐年增长，发展势头良好，具体情况如图 1-1 所示。②

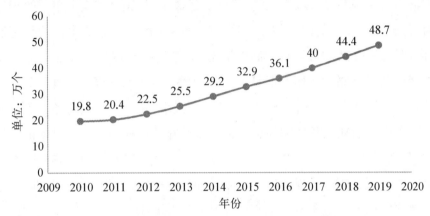

图 1-1　民办非企业单位发展总体趋势图

注：2010—2015 年数据来自《2015 年社会服务发展统计公报》，2016—2019 年数据来自《2019 年民政事业发展统计公报》。

根据约翰·霍普金斯大学的研究，20 世纪末英国、日本等 22 个国家的非营利组织共提供了 1 900 万个支薪职位，占这些国家非农就业的 5%，服务业就业的 10%。与此同时，这些国家非营利部门的支出达到 1.1 万亿美元，占 GDP(Gross Domestic Product，国内生产总值)比重的 4.6%。③ 相比较而言，我国的社会组织从总体来看，仍然存在着机构数量较少、经济体量

---

① 《我国社会组织登记总数已突破 90 万家》(2021 年 1 月 20 日)，百家号，https://m.thepaper.cn/baijiahao_10871600，最后浏览日期：2022 年 9 月 2 日。
② 《民政部发布〈"十四五"社会组织发展规划〉》(2021 年 10 月 8 日)，中华人民共和国民政部官网，http://www.mca.gov.cn/article/xw/mzyw/202110/20211000037061.shtml，最后浏览日期：2022 年 9 月 2 日。
③ 参见[美] 莱斯特·M. 萨拉蒙等：《全球公民社会——非营利部门视界》，贾西津、魏玉等译，社会科学文献出版社，2002 年。

不大、发挥作用有限等问题。一般而言,导致我国社会组织发展问题的因素主要包括以下4个方面。①

1. 政策法律不完善影响民办非企业单位(社会服务机构)发展的外部环境

为支持和引导民办非企业单位在社会建设中发挥积极作用,中央和地方相继出台了一系列的政策法规,目前已形成了以《民办非企业单位登记管理暂行条例》为核心的法律体系。这些法律涉及民办非企业单位的登记制度、内部管理、外部监管等基本制度框架,对于培育与规范民办非企业单位的发展起到了重要的作用。但是上述的政策法律层级并不高,而且多是方向性和原则性条文,对于民办非企业单位的人事、组织、税收、财务、工资、社会保障等内容均缺乏具体的规定。在法律实施的过程中也暴露出登记门槛高,监管部门之间责权不匹配,重入口登记、轻日常管理,管理法规包容性不足等问题。相关法律法规的冲突与滞后,使得民办非企业单位的管理、规范和发展都处于不确定的状态,严重制约了民办非企业单位的进一步发展。此外,当前社会仍然处于深刻变革的过程中,政府职能转变还远未完成,事业单位仍然占据着公共服务的绝大部分领域,民间组织获取社会资源的难度依然很大,社会对民间组织的认可和支持力度仍然欠缺,社会组织发展所必不可少的公民意识、参与意识、志愿意识、公益精神等明显不足,民办非企业单位发展的整体社会环境还需要进一步改善。

2. 事业单位挤占了民办非企业单位(社会服务机构)在公共服务领域的发展空间

在《民办非企业单位登记管理暂行条例》出台以前,该类社会组织一直被称为民办事业单位。事实上,除了举办者不同以外,民办非企业单位与事业单位在体制渊源、活动领域、提供产品等方面并无实质差异。此后经过多年的市场化改革,我国的非营利组织并没有发生重大的结构性转型,事业单

---

① 安杨、王春知:《社会管理创新背景下的民办非企业发展探析》,《江淮论坛》2013年第5期。

位在公共服务领域仍然具有绝对的支配性,而民办非营利部门则依然羸弱。①当前有关事业单位的机构数、雇员构成、固定资产等很多重要数据并没有公开,但是一般认为全国目前有120多万个事业单位,3 000多万的正式职工,占公共部门就业人数的41%;事业单位还吸纳了60%以上的专业技术人员,三分之二的非经营性国有资产以及大量的国有土地。②而民办非企业单位尽管在2020年年底已经达到了50多万家,但是其中近三分之一为个体和合伙制,其数量和规模都十分有限;至于民办非企业单位200多万的从业人数,1 000多亿的固定资产更是无法同事业单位相提并论。庞大的事业单位在公共服务领域占据了民办非企业单位的大部分份额,压缩了其成长的空间,已是一个不争的事实。因此,可以说我国的民办非企业单位能否成长为公共服务提供的重要主体和政府公共治理的主要伙伴,不仅取决于完善的政策法律体系和良好的外部环境,更重要的还在于事业单位的改革方向和整体进程。

3. 身份待遇的巨大差异导致民办非企业单位(社会服务机构)专业人才的匮乏

一直以来,由于民办非企业单位自身法律地位的模糊与不当等,不仅其从业人员的工资待遇偏低,而且相关的社会保障问题也无法得到有效落实。现有统计数据显示,2019年全国城镇非私营单位就业人员年平均工资为90 501元,增长速度为9.8%。而在分行业就业人员年平均工资中,公共管理、社会保障和社会组织行业的平均工资为94 369元,增长速度仅为7.3%,低于全国城镇非私营单位就业人员年平均工资增长速度。③自原劳动和社会保障部与民政部联合发文要求社会组织专职工作人员按照属地管理原则参加企业职工基本养老保险以来,大部分地区都将民办非企业单位从

---

① 参见高丙中、袁瑞军主编:《中国公民社会发展蓝皮书》,北京大学出版社,2008年。
② 参见世界银行东亚和太平洋地区减贫与经济管理局:《中国:深化事业单位改革,改善公共服务提供》,中信出版社,2005年。
③ 《2019年城镇非私营单位就业人员年平均工资90 501元》(2020年5月15日),国家统计局,http://www.stats.gov.cn/xxgk/sjfb/zxfb2020/202005/t20200515_1767714.html,最后浏览日期:2022年9月5日。

业人员的社会保障纳入企业范畴,这一举措虽然暂时解决了民办非企业单位从业人员的基本养老问题,但是其各项待遇仍然远低于同行业中的事业单位。

巨大的差别待遇使得包括社会服务机构在内的社会组织部门很难吸引高层次专业化人才,而且也加剧了求职者对体制内就业的偏好。事实上,社会服务机构大多为实体性组织,其组织运营需要具备一定的资格和条件,因此客观上有对专业人才的需求。诸如民办学校与医院、社工服务中心等,不仅需要专职的行政管理人员,还需要具备专业资格的教师、医生和社工,因此从业的专业技术人员和员工人数往往比重更大一些。但是即便如此,从总量上来看,社会服务机构的专业人才仍然十分有限。这不仅影响了社会服务项目的扩展、服务范围的扩大和服务质量的提高,而且也影响了社会服务机构自身能力的提升,成为制约其可持续发展的主要因素之一。

4. 社会组织登记管理改革对民办非企业单位(社会服务机构)的促进作用有限

有关社会组织的双重管理体制问题,近年来饱受诟病,各界关于"简化登记程序,取消业务主管限制"的建议一直呼声不断。不少地方政府也因此进行了相应的改革:有的直接登记,有的采取登记备案双轨制,还有的改变了原来的业务主管部门。[①]《国务院机构改革和职能转变方案》又明确规定"成立行业协会商会类、科技类、公益慈善类、城乡社区服务类社会组织,直接向民政部门依法申请登记,不再需要业务主管单位审查同意"。这一规定为大批社会组织赋予了合法的身份,是社会组织管理制度的突出进步,释放出强烈的社会改革信号。[②] 不过尽管中央已经有了明确的规定,各地的试点改革也提供了有益的经验样本,但是社会组织登记管理的基本法规尚未修订,在实践中,城乡基层社会组织的登记政策已相当宽松,在登记问题上

[①] 金锦萍、刘培峰、沈国琴等:《〈民办非企业单位登记管理暂行条例〉的成就与问题》(2016年7月29日),道客巴巴,http://www.doc88.com/p-6836968565824.html,最后浏览日期:2022年10月20日。

[②] 李江涛:《"直接登记"破冰 社会组织告别"双头管理"》,《中国经营报》2013年4月22日。

进一步放宽政策的空间也很小,因而想通过登记政策的改革来扶持基层社会组织的发展是很难实现的。此外,我国的民办非企业组织70%左右为教育类和卫生类,即使实行直接登记,按照《民办教育促进法》和《医疗机构管理条例》的规定,开办民办学校和私立医院仍然需要教育和卫生行政部门的审查批准,双重管理体制并未发生实质的变化。因而有关社会组织直接登记改革创新的受益者主要是社会团体和少数社会服务机构,其对后者整体意义上的影响相对有限。

二、社会服务机构的含义

《民办非企业单位登记管理暂行条例》对民办非企业单位有明确界定:指企业事业单位、社会团体和其他社会力量以及公民个人利用非国有资产举办的,从事非营利性社会服务活动的社会组织。① 2016年9月1日起施行的《中华人民共和国慈善法》将民办非企业单位改为社会服务机构,随后民政部颁发的《民办非企业单位登记管理暂行条例(修订草案征求意见稿)》明确将民办非企业单位修改为社会服务机构。②

《民办非企业单位登记管理暂行条例(修订草案征求意见稿)》将社会服务机构界定为:指自然人、法人或者其他组织为了提供社会服务,主要利用非国有资产设立的非营利性法人。③ 此外,《社会工作综合能力(中级)》将社会服务机构界定为:指由政府、社会团体或个人兴办的,通过社会福利从业人员,包括专业社会工作者、其他专业的服务人员、辅助工作人员等,为特定的、有需要的服务对象提供专业服务的非营利组织,其目的是提高服务对

---

① 《民办非企业单位登记管理暂行条例》(1998年10月25日),中国政府网,http://www.gov.cn/zhengce/2020-12/26/content_5574294.htm,最后浏览日期:2022年9月5日。
② 《登记管理暂行条例拟修订 民办非企业单位将更名为社会服务机构》(2016年5月26日),中国政府网,http://www.gov.cn/xinwen/2016-05/26/content_5077129.htm,最后浏览日期:2022年9月5日。
③ 《民政部就〈民办非企业单位登记管理暂行条例(修订草案征求意见稿)〉公开征求意见》(2016年5月26日),中国政府网,http://www.gov.cn/xinwen/2016-05/26/content_5077073.htm,最后浏览日期:2022年9月5日。

象的社会功能,协助他们面对问题、解决问题,并促进其发展。① 王思斌认为社会服务机构通常是指由国家、社会团体或个人举办的,通过社会福利从业人员如社会工作者、社会福利工作员、家务助理员或其他支援工作人员等,为特定的有需要的服务对象提供专业服务的非营利组织。其目的在于提高服务对象的社会功能,协助他们解决面对的问题及促进他们的幸福和快乐。根据这个定义,王思斌认为社会服务机构的性质可以从以下3个角度来理解。②

1. 社会服务机构是一个福利服务输送系统

如果从系统论的角度来理解社会服务机构的性质,那么可以把社会服务机构看作一个运作中的福利服务输送系统,其输入的元素包括服务对象、社会工作者、社会服务机构行政人员及社会资源如经费活动空间等。这些元素在社会服务机构内通过专业服务的提供,如个案工作、小组工作、社区发展等而产生转化。经转化后输出的成果则为在计划及介入下而达成的对服务对象群体或组织的某种改变。③

2. 社会服务机构是从事经常性连续性服务的实体性社会组织

社会服务机构不是其他社会组织的内设机构或附属机构,实体性是其有别于一般社会团体的一个基本属性。社会团体是指由公民自愿组成的会员制的组织,其组织结构具有松散性,活动具有不定期性。与社会团体相比,社会服务机构是面向社会开展服务的组织,其活动特点是连续的、经常的,其组织结构具有实体性。④

3. 社会服务机构是提供社会服务的非营利的社会组织

社会服务机构的经费来源主要来自政府财政拨款、社会捐献等,其宗旨在于为服务对象谋求幸福和改善社会。因此,它们并不在乎赚取利润的多

---

① 参见全国社会工作者职业水平考试教材编写组编:《社会工作综合能力(中级)》,中国社会出版社,2007年。
② 参见王思斌主编:《社会行政》(第二版),高等教育出版社,2013年。
③ 参见何志安、林彩珠:《追求卓越:前线社会福利服务管理技巧》,香港城市大学社会科学学部,2000年。
④ 参见王名、刘培峰等:《民间组织通论》,北京时事出版社,2004年。

寡,着重施予而不在乎回报。机构的成就也不是以获利的多少来衡量,而是以机构目标达成的程度为依归。因而一般社会服务机构都设有明确及清晰的目标、使命、服务重点、服务承诺、具体策略等以作日后评估之用。另外,所提供的福利服务也表明了该机构要达成的理想和抱负。因而这类机构富有很重的理想色彩和"道德"事业的色彩。

三、社会服务机构管理的界定

社会服务机构管理包含社会服务机构与管理两个概念,对于前者上文已进行了详细阐述,后者主要是指通过一系列的活动或过程,善用组织资源,以有效率与有效能的方式达成组织的任务或目标。具体而言,管理包括下列几项要素。第一,资源:指组织所投入的人力、物力、财力、技术与资讯等资源。第二,活动或过程:主要包括规划、组织、任用、领导、控制与决策六项职能。第三,效率:指"正确地做事情"(do the thing right),亦即以最低的资源投入,获得既定的产出,让投入与产出之间的成本极小化,以符合成本效益。第四,效能:指"做正确的事情"(do the right thing),亦即做出正确的决策并成功地执行以达成组织目标。[1]

目前学界有关社会服务机构管理定义的讨论相对较少。社会服务机构是社会组织的主要组成部分,因此了解社会组织管理的含义有利于帮助我们更好地理解社会服务组织管理的含义。对于社会组织而言,管理活动不像企业那样只是围绕利润或"经济效益"展开,也不像政府那样以政策调控或行政干预的方式去管理社会,达到社会控制的目的。[2] 社会组织的管理之道,靠的不是企业的经营手法,而是"使命与领导"之道。因为每一项使命宣言,都必须反映机会、能力与投入感三项要素,否则将无法凝聚组织内的人力资源去做好该做的事。[3]

---

[1] See Robbins, P. and Decenzo, A. *Fundamentals of Management Essential Concepts and Applications*. Pearson Prentice Hall, 2004.
[2] 钱宁:《非营利组织的管理风险与社会服务机构的发展问题》,《学习与实践》2011年第10期。
[3] 参见[美]彼得·德鲁克:《非营利组织的管理》,吴振阳等译,机械工业出版社,2009年。

每家非营利组织(社会组织)肩上都承担着公众对它的信任,承担着改善人民的生活质量的责任。[①] 为承担起这一责任,社会组织的管理必须做到:首先,应当明确地声明其使命和宗旨,阐明其服务对象的需求,并解释其项目是如何运作的、项目的成本是多少以及这些项目能带来什么好处;其次,应当公开关于其管理、财务和运作方面的正确信息,其运作程序、过程和项目应当公开透明,并且符合其使命和宗旨;再次,应当对其服务对象、支持者和整个社会负责任;最后,应当积极实现其使命,代表大众的利益,做好管理工作,并且注重质量。

一般可以认为,非营利组织的管理是履行社会责任的使命管理,但同时也是企业化的经营运作过程。从推动当代社会福利服务改革的新管理主义视角看,它涉及领导和决策、服务需求和投入、资源统筹、成本与效益等方面的管理,并且要求它们符合组织的使命和宗旨,体现了当代非营利组织管理目标的多元性。这些目标的多元性决定了现代非营利组织管理的复杂性——企业管理方式与承担社会责任并存,市场化运作和寻求公益公正相交织,务实与创新、效率与效能并重。[②]

研究者认为一个管理优良的社会服务机构应该符合下列的准则。[③]

第一,它必须有一个清楚界定的使命(mission)或宗旨,其成员清楚明白这一使命,机构的目标和行动计划(action plans)亦是建基于此。第二,它必须设计适当的组织架构(organization mechanisms)和服务方案,以达至机构所制定的目标。第三,这机构必须配置经过小心遴选、教导、督导和培育的员工,这些员工必须能掌握推行服务的知识和技巧,并能胜任其所负责的工作。第四,它在组织各个层面上均维持有效的领导(effective leadership),以协调各员工力量,达致整个机构所指定的目标。第五,这个机构必须拥有一套有效

[①] 温洛克民间组织能力开发项目:《非营利组织管理文章、书目和网站——精选和评注》(2020年9月23日),文库吧,http://www.wenkub.com/doc-11124470.html,最后浏览日期:2022年10月20日。

[②] 钱宁:《非营利组织的管理风险与社会服务机构的发展问题》,《学习与实践》2011年第10期。

[③] 参见梁伟康:《社会服务机构行政管理与实践》,香港集贤社,1990年。

的方案监察与回馈结构,以评估机构服务的投入(efforts)成功与否、认明问题和探索必要的改善行动。第六,它积极地与其他服务机构和地区的权力中心(power centers)建立良好的社区关系,并获得他们的支持与合作。

通过以上概述,我们认为社会服务机构管理是指通过制定机构的使命、目标和计划,设计机构的组织结构,建立完善的人员配置和人力资源管理制度,实行有效的领导,推行服务方案评估的工作,采用进取式的管理以应付环境转变的活动,从而以有效率与有效能的方式达成机构的使命或目标。

第二节 社会服务机构管理的特征

一、社会服务机构管理是科学性和艺术性的统一

社会服务机构管理是一门科学,它是以反映客观规律的管理理论和方法为指导,有一套分析问题和解决问题的科学的方法论。社会服务机构管理的科学性是指社会服务机构管理反映了管理活动自身的特点和客观规律性。与此同时,社会服务机构管理也是一门艺术。由于社会服务机构管理工作所处的环境和需要处理的事物常常是复杂多变的,社会服务机构管理科学不能为管理者提供一切问题的标准答案,这要求管理人员在实际管理工作中需要因地制宜地将管理知识与具体的管理活动结合起来,不断进行动态调整以适应新情况,解决新问题,创造性地进行管理工作,这决定了管理具有艺术性。

社会服务机构管理是科学性与艺术性的统一。社会服务机构管理的科学性与艺术性之间不是一种排斥的关系,而是一种互补的关系。不注重管理的科学性,只强调管理工作的艺术性,这种艺术性将会导致管理的随意性;不注重管理工作的艺术性,只强调管理的科学性,管理科学将变成僵硬的教条。[①] 社会服务机构管理的科学性与艺术性两者统一于社会服务机构

---

① 参见陈琳主编:《管理原理与实践》,国防工业出版社,2007年。

管理实践活动之中。

二、社会服务机构管理追求实现组织效益性

社会服务机构管理是为了提高社会服务机构运营的效益,以有效率与有效能的方式达成机构的使命或目标。提高社会服务效率和增进社会总体福利是社会服务机构管理效益性的具体体现。制定机构的使命、目标和计划,设计机构的组织结构,建立完善的人员配置和人力资源管理制度,实行有效的领导,推行服务方案评估的工作,采用科学有效的管理以应付环境的转变都可以提升社会服务机构的管理效益,而高效的服务本身同样可以降低社会服务机构运营的时间成本和人力成本。因此,追求组织效益是社会服务机构管理的重要特征之一。

三、社会服务机构管理的目标具有非营利性

社会服务机构的宗旨在于最大限度、最为合理地使所提供的服务满足社会弱势群体的需要,因而社会服务机构管理所追求的是诸如贫穷、失业或药物滥用等社会问题的解决以及实现更为公平的社会发展,其追求的目标明显有别于商业组织的营利性目标,体现为非营利性特征。

四、社会服务机构管理的核心是沟通与协调

管理的核心是处理好各类人、财、物的优化配置,即在管理过程中的各个环节都必须与各类资源打交道,只有妥善地处理各种"关系",才能更好地协调好个人与组织、内部与外部行为,实现组织的管理目标。社会服务机构目标和使命的实现不仅需要组织内部各方面力量的相互配合,还需要组织外部有关方面的支持,然而这种配合与支持不是自发形成的,而是依靠协调和沟通形成的。[①]

---

① 参见杨仕梅、李晓楠、曾霞:《管理学》,北京理工大学出版社,2017年。

第三节 社会服务机构的类型与功能

一、社会服务机构的类型

(一) 世界各国社会服务机构的分类

按照不同标准,社会服务机构可以分为不同的类型。其中,按照与政府的关系远近进行划分是比较主流的一种分类方法。

1. 政府主管社会保障(福利)事务的行政机构

政府主管社会保障(福利)事务的行政机构在世界各国政府部门配置中形式多样,这与各国的国情、传统有关,也与各国社会保障(福利)政策取向有关。归纳起来主要有5种类型:一是独立的社会福利行政主管机关,如澳大利亚的家庭与社区服务部;二是社会福利与卫生合并的行政主管机关,如美国的健康与人群服务部;三是社会福利与劳工合并的行政主管机关,如德国的社会保障部;四是社会福利、卫生、劳工合并的行政主管机关,如日本厚生劳动省;五是社会福利与其他公共行政职能混合的行政主管机构,如我国的民政部、人力资源和社会保障部。

2. 从事公共服务、公益服务的社会组织

综合世界各国的情况,绝大多数是将从事公共服务、公益服务的组织归类为非营利组织。美国的非营利组织分为7种基本的类型:卫生医疗、教育、社会和法律服务、公民和社会团体、艺术和文化团体、宗教团体、基金会。除了艺术和文化团体,其他6类组织中都有从事社会福利工作的机构。

(二) 我国社会服务机构的类型

从广义上来说,社会服务机构包括面向社会成员提供其所需社会福利和服务的所有主体,包括福利行政部门和相关事业单位等在内;从狭义上来看,社会服务机构特指利用非国有资产从事特定社会服务提供的那一类社会组织。

(1) 政府。我国的社会保障(福利)业务分由几个行政部门主管,其中主要是民政部、人力资源和社会保障部等。

(2) 群众团体。主要是指共青团、妇女联合会、工会、老龄工作委员会、残疾人联合会和红十字会。这六个群众团体,除红十字会外,都以各类人群为服务对象。

(3) 社会公益类事业单位。我国的事业单位分为行政支持类、社会公益类、经营开发服务类。其中社会公益类事业单位又可分为几种:公益一类事业单位,主要承担政府规定的社会公益性服务任务,面向社会无偿提供公益服务,不能通过市场配置资源,如儿童福利院、社会救助管理站等。这类单位业务活动的宗旨、目标和内容以及分配的方式和标准等由国家确定,不得开展经营活动,其经费由国家财政拨付,履行职责依法取得的收入全额纳入财政管理,不得自主支配,属于传统意义上的全额拨款单位。公益两类事业单位,主要面向社会提供公益服务,如普通高等教育院校、非营利性医疗机构、街道层面的社区服务中心等。这类单位根据国家确定的公益目标,自主开展相关业务活动,并依法取得服务收入。服务和经营收入全额纳入财政管理,主要用于公益事业发展,所需经费由财政根据不同情况予以相应补助,属于传统意义上的差额拨款单位。公益三类事业单位,主要是指从事的业务活动具有一定公益属性,但社会化程度较高,与市场接轨能力较强,可基本实现由市场配置资源的事业单位。

(4) 社会服务类民间组织。这类组织又分为3种:一是由政府支持的民间组织,它由政府推动成立,并享有政府行政动员力量的持续支持,而其民间性表现为没有国家公共财政的固定拨款支持,如中华慈善总会、中国青少年发展基金会、中国扶贫基金会、中国社会工作协会。二是纯民间组织,是完全依靠社会捐助和收费服务支持的社会服务机构,例如服务智障人士的"北京慧灵"、服务自闭症儿童的"北京星星雨教育中心"、服务农民工和打工者的"协作者文化传播中心"、服务妇女的"红枫妇女热线"以及一些地方上成立的社会工作事务所等。当然,近年来随着政府购买社会服务力度的加强,这类民间组织也开始通过项目申请的方式争取政府资助,扩大服务的范围,丰富服务内容。三是契约型社会工作服务机构,是在政府购买服务改革趋势下成立的组织,如上海的"自强服务总社"、深圳的"鹏星社会工作服务社"、广州市在各街道设立的家庭综合服务中心等,由政府提供服务场地和社会工作者的工资,甚至拨付部分服务经费。其服务的内容包括根据政府资助要求提供的公共服务以及根据服务对象需要自主提供的专业服务等。

二、社会服务机构的功能

一般而言,社会服务机构是一定社会需要的产物,社会服务机构在满足社会需要方面的基本倾向,我们称之为社会服务机构的基本功能。[①] 学者王思斌将社会服务机构的功能分为服务功能、政治功能、经济功能和文化功能四个方面。[②]

(一) 社会服务机构的服务功能

社会服务机构的主要职能是为社会中有需要的群体提供不同类别的福利服务。在社会福利服务输送过程中,社会服务机构发挥了重要的服务功能。

1. 治疗功能

治疗功能是社会服务机构最基本的职能,它可以被简单地归结为解决问题。社会服务机构通过社会工作者、社会照顾者等专业服务人员与服务对象建立互动关系,全面了解服务对象的情况,特别注意掌握与问题相关的细节,设法找到问题的症结所在。在此基础上,社会工作者对症下药,根据不同的问题设计服务方案,为服务对象提供直接服务,以求缓解并最终解决问题。

2. 预防功能

社会服务机构不仅仅为有需要的人群提供福利服务,它还以积极、主动

[①] 参见李东林、秦芳、罗丹:《宁夏新社会组织的成长性与功能研究——基于政府、企业与社会的视角》,宁夏人民出版社,2018年。
[②] 参见王思斌主编:《社会行政》(第二版),高等教育出版社,2013年。

的态度对待社会问题,及早地预测、发现、控制和消除那些可能妨碍社会功能有效发挥的因素和条件。社会服务机构的预防功能通常在两个不同的领域实现:一是预防个人与个人之间、个人与团体之间以及团体与团体之间在相互作用中可能会出现的社会问题;二是预防社区场域中经常会发生的社会问题与矛盾。

3. 发展功能

社会服务机构是联结社会福利政策与社会服务对象的重要中介,因而是国家社会福利制度的重要组成部分。通过社会服务机构的专业服务,不但服务对象的需求得以满足且参与能力得以提升,而且这个过程可以确保社会的和谐稳定,促进整个社会生活质量的提高。

(二)社会服务机构的政治功能

1. 促进社会公平

社会服务机构主要服务于社会弱势群体,为他们提供福利服务,增强他们参与社会事务的能力;社会服务机构还从政策和制度层面,倡导社会政策对弱势群体的关注。这在一定程度上改善了社会弱势群体的生存状态和生存环境,减少了社会排斥,促进了整个社会的公平。

2. 维持社会秩序

社会服务机构提供了社会适应机制,可有效地满足人们被接受、被认同的需要。社会服务机构的构成基于共同的信念和目标,其突出的特点是自愿性,这为个人提供了充分发挥能力与潜力及自我实现的机会。此外,社会服务机构倡导社会政策的渐进变革以及服务对象与社会环境之间的调适,这都在一定程度维护了社会秩序。

3. 进行社会控制

社会服务机构也会以社会的主导价值为基础,对偏离社会规范者进行治疗和矫正,以改变他们有害于社会的行为,使其逐渐认同社会规范。在这种情况下,社会服务机构实际上行使着社会控制的功能。它为了社会大多数人的正当利益而对偏离规范者、伤害社会公共利益者进行控制。

(三) 社会服务机构的经济功能

1. 社会财富的再分配

社会服务机构从国家和社会筹集大量的社会资源,并为实现社会目标对社会资源进行重新配置,使资金、技术、智力从城市转移到乡村,从高收入阶层转移到低收入阶层,从发达地区转移到不发达地区,从发达国家转移到不发达国家,从而在一定程度上实现了社会财富的再分配。

2. 促进就业

社会服务机构既是人力密集型组织,又是志愿型组织。它不仅需要大量的专业服务人员,也需要大量志愿者的参与。因此社会服务机构的发展有力地促进了劳动人口的就业。包括社会服务机构在内的非营利部门在很多国家已经形成规模。近年来,我国社会服务机构的发展也呈现组织数量和从业人员正向增长的趋势,在鼓励大学生社会创业、吸纳失业妇女、残疾人和各类弱势群体从事社会福利和社会服务岗位等方面发挥越来越大的作用。

3. 为经济发展创造良好环境

社会服务机构可以将一大批有学识有经验、有技能、有志向、有抱负的人组织和动员起来,通过培训、教育、引导等方式进一步提高他们的综合素质和生产技能,共同致力于特定的社会公益事业,从而为经济发展提供了正确的价值导向,储备了高素质的人力资本队伍。

(四) 社会服务机构的文化功能

1. 弘扬社会团结的价值

社会服务机构是富有使命感的组织。它通过自己持续的服务行动以及面向社会大众的募捐活动,不断唤起民众对公共利益的热情和投入,久而久之,就会在广大人民中间培养起互助、友爱、和衷共济的现代慈善意识,形成社会团结、社会和谐的文化氛围。

2. 传播人道主义精神

人道主义强调对人的基本价值和尊严的尊重。社会服务机构从服务对象的需要出发,以同感、真诚、尊重的态度对待服务对象,注意发挥服务对象的潜能,强调对弱势群体的人道主义关怀,会在人民大众中产生良好的示范作用,从而推动整个社会人道主义精神的形成和发展。

案例思考与讨论:

上海市徐汇区S镇养老服务机构的发展[①]

上海市徐汇区S镇是一个处于城郊接合部的乡镇。近年来随着上海城市化进程的加快,S镇的经济迅速发展,政府机构改革与职能转变进一步深化,政社进一步分开,社会组织初步发育并呈现良好的发展势头。特别是在养老服务领域,通过转制或新办等途径,S镇诞生了6家养老类民办非企业单位,其中包括4家养老机构、1家社区养老服务中心以及1家老年协会。在此我们以4家养老机构为例,了解上海市徐汇区S镇养老服务机构的状况。

一、S镇养老机构发展背景

S镇现有5个村民委员会、12个居民委员会、2个筹建居民小区。截至2009年12月底,镇常住人口有51 096人,户籍人口有30 506人,占总人口的59.7%;外来流动人口有20 590人,占总人口的40.3%。其中在户籍人口中,60岁及以上老年人口有6 598人,占户籍总人口的21.63%;70岁及以上老年人口有3 570人,占户籍总人口的11.70%;80岁及以上老年人口有1 545人,占60岁及以上老年人口的23.42%,占户籍总人口的5.06%。全镇共有孤老23人,独居老人194人,纯老家庭(家中只有老人)227人。与上海市的户籍老年人口数据进行比较,可以发现虽然S镇60岁及以上老年人口占户籍总人数的比例低于上海市的平均水平,但70岁、80岁及

[①] 选自徐海鸣:《公共服务供给多元化中的民办非企业单位参与养老服务研究——以上海市徐汇区S镇养老机构为例》,硕士学位论文,华东理工大学行政管理专业,2011年。收入本书时有修改。

以上老年人口占户籍总人数的比例都高于上海市的平均水平,特别是 80 岁及以上老年人口占户籍总人数的比例高出上海市平均水平 1%。具体情况如表 1-1 所示。

表 1-1　上海市与 S 镇老龄化水平对比表

占　　　比	上海市(%)	S 镇(%)
60 岁及以上老年人口占户籍总人数的比例	22.5	21.63
70 岁及以上老年人口占户籍总人数的比例	11.6	11.70
80 岁及以上老年人口占户籍总人数的比例	4.0	5.06

根据人口预测,随着人口老龄化的发展,上海市老年人口数量和比例都呈现快速增长趋势,具有老年人口总量大、增速快、高龄化率高等特征。除此之外,S 镇独居、纯老家庭较多,人户分离情况较普遍。这些特点在给养老机构的发展与完善带来巨大挑战的同时,也决定了养老机构提供养老服务的内容和特色方向。发展养老服务事业,必须使养老机构成为承担养老服务的重要力量。在各种非营利养老机构当中,民办的非营利养老机构所提供的床位已经占到总床位的将近一半。尤其是近些年来一些优惠政策的出台,通过国家鼓励民办养老机构为老年人提供生活、文化、精神和健身等方面的养老服务,社会各界已经开始关注民办非营利养老机构在养老服务中的作用。

目前 S 镇共有 4 家养老机构,分别是华泾养老院、久康养老院、永康养老院和华浦敬老院。这些养老机构主要通过两种途径成立:一是传统的由政府兴办,后又转制为民办非企业单位的养老机构,本文称其为公办养老机构;二是在公共服务供给多元化的背景下,由民间出资兴建的、以民办非企业单位登记的养老机构,本文称其为民办养老机构。在 4 家养老机构中,华浦敬老院是镇内唯一一家完全由民间筹资兴办起来的养老机构。该机构由董事会发起建立,注册资金 12 万,委托现敬老院院长进行管理。

其他3家养老机构是在政府的扶持和推动下建立起来的。其中,久康养老院是上海市人民政府2005年的实事工程之一,于2005年12月开办,由政府投资3 400万元建造,其养老服务的硬件设施也是全镇最好的。华泾养老院是在徐汇区卫生局的指导下于2007年1月开办起来的,以专业的医疗服务为依托,为满足社会的养老需求而建立,该养老院位于镇医院内,成立时关闭了部分医院床位用作养老院的床位,因此在硬件设施上得到了政府的大力支持。永康敬老院是由徐汇区教育局主持创办的,创建初期属于事业单位,当时上海全市有五个区办养老机构,永康敬老院是其中之一。永康敬老院最初建造的目的是解决教育体系内退休教师的养老问题,因此原名为教工敬老院,后期在事业单位转制过程中最终注册为民办非企业法人。

二、S镇养老机构的基本情况

1. 组织的资金来源

在4家养老机构当中,其收入来源分别是政府拨款或委托项目收入、开办实体或服务收入、会费和成员捐赠、企业和成员捐赠、国内外基金会等。具体情况如表1-2所示。

表1-2　S镇养老机构的资金来源

资金来源	养老机构(家)	比例(%)
政府拨款或委托项目收入	3	75
开办实体或服务收入	2	50
会费和成员捐赠	1	25
企业和成员捐赠	0	0
国内外基金会	0	0
其他	1	25

S镇政府每年对民办非企业养老机构都会有补贴,包括设备维护、床位补贴和护工补贴等等。具体补贴情况如表1-3所示。

表1-3 S镇政府对养老机构的补贴

补贴项目	久康养老院	华浦敬老院	永康养老院	华泾养老院
每位入住老人补助(元)	/	200	100	/
每位护工补助(元)	200	100	200	100
房租补助	房租的20%	1.5元/m²	/	/
共计(万元)	25	20	20	80

2. 组织的管理结构

S镇4家养老机构都制定了明确的机构制度,规定了各自的组织性质、服务宗旨、服务对象和范围,以及组织的内部管理机制和运行机制。养老机构实行的是理事会领导下的院长负责制,院长是最高的领导。在自上而下的逐层管理当中,都有各项相关的规章制度,相关负责人定时向院长汇报工作。理事会一般由不少于3人的单数理事成员组成,主要负责重大决策和院长及各部门负责人的任命,每年会定期召开会议,临时会议要有三分之一的理事提议召开。

3. 组织的人力资源现状

S镇4家养老机构的职员由3部分组成:专职工作人员、兼职工作人员、志愿者。养老机构专职服务人员的平均年龄为40—50岁,大部分是外来人口,上海户籍的工作人员较少。目前除了华泾养老院有18名兼职员工之外,其他3个养老机构都是专职的从业人员。在学历方面,各个养老机构除了管理人员具备本科及以上的学历之外,护工的文化程度整体偏低,基本为小学和初中。护工人员的学历不高,但基本上都经过专业培训,并获得了上海市养老社会福利行业协会上岗证,具备基本的养老服务常识。其中,护理人员的培训费用由养老机构承担。除了工资,护工们加班都享有加班费,还有每个月100—300元不等的补贴。

三、S镇养老机构提供养老服务的情况

1. 养老服务对象

S镇4家养老机构的服务对象是全镇所有的常住老年人,涵盖了从60岁以上自理能力较强的老年人到80岁以上的高龄老年人,甚至包含一部分失能老人。值得关注的是,在调查中发现,这几家养老机构还为相当一部分的特殊老人服务,这些特殊群体主要包括贫困老人、老年运动和健身爱好者、残障老人、高危失能老人。

2. 养老服务的能力状况

S镇4家养老机构的床位数如下:久康养老院175张、华浦敬老院106张、华泾养老院80张(20张床位可以享受医保,60张自费)、永康养老院70张。每个养老机构的床位都能满足养老服务的需求,还有近5%的剩余床位。4家养老机构入住老年人的总数量为330余名,入住率约76.6%;入住机构老年人整体表现为高龄老人,年龄普遍在80岁以上,基本为生活不能自理的老年人。在收费问题上,4家养老机构的收费依据物价局的收费标准,每月每个老人的入住和服务费用在1 300—2 200元之间。

目前S镇4家养老机构床位数共431张,占镇60岁及以上老年人口数量的6.5%,高于上海市的平均水平。S镇养老机构的建设和发展是根据社区人口老龄化发展特征,按照上海市构建"9073"养老服务格局的要求进行规划和完善的,总量上基本满足了本镇户籍居民的入住要求。

思考题:

(1) 结合案例,请简要分析促进S镇养老服务机构发展的条件有哪些?

(2) 结合案例背景,阐述社会服务机构如何更有效地参与社会治理,促进社会发展?

第二章　社会问题与社会服务机构

第一节　社会问题的界定与识别

在关于社会服务和社会治理的研究领域中,社会问题是一个极为重要的概念。然而,界定社会问题和找到满意的解决办法都是极为困难的任务。① 由于研究旨趣和出发点的差异,中西方不同的学者从不同的角度对社会问题进行了定义。

一、西方学者的界定

英文中的 social problem 在中国被译为社会问题,在欧美国家也被译作社会病态、社会解组、社会反常或社会失调。德国社会学家 A. 瓦格(A. Wagner)和 W. 桑巴特(W. Sombart)等人将社会问题简单定义为劳资矛盾和劳工问题。20 世纪 40 年代,美国社会学家富勒(R-C. Fuller)和迈尔斯(Myers)则指出社会问题是多数人所承认的、偏离某些社会规范的社会状况,提出了社会问题的客观标准和主观标准。客观标准指社会问题是可以确认的、是一种客观事实,一种现实存在。主观标准指人们认识到的某种社会问题,对他们的价值观构成了威胁。②

---

① 参见[美] 文森特·帕里罗、约翰·史汀森、阿黛思·史汀森:《当代社会问题》,周兵等译,华夏出版社,2002 年。
② 朱力:《社会问题的理论界定》,《南京社会科学》1997 年第 12 期。

值得一提的是,《社会问题概论》一书对学界关于社会问题的界定进行了较为全面的归纳,该书指出社会问题最简洁的定义当属美国社会学家米尔斯(Mills)的观点,即社会问题是社会环境中的公众问题,而非局部环境中的个人困扰,这一公众问题影响了社会生活中的多数人的生活而不仅只影响个人的生活。① 帕里罗(Parrillo)等学者认为公认的社会问题一般具备四个要素:它们对个人或社会造成物质或精神损害;它们触犯了社会里一些权力集团的价值观或准则;它们持续很长时间;处于不同社会地位的群体会对它们做出不同评判,解决方案也往往多种多样,因而在如何解决问题上难以达成一致。② 此外,乔恩·谢泼德(Jon Shepard)和哈文·沃斯(Harwin Voss)对社会问题的界定也颇具代表性,他们认为"一个社会的大部分成员和社会一部分有影响的人物认为不理想、不可取,因而需要社会给予关注并设法加以改变的那些社会情况即为社会问题"。③

默顿(Merton)和李斯伯特(Nisbet)注意到每一个社会学家在谈到社会问题的时候都会提及"人民""许多人""功能上显著的一群人""大多数人",这些人试图将背离他们的标准和规范的情形界定为社会问题。④ 鲁滨顿(Rubington)和温伯格(Weinberg)认为社会问题应该包括"证实的状况""不相容的价值观""对相当数量人员的影响""需要采取行动"四方面的内容。⑤ 蒙特罗(Montero)、麦克多维尔(Mcdowell)强调社会问题必须至少满足三个标准:结构性或社会性特征、必须是一个相当重要的问题(数量的重要性、重要人物的重要性、热情的重要性,数量*热情=问题的重要程度)、社

---

① 参见朱力等:《社会问题概论》,社会科学文献出版社,2002年。
② 参见[美]文森特·帕里罗、约翰·史汀森、阿黛思·史汀森:《当代社会问题》,周兵等译,华夏出版社,2002年。
③ 参见[美]乔恩·谢泼德、哈文·沃斯:《美国社会问题》,乔寿宁、刘云霞译,山西人民出版社,1987年。
④ See Merton, Robert King and Robert A. Nisbet, eds. Contemporary Social Problems (Vol. 2). Harcourt Brace Jovanovich, 1976.
⑤ See Rubington, E. and Weinberg, M. S. The Study of Social Problems. Oxford University Press, 1977.

会能够提供出一个解决的办法。① P. 霍顿(P. Horton)、莱斯利(Leslie)、拉森(Larson)、R. 霍顿(R. Horton)注意到社会问题是一个影响广泛、相当部分人群不愿意看到的情形,并且人们都感到需要采取集体的社会行动来加以解决。② 社会问题包括四个方面的因素:这种情形影响到相当部分的人群、它是所有人不希望出现的并感到需要采取一些行动,以及通过集体的社会行动来纠正。社会问题具有深刻的社会性,存在着社会性根源、定义的社会性以及解决方案的社会性。

最后,汤姆斯·萨利文(Thomas Sullivan)发展了米尔斯的思想,对"个人烦恼"和"公众论题"进行了更加深入的阐释,并提出了"社会问题三要素"以及"社会环境四要素"。前者认为某一社会状况能够成为社会问题需要具备三个要素:某种社会状况产生了失调状况、这种社会失调影响到许多社会成员,并且引起了相当多社会成员的关注。而社会环境四要素分别是:权力集团的价值观和准则、社会制度有效性的下降、社会及文化分化的拓展和权力的应用,以及这些社会状况可以通过集体行动来修正。③

二、国内学者的界定

除了西方学者之外,国内一些具有代表性的学者也对社会问题进行了界定。我国老一辈社会学家孙本文先生认为"社会问题就是社会全体或一部分人的共同生活或进步发生障碍的问题。当社会秩序安定,人与人之间的共同生活顺利安全,社会是没有问题的"。④ 在袁方教授主编的《社会学百科词典》对社会问题的定义中,社会问题是"社会中的一种综合现象,即社会环境失调、影响社会全体成员的共同生活,破坏社会正常运行,妨碍社会协调发展的社会现象"。⑤ 北京大学社会学系组织编写的《社会学教程》则

---

① See Montero, M. *Social Problems*. Macmilian Publishing Company, 1986.
② See Horton, P., Leslie, G., Larson, R. and Horton, R. *The Sociology of Social Problems*. Prentice Hall, Englewood Cliffs, 1994.
③ See Durkheim, E. *Suicide: A Study in Sociology*. The Free Press, 1951.
④ 参见孙本文:《社会学原理》(下册),商务印书馆,1945年。
⑤ 参见袁方主编:《社会学百科辞典》,中国广播电视出版社,1990年。

认为社会问题是社会中发生的被多数人认为是不合需要或不能容忍的事件或情况,这些事件或情况,影响到大多数人的生活,故必须以社会群体的力量才能进行改革的问题。①

陆学艺主编的《社会学》一书将社会问题定义为凡是影响社会进步与发展,妨碍社会大部分成员的正常生活的公共问题就是社会问题。它是由社会结构本身的缺陷或社会变迁过程中社会结构内部出现功能障碍、关系失调和整合错位等原因造成的;它为社会上相当多的人所共识,需要运用社会力量才能消除和解决。② 此外,郑杭生主编的《社会学概论新修》将社会问题进行了广义与狭义的区分。"广义的社会问题泛指一切与社会生活有关的问题,指的是在社会运行过程中,由于存在某些使社会结构和社会环境失调的障碍因素,影响社会全体成员或部分成员的共同生活,对社会正常秩序甚至社会运行安全构成一定威胁,需要动员社会力量进行干预的社会现象。"③朱力主编的《社会问题概论》将社会问题界定为"在一定历史时期存在的影响多数社会成员的共同生活,妨碍社会良性运行与协调发展,引起了社会多数成员的共同关注,需要并且只有运用社会力量才能加以解决或消除的社会失调现象"。④

综上所述,可以看到国内外学者所理解和界定的社会问题具有某些共同的属性,即:客观存在的社会失调现象,影响社会的良性运行和协调发展,影响多数社会成员的共同利益和生活,引起社会普遍关注等。学者青连斌指出,界定社会问题要把握四个方面:第一,社会问题是一种"客观事实",是一种超常的或失常的社会现象。第二,社会问题是一种"公共问题",是对全体社会成员或部分社会成员、社会进步不利的或有害的社会现象。第三,社会问题是一种"公众认定",是引起社会大多数人关注、一致确认并希望改变和解决的社会现象。第四,社会问题是一种借助社会力量、采取社

---

① 参见王思斌:《社会学教程》,北京大学出版社,2010年。
② 参见陆学艺主编:《社会学》,知识出版社,1996年。
③ 参见郑杭生:《社会学概论新修》(第三版),中国人民大学出版社,2003年。
④ 参见朱力等:《社会问题概论》,社会科学文献出版社,2002年。

会行动加以解决的社会现象。基于此,所谓社会问题,就是妨碍相当一部分社会成员的正常生活直至影响整个社会的有序发展,从而引起人们广泛关注并需要动用社会力量加以解决的社会现象。①

此外,有学者指出在界定和识别社会问题时需满足五个条件。其一,要有客观性的事实依据。社会问题具有客观意义,它是社会生活中确实存在的某种具体的客观事实,而不是存在于人们头脑中的客观臆想。这种客观事实必然有其外在的表现形式,是人们感官能够直接感受到的。它是一种现象、一个事件、一种行为,而且是十分具体的。其二,要是影响相当数量人的公共麻烦。社会问题具有一定的数量意义,引起社会问题的现象通常是一种"公共问题"而非"个人烦恼"。② 在《社会学的想象力》一书中,米尔斯强调界定社会问题要区分个人烦恼和公共问题,烦恼产生于个人的性格,也产生于同别人的直接关系,不仅与他本人有关,也与他直接接触的、所认识的有限社会生活领域有关。公共问题则是危害整个社会的问题,往往包含社会体制中的危机。其三,违背社会的主导价值原则和社会规范。从这一层面而言,社会问题也具有主观方面的意义。将某种社会现象或社会行为界定为社会问题,是因为社会上绝大多数的社会成员认为这种现象有悖于社会的主导价值和主导规范,正好反映出大家的价值观念和认识标准。否则,一种现象或行为即使为某个人或某一集团所深恶痛绝,也不会被认为是社会问题。其四,与人的道德抉择有关。当有些问题是自然因素所引起或是人们无意中造成的,其社会道德价值为零,这类问题不易被定义为社会问题。与之相反,范式具有明显的道德意志的抉择倾向,并违背社会规范的有意识的行动,则很容易被人们视为社会问题。其五,人们遇到的这类问题是可以通过努力改变的,且只有通过社会力量的交汇合作才可能得到改善和解决。③

此外,有学者基于中国国情提出了构成社会问题须符合的四大条件:

---

① 青连斌:《社会问题的界定和成因》,《中共中央党校学报》2002年第3期。
② 朱力:《社会问题的理论界定》,《南京社会科学》1997年第12期。
③ 同上。

社会问题影响的对象必须具有社会性、社会问题的起因必须具有社会性、社会问题的价值判断必须具有社会性、社会问题的控制和治理必须具有社会性,社会问题具有客观性、普遍性、相对性和多元性的特征。客观性是指大凡社会问题就其本质而言都是一种社会客观存在。普遍性则是指其在社会中存在形式的普遍性,资本主义社会存在着不可克服的矛盾,因而产生大量难以解决的社会问题,而在社会主义社会,也还有许多社会问题。在社会主义阶段,社会在前进过程中也仍然存在主观和客观、新旧之间的矛盾,而矛盾就是问题。① 相对性指的是任何社会问题都是相对于一定的社会结构和一定的社会历史条件而言的,不同的时代存在不同的社会问题,社会问题带有鲜明的时代特征。多元性是指社会问题产生的原因、后果和控制手段是多元的。许多社会问题的形成,不只是一个原因,往往是有多种因素造成的,解决的办法也是多种多样的,许多问题都需要综合治理。②

更进一步而言,界定社会问题是一个对社会问题从日常生活的理解逐步到科学的认识的过程,是人们认识不断深化的过程。有学者总结了界定社会问题的六大环节。第一,利益受损集团的强烈不满和呼吁。利益受损集团是指直接受到某类社会问题伤害的对象。他们对某种社会问题感受最深,往往最早发出呼吁。第二,社会敏感集团及社会上某些有识之士的呼唤。对社会问题敏感度较高的群体通常包括记者、报告文学作家、社会学家、伦理学家、政治学、法学家等等。第三,社会舆论集团及大众传播媒介的宣扬和推动。第四,公众普遍的认识和接受。当某一现象被传播媒介渲染和烘托成公众关注的热门话题之后,大多数的社会成员才逐渐意识到确实存在着某个问题,当某一社会现象为相当多的社会成员所认同为社会问题时,会在社会成员心理上产生巨大的压力和不安全感,产生解决这些问题的需要,形成解决问题的共识,并在社会各个利益群体的行动中汇成解决问题的一股强大社会力量。这时,某一社会问题才真正算是一个社会问题。第

---

① 袁缉辉:《社会问题与社会控制——谈社会治安的综合治理》,《社会科学》1987年第2期。
② 杨立勋:《社会问题界定之探微》,《湘潭大学学报》(社会科学版)1992年第4期。

五,社会权力集团的认可和支持。将某一社会现象确定为社会问题,并会付以行动予以解决的,通常是有组织的权力者群体。第六,开始解决社会问题。①

三、理论范式

在学术界研究社会问题的过程中,逐渐产生并先后形成了六种理论范式。

第一是社会病态论。该理论于 20 世纪初由亨特臣(Henderson)与史密夫(Smith)率先提出。该理论视社会为一个生物体,当一个社会的某一部分出现功能上的失调,便会产生社会病态,即出现社会问题。当然,这一视角也遭受批判,即该理论将社会问题的成因过分简单化,侧重于分析家庭与教育这两种社会制度的功能,忽略了很多其他社会因素。

第二是社会解体论。该理论同样将社会理解为一个由多部分组成的系统,每个系统各司其职以体现整体的运作,社会问题的出现主要是社会变迁导致社会中不同系统之间的运作出现不协调,进而导致社会失范、文化冲突、规范崩溃等不良后果。该理论的核心概念是因社会转变而出现的规范失效,故而,要解决或减少这些社会问题,社会福利便作用于重建那些失效的规范。②

第三是价值冲突论。该理论认为人们由于社会地位、利益诉求的差异,对同一社会问题的价值评判标准、立场和态度等也会表现出非常大的不同,在采取某种措施改变某一现象时,通常会引起人与人之间无休止的冲突。而之所以会引发一系列社会问题,主要根源就在于人们在社会生活中存在价值观念的差异,如果人们长期受到互相冲突的价值观的影响,就会出现社会失范,导致越轨行为,产生社会问题。③

第四是行为偏差论。该理论产生于 20 世纪 40 年代美国社会学界,有

---

① 朱力:《社会问题的理论界定》,《南京社会科学》1997 年第 12 期。
② 徐永德:《社会问题与社会需要》,《社会福利》2002 年第 5 期。
③ 参见朱力等:《社会问题概论》,社会科学文献出版社,2002 年。

两大分支：以默顿（Robert King Merton）为代表的失范理论以及修特兰（Edwin Sutherland）提出的差异交际理论。失范理论认为社会上存在着某些被公认的社会目标，而达到这些目标的机会和途径未必人人可得，于是产生不同的偏差行为反应，如创新主义（开创新手法意图冲破或绕过常规的正式途径）、形式主义（在表面上表现出人们认同的行为）、逃避主义（批判、不接受社会普遍认同的目标和合法途径，选择放弃追寻这些目标，采取消极逃避的生活方式）和反叛主义（采取反社会手法对社会做出控诉甚至破坏）。差异交际理论认为一些违反社会规范的偏差行为主要是由人们在相互接触的过程中学习或感染得来。不同人有着不同的交际圈，频繁接触有犯罪倾向、蔑视社会法律规范的人，则较容易习染上偏差行为。[1]

第五是标签论。该理论将重点聚焦于界定问题的人，偏重研究人们对社会问题的主观界定过程，分析人们是如何定义那些被视为有问题的现象、行为或事件。代表人物为 E. 拉默特（E. Lement）和 H. 贝克尔（H. Becker）。个人和群体之所以越轨，是因为人们预先制定出"规则"与"规范"，故而违反了这些"规则"和"规范"的行为便被认定为越轨行为，这些人会被贴上"越轨者"的标签，遭到排斥。在这个过程中，"标签者"拥有确定行为的权力，"被标签者"权力被剥削或压抑。

第六是社会整合理论。所谓社会整合，主要指社会的各要素、各部分组成一个协调统一的社会整体的过程，最早由社会学家迪尔凯姆（Durkheim）在研究自杀时提出。在《自杀论》中，他认为一个社会的自杀率高低与该社会的整合程度有密切关系，社会整合程度过高或者过低都容易引起自杀。现代社会产生社会问题的主要原因在于社会整合的减弱而非过度的社会整合。帕森斯（Parsons）则进一步发展了社会整合概念，并将其纳入结构—功能主义体系中，认为社会问题产生于社会化机制和社会控制机制的不完备或其功能的丧失，这使整个人的人格系统不能很好地整合到社会文化价值

---

[1] 徐永德：《社会问题与社会需要》，《社会福利》2002年第5期。

系统中去。①

四、社会问题与社会服务机构

社会服务机构是在社会问题日益凸显、社会矛盾日益显著的背景下应运而生的。当前我国正处于转型时期,各种社会矛盾不断涌现、各类利益主体不断多元化,必然会产生多样化的利益诉求。然而,仅仅依靠政府难以代表多元主体的不同利益,需要建立具有代表性的组织来维护自身权益。因此,随着社会问题的加剧,一些弱势群体(如残疾人、老年人、青少年、下岗失业者、外来务工者等)不仅需要增加自身的福利,更要维护自身的权益,为自身争取社会公正。具体而言,近十几年来,随着我国经济的飞速发展,越来越多的社会问题开始展现在我们面前:贫富分化加剧,社会支持网络破裂,弱势群体的数量逐渐增多……这对构建和谐社会、促进社会发展提出了巨大的挑战。② 在大众的观念中,经济水平提升了,社会进步了,幸福感和满足感也自然会提升。但事实并非理想状态,一些新的社会矛盾和社会问题随着经济社会发展而凸显,民众和国家对社会建设的关注度与日俱增。③ 此外,当贫富差距日益扩大,城乡矛盾日益凸显时,单靠政府来扩大利益表达渠道、缓解社会矛盾不足以解决所有社会问题。因此,通过社会服务机构提供专业化服务来解决社会问题、缓解社会矛盾便显得尤为重要,其通过在儿童、青少年、老年人、妇女、残疾人、矫正、社会救助、医务等领域提供预防性和解决性方案,为社会福利没有顾及的弱势群体解决生存发展问题,缓解由于贫困、失业或疾病等问题所引发的社会矛盾,促进社会和谐发展。④ 简言之,当前我国社会问题的有效解决需要发展社会工作服务机构,其在化解

---

① 王敏、章辉美:《帕森斯社会组织思想的几个问题》,《求索》2005 年第 6 期。
② 参见牟轩德:《社会工作机构向社会企业转型研究——以 G 机构为例》,硕士学位论文,南京大学社会工作专业,2015 年。
③ 参见戴凌姝:《社会工作机构的社区嵌入过程研究——以北京市 R 机构为例》,硕士学位论文,首都经济贸易大学社会工作专业,2016 年。
④ 参见邹帆:《社会工作机构发展模式探析——以深圳市 A 社会工作机构为例》,硕士学位论文,内蒙古师范大学社会工作专业,2013 年。

社会矛盾和解决民众与政府之间的问题上,起着减震器和缓冲带般的作用。①

第二节 社会服务机构的使命和目标

一、社会服务机构界定

社会服务机构是社会组织的重要组成部分。从法律文本来看,社会服务机构的概念最早出现在2016年3月16日出台的《中华人民共和国慈善法》里,该法第八条规定:"慈善组织可以采取基金会、社会团体、社会服务机构等组织形式。"社会服务机构并非慈善法设立的新的组织形式,而是过去民办非企业单位的延续。而在《民办非企业单位登记管理暂行条例(修订草案征求意见稿)》(简称《意见稿》)中,"社会服务机构"已取代"民办非企业单位"成为新的法律概念,社会服务机构的非营利性在《意见稿》中得到落实。《意见稿》第二条将社会服务机构界定为"非营利性法人",第二十、第二十一条规定社会服务机构不能清偿到期债务,且资产不足以清偿全部债务或者明显缺乏清偿能力的,参照使用《中华人民共和国企业破产法》的相关程序,从而将破产作为社会服务机构的退出途径之一。② 2017年3月15日,《中华人民共和国民法总则》通过出台,进一步明确了社会服务机构的法人地位。该法第八十七条规定:"为公益目的或者其他非营利目的成立,不向出资人、设立人或者会员分配所取得利润的法人,为非营利法人。非营利法人包括事业单位、社会团体、基金会、社会服务机构等。"③

所谓社会服务机构,指的是以提供社会服务为职能的社会组织,其由国家、个人或者是社会团体举办的,为有需要的、特定的服务对象提供专业的

---

① 参见戴凌姝:《社会工作机构的社区嵌入过程研究——以北京市R机构为例》,硕士学位论文,首都经济贸易大学社会工作专业,2016年。
② 赵青航:《从民办非企业单位到社会服务机构》,《中国社会组织》2017年第3期。
③ 张凌霄:《社会服务机构的法律适用》,《中国社会工作》2019年第24期。

服务,需要通过社会工作者、家务助理员、社会福利工作员、其他支援工作人员等社会福利从业人员来实现,并且有着广义和狭义的概念之分。狭义的社会服务概念指的是对那些生活能力相对较弱的残疾人、儿童、老人、慢性精神病人和家庭等的社会服务和社会照顾;广义的社会服务概念则是指为提升广大社会成员的生活水平所提出的一系列社会服务以及政策措施,也就是考虑社会成员在生活中每一个方面的福利待遇等问题。①

一般而言,社会服务机构是指以掌握专业知识的社会工作者为主体、专职的服务人员和志愿者为辅助构成的服务组织。该类组织以"助人自助"为宗旨,秉承社会工作的专业伦理,利用社会工作的专业方法和技巧,为特定的有需求的服务对象,例如老年人、妇女、儿童、残障人士、矫正人员等社会弱势群体和困难群体,解决问题、提供帮助,以提升他们的社会功能和幸福感,促进社会和谐。② 具体而言,社会服务机构是一个福利服务输送系统,是面向社会开展专业服务的公益类组织,活动特点是连续的、经常的,并具有实体性组织结构。③ 此外,顾东辉认为社会服务机构是现代社区的重要标志,也是当今社会的组成部分。社会服务机构可以表现为一个过程。在该过程中,政府或非政府机构为个人或机构提供必要的关怀、保护、物质和支持,以提高它们的社会功能,这些政府或非政府机构就是社会服务机构。④ 简言之,社会服务机构一般具有民间性、非营利性、志愿性、公益性和自治性等特征。值得一提的是,这类机构还具有制度化的利他主义的特征,这一"利他"是职责内的责任,而不是职责外的付出。⑤

社会服务机构在开展服务的过程中有一套科学的方法。一般而言,社会服务机构开展服务包括以下几个环节:接触服务对象,初步了解问题——分析和综合评估问题——对问题的介入和提供服务——评估服务过

---

① 王铭徽:《社会服务机构发展现状与问题研究》,《长江丛刊·理论研究》2017年第1期。
② 黄彩英、钟静静:《我国社会服务机构参与公共服务的理性思考》,《河北科技大学学报》(社会科学版)2017年第4期。
③ 曲玉波:《我国社会工作服务机构的管理与创新》,《中国社会工作》2013年第13期。
④ 顾东辉:《试论社会服务机构中的全面质量管理》,《社会福利》2004年第7期。
⑤ 参见郭景萍主编:《社会工作机构的运作与管理》,北京大学出版社,2015年。

程和中介。换言之,社会服务机构所从事的是一项专业技术性很强的工作。①

二、使命的重要性及意义

使命是指机构存在的根本理由。任何一个机构,都要思考所要成立的机构是做什么的,在什么领域、为什么人群提供什么样的产品和服务,解决一个什么社会问题,满足人的什么需求。② 社会服务机构运营主要以"使命"为重,不以追求利润为目的。社会服务机构作为重要的社会组织,是价值驱动和使命导向的非营利组织,不以营利为目的,政府拨款和社会捐助是其经费的主要来源。另外,不以营利为目的并非不需要绩效,其成绩不是以赚取利润的多少来衡量,而是来自使命完成的程度。③

社会服务机构以使命与价值为基础,也以使命与价值作为机构设置的依据。如果一个社会机构不能明确使命价值,那么在运营管理中就会心思不定,行动不够坚定,付出不够沉着。当机构的使命价值契合时代特点和社会发展趋势,也契合机构的能力结构和资源优势时,就能够形成市场竞争力,对机构成员形成感召力和统合力。社会服务机构的使命是三个方面的结果:一是看到了机会窗口和社会服务的价值;二是所发现的价值契合创始人和领导者的内心价值追求;三是内外部条件具备,经过投入及努力,能够实现目标。④ 简而言之,社会服务机构在很大程度上是为其使命而存在的,它们的存在是为了推动社会发展和改善民众生活。社会服务机构的使命不仅是创造组织效能的基础,还是其强有力的价值系统,兼具团结和指导作用,将组织的重要支持者汇聚在一起。

---

① 乔世东:《社会服务机构引入市场营销理念的困境及出路》,《中国青年政治学院学报》2005年第1期。
② 参见郭景萍主编:《社会工作机构的运作与管理》,北京大学出版社,2015年。
③ 黄彩英、钟静静:《我国社会服务机构参与公共服务的理性思考》,《河北科技大学学报》(社会科学版)2017年第4期。
④ 参见杨涛:《社会服务机构管理——利他经营、集体行动与自主共治》,南京大学出版社,2019年。

三、社会服务机构制定使命的准则与要求

为了对内凝聚人心，对外宣传机构，社会服务机构使命的表述应当简洁凝练、容易理解和记忆，要能让人一看就知道机构经营什么，追求什么，为什么人群服务以及满足人群什么需求。如，某心脏协会的使命是降低由心血管疾病和突发性疾病造成的儿童夭折和先天性残疾；乐施会的使命是一个独立的发展及救援机构，跨越种族、性别、宗教和政治的界限，与贫穷人一起面对贫穷和苦难。而社会服务机构则是因为满足所服务人群的需求而产生价值，进而获得生存与发展。[1]

社会服务机构制定使命时应注意回答几个核心问题：我们为什么存在？我们是谁？我们在做什么？我们目前的位置在哪里？我们的身份和本质是什么？我们存在的理由是什么？我们存在的主要功能是什么？我们为谁而存在？对我们而言最重要的支持者是谁？我们能满足哪些基本需求？我们为何要做这些事情？良好的使命宣言必须是高尚的、伟大的、具有感染力的、简洁的和易于理解的，并能够包括目标对象人口的需要。社会服务机构制定的使命是对社会大众所作出的公开承诺，必须反映组织本身的优势和特点、外界环境的契机和需要以及确认本身的信念。如香港六大传统慈善团体之一的保良局，其使命宣言是：秉承"保赤安良"的宗旨，以现代化及高度经济效益的管理，提供优质、专业及多元化的社会服务；屯门仁爱堂于1977年注册成为非营利团体，其使命宣言为：匡老扶幼、兴学育才、助弱保康、关社睦邻。[2]

此外，使命宣言必须能够做到以下各点：必须列明组织为何奋斗；提供组织成员进步的空间并使其在工作上受到尊重；必须随社会性状况而改变或当组织创建时要解决的问题已经不复存在时，重新作出检讨；必须与组织成员共同分享与完成；必须赋予组织一个强而有力的创新机会并加以实践；

---

[1] 参见杨涛：《社会服务机构管理——利他经营、集体行动与自主共治》，南京大学出版社，2019年。
[2] 参见郭景萍主编：《社会工作机构的运作与管理》，北京大学出版社，2015年。

必须与行动结合起来,从而可对人类和社会作出最重要的改变。在当前中国社会服务机构的发展中,使命缺失的问题尤为凸显。许多新兴社会服务机构对组织使命的意识仍然淡薄,甚至忽略组织使命的构建,在涉及相关议题时多以"宗旨"二字模糊替代,能够清晰公开表述组织使命者较少。因此,对于社会服务机构而言,首要任务是确定一个清晰、合理、有效的使命,并有效表达。例如,广州市海珠区木棉花社会工作发展中心承接佛山市南海区大沥镇"新南海人梦家园"项目,应评估指标体系要求为梦家园社区制定了市民宣言:中心秉承"心怀博爱、立足专业,以服务对象为本"的理念,依据社区资本建设专业理念,服务有需要的"新南海人"(以嘉怡社区行政辖区不同类型的居住者为主),致力于培育与创造一个平等、公正、关爱、秩序的社区融入环境,建设"关爱共荣、温情嘉怡"之幸福社区。① 上述服务项目较清楚地体现了该机构秉持的组织使命。

四、社会服务机构的具体使命与目标

为有困难的人群特别是弱势群体服务是社会工作的天职,使有困难的人士得到适当的帮助是社会工作的责任。② 具体而言,作为一个社会服务机构,它主要的使命是最大限度运用资源,协调人力、物力、财力,以改善人民生活质量为责任,做好社会服务事业。③ 社会服务机构的主要使命和目标在于统筹社会工作的开展,参与社会管理,推进社会政策,维护社会和谐,促使广大社会成员提升精神生活水平、增强物质力量,促进他们的幸福、健康发展,协助他们面对问题、解决问题;并且这是作为一种服务措施和服务政策所存在的,同时也是一种职责,社会服务是在社会保障的基础之上进行的保护和延续有机生命体的一种社会功能。社会服务机构是专业的助人机构,助人无疑是其服务工作的出发点和最终的归宿。社会服务机构整体而言具有政治功能、文化功能、经济功能和服务功能。政治功能主要指的是进

---

① 参见郭景萍主编:《社会工作机构的运作与管理》,北京大学出版社,2015年。
② 杨晖、江波:《社会工作与农村社会工作的使命》,《社会工作下半月》(理论)2009年第3期。
③ 李净净:《社会工作机构管理研究综述》,《青年与社会》2014年第3期。

行社会的控制,维持社会的秩序,促进社会公平;文化功能主要是传播人道主义伦理,弘扬社会团结价值;经济功能在于促进就业、社会财富的再分配以及为经济发展创造出良好的环境;服务功能则包含着发展、预防以及治疗。[①]

公益使命是社会服务机构的核心架构和动力基础。组织的活动依赖的是人们的公益心、爱心等美德,社会服务机构的设立目的、经营方式和社会责任都具备公共的特性,社会服务机构还具有伦理使命。社会服务机构属于非营利性组织,应该以使命为先,并且有着与企业和政府不同的使命。企业提供的是商品和服务,政府则进行管理和调控。而社会服务机构提供的"产品",主要是针对各类弱势群体及其他相关人群的服务:机构通过开展各种专业服务和活动来提高人的自身素质和全面发展人的能力,通过提供高质量的精神产品来丰富人们的精神生活,满足人们的精神需求,进而促进社会的安定、团结,促进社会整体进步。[②]

社会服务具有特殊的价值观,而这正是提供服务的基础,如认为所有人都是平等的,每个人都有追求更好生活的潜能,社会有责任为其成员提供机会、资源和服务等。与商业服务的功利主义取向不同,社会服务的重要特性在于人道主义。社会服务和商业服务的目标也各不相同,商业服务之所以尽其所能地为消费者提供优质产品,目的在于获取最大利润,适者生存是商业运行的核心信条。而社会服务的目标阈值则截然不同。虽然也以服务对象为神圣使命,但是非营利是其根本特征,组织存在的目标是推动服务对象与其社会环境的适应性平衡。此外,虽然社会服务已经将普通人士甚至强势人士纳入服务范畴,但是弱势群体始终是起始点和主流人群,老弱病残失业人士等等都是社会服务的重要对象。社会服务机构会根据需要,关注服务对象问题解决和服务对象能力提升间的良好平衡,通过助人自助协助服务对象改变,通过积极推动其社会环境变化协助服务对象解决问题和满足

---

① 王铭徽:《社会服务机构发展现状与问题研究》,《长江丛刊·理论研究》2017年第1期。
② 皮湘林:《公共责任:社会工作机构的价值选择》,《社会工作》2012年第12期。

需要。然而，上述只是社会服务机构的表层目标，其深层任务或目标是在服务过程中激发服务对象的参与，从而提升他们的能力，实现助人自助。①

社会服务机构的使命可以归纳为四个方面：第一是"助人自助，爱心传播"；第二是"坚守社工理念，关注社区困境，助力社区发展，激发社会潜能"；第三是"提供优质社工服务，推动和谐社会建设"；第四是"为社会组织争取更多的公益项目"。这些使命比较全面地涵盖了社会服务机构的特点和功能，但也存在空泛且抽象的问题。②

此外，有学者总结了社会服务机构的四大职能：首先是福利服务型职能。社会服务机构始终把服务对象的利益摆在第一位。当各方发生矛盾时，其会矢志不渝地站在服务对象一方，承担重要的社会福利服务的职责。如果将整个福利资源看作"一锅汤"，那么社会服务机构就是"汤锅里的勺子"，承担着福利资源分配的责任与使命，从而成为传递社会福利和社会服务的重要载体。其次是专业嵌入型职能。社会服务机构通过运用专业知识、技能和方法来帮助有需要的个人、家庭、群体、组织和社区，通过这些工作来整合整个社会资源、协调社会关系、恢复和发展社会功能，促进社会和谐。再次是社会公正性的职能。社会服务机构不能停留在满足服务型职责的角色上，而是要致力于接触社会中广泛存在的不平等与不公正事件，发挥社会工作实践的威力和作用，影响公共政策，促进公平正义和民主化的进程。最后是资源整合的职能。由于服务对象的特点，社会服务机构的服务收费难以支付社会服务的成本，必须依靠资源整合来维系组织的运营。③

综上所述，社会服务机构应该树立服务质量第一的品牌意识，增进个人、家庭及群体的需要与环境中的支持资源的调和度，同时兼具直接服务和间接服务两个层次的专业功能。直接服务重在提高个人应对环境压力的能力，满足发展的需要。间接服务即针对社会中弱势群体长期经受"栖息地"社会排斥的问题，在社区、组织及政策倡导等层面发挥专业功能，包括动员

---

① 顾东辉：《试论社会服务机构中的全面质量管理》，《社会福利》2004年第7期。
② 徐本亮：《有效的社会服务机构使命怎样"炼"成》，《中国社会工作》2017年第30期。
③ 参见郭景萍主编：《社会工作机构的运作与管理》，北京大学出版社，2015年。

社会资源以改善弱势群体的社会处境和生活质量,影响相关部门做出有利于服务对象的服务,以及改善服务对象的生活条件的政策制定、法律修订。①

第三节 社会服务机构的管理

一、管理的概念与认知

管理是指透过一系列的活动或过程,善用组织资源,以保证效率与效能的方式达成组织的任务或目标,即管理是一个组织为使其成员协调有效地工作而开展的计划、组织、控制和决策活动。② 管理对机构价值生产具有重要作用,没有管理,人才、技术和资金等资源要素就得不到配置,就不能形成人的合力并将资源转化为价值成果,管理要能明确机构的业务和成果,为成员指明目标和方向。管理是为机构成员创造一个良好的环境,使他们的潜能和创造力得到发挥,进而实现机构和个人的目标。管理的目标不仅是有效率、有效能地完成组织工作,还须实现成员的个人发展。此外,机构的管理者必须遵守法规和伦理规范,履行社会的责任。③

社会服务机构属于非营利性、公益性社会组织,因此更关注管理的技术职能、财务职能、管理职能三大部分。作为担负特定使命和开展活动的组织,社会服务机构更加需要管理。而管理对于这些机构则有不同于企业经营和政府行为的特殊意义。对于社会服务机构而言,管理活动不像企业那样只是围绕着利润或"经济效益"展开,也不像政府那样以政策调控或行政干预方式去管理社会,达到社会控制的目的。究其本质,社会服务机构的管理是一种"使命与领导"之道。因此,社会服务机构的管理需要有以下四方面的考量:其一,应当明确地声明其使命和宗旨,阐明其服务对象的需求,

---

① 齐凤:《社会服务机构应树立品牌意识》,《中共石家庄市委党校学报》2016年第11期。
② 李净净:《社会工作机构管理研究综述》,《青年与社会》2014年第3期。
③ 参见杨涛:《社会服务机构管理——利他经营、集体行动与自主共治》,南京大学出版社,2019年。

并解释其项目是如何运作的、项目的成本是多少以及这些项目能带来什么好处;其二,应当公开关于其管理、财务和运作方面的正确信息,其运作程序、过程和项目应当公开透明,并且符合使命和宗旨;其三,应当符合其服务对象的需求,对支持者和整个社会负责任;其四,应当积极实现其使命,代表大众的利益,做好管理工作,并且注重质量。换言之,社会服务机构的管理是履行社会责任的使命管理,但同时也是企业化的经营运作过程。在此意义上,社会服务机构管理具有复杂性——企业管理方式与承担社会责任并存、市场化运作和寻求公益公正相互交织,务实与创新、效率与效能并重。[①]

在管理中,管理者要有大局观,不能被无休止的工作淹没,必须给自己腾出思考的时间。管理者要有责任心与使命感,要有敏锐的洞察力、清晰的视野和方向感,机构管理的精髓在于经理人的选择,抉择不一样,方向目标和工作结果也不一样。具体而言,在机构的管理中,管理者应将多样的员工组织起来,激发员工的善意、潜能和创意,出现分歧时要组织员工讨论协商,促使员工形成积极的交流与思考方式,推动他们的合作行动。而高层管理者则要设计社会服务机构的结构制度,确保结构制度科学合理,协助成员适应结构制度和流程系统,还要根据变化做出调整,完善架构,使结构制度具有适用性。在对员工进行管理时,管理者要努力提升人与人之间的角色关系、互助合作及协同效应,要为成员投入生产活动创造良好的环境,还要引导和支持员工在业务能力和道德水平两方面获得成长。管理者还要为员工创造良好的工作环境,包括物理空间环境、结构制度环境和人际心理环境,促使形成正向的机构力场。管理者要能做到结构管理与流程管理、系统化管理与精细化管理、统筹规划与合理节奏。既要看到机构系统大的气候,也要注意局部气候,须运筹帷幄,推进各项工作进程,实现所有事项的衔接和整体嵌入,要能够将各方面的人力及其他资源纳入结构与角色体系之中。

社会服务机构应遵循以下准则:其一,管理要在细微之处,小的问题应

---

① 钱宁:《非营利组织的管理风险与社会服务机构的发展问题》,《学习与实践》2011年第10期。

当引起管理者的注意,加以果断处理;其二,权责利对等,权力、责任、资源与利益对称分配,及"管理的等边分配法则";其三,管理者对人施加影响,要做到公正、无偏见、无偏私。综合而言,有效的社会服务机构管理要求把握各方面、所有层次的目标,并能够应对内外利益相关者的要求,处理内外部各种交易活动。管理者应该具有战略视野,将短期利益及成功与长期的战略规划与目标成果相结合,把握好机构与利益相关者的价值链关系,做那些值得做的事情,完成那些最具价值、最适合本机构的事项,放弃那些非核心的业务事项,取舍得当。①

二、社会服务机构监督管理的层次

社会服务机构的良性持续发展离不开必要的监督管理。从监督管理的层次来看,对社会服务机构的监督管理分为宏观、中观和微观三个层次。从监管的主体来看,又可分为政府的监督管理、社会的监督管理和组织的自律式管理。从管理方式来看,政府监督管理和社会监督管理可称为外部监管,也可统称为他律;组织的自律式管理称为自律,自律又可分为行业自律和自治内部自律两类。

首先,社会服务机构的发展,离不开政府的有效监督。一方面,政府监管被看作政府弥补市场失灵、维护社会公平、实现社会福利最大化的有效方式;另一方面,组织生存和发展需要资源。现阶段决定社会工作机构发展的重要资源,包括资金、政策制定的权力都掌握在政府手里。具体而言,我国政府在社会服务机构发展中的主导性作用主要体现在:社会服务机构的组织使命和发展方向是由政府来确定的,机构工作领域的拓展取决于政府的推动,机构发展所需要的资源和条件来自政府的支持。从管理路径来看,政府实现对社会服务机构的有效监督,主要通过两个途径实现:法规手段和行政手段,政府对社会服务机构的监管机制主要是通过对社会服务机构的

---

① 参见杨涛:《社会服务机构管理——利他经营、集体行动与自主共治》,南京大学出版社,2019年。

设立、运作以及税收三个环节进行的。政府设置社会服务机构的进入门槛，包括设立资质、组织设立类型、规模、人员、资金以及组织使命等。在社会服务机构成立后，政府还会对其运作进行监管，内容包括组织的资金来源以及使用、信息的公开、组织使命的完成等。除上述两方面外，税收优惠是政府管理和规制社会服务机构的一个最重要的组成环节，即设计减免税收资格的审查以及减免的数量和方式等。值得一提的是，政府购买社会服务是推进政社合作的一种主要方式。完善社会服务机构的宏观管理机制是政府实现对社会服务机构有效监管必须面临的抉择。为此，要及时转变我国政府管理社会服务机构的理念与职责，适时推出社会服务机构管理的基本法律。更为重要的是，需要完善对社会服务机构的监管机制，降低监管门槛，加强日常监管，建立日常监管和财政监管联动机制，变限制竞争为鼓励竞争，推进有序化竞争，推动社会服务机构的行业自律，鼓励社会监督。

其次，除了来自政府的宏观外部管理外，建构和完善一定的中观管理机制，即强化社会服务机构自身的自律自制能力和进一步发挥社会监督的作用亦同样重要。一方面，社会服务机构的健康发展需要良好的法规政策环境、组织内部自律机制以及行业自律机制，即在法律法规的规范下，建立社会服务机构自我约束和自我控制的保障体系，形成自我管理和发展的可持续发展态势。自律可分为组织内部的个体自律以及行业自律，其中行业自律属于中观层次的管理，主要指同一个行业内的组织为了共同的权益组织起来，通过行业内部合作、调解与监督，进行自我约束与自我管理。另一方面，社会服务机构的健康发展同样离不开外部的社会监督，社会监督主要指由国家机关以外的社会组织和公民对各种法律活动的合法性进行的不具有直接法律效力的监督，具有成本低、效率高、效果明显等特点。

最后，提升和完善社会服务机构的微观自我管理。社会服务机构的自我管理是"组织为使其成员能有效地建构一个协调与和谐的工作环境，并借以达成组织任务或目标所从事各种活动的过程"。社会服务机构的正常运行是建立在自我管理和自我发展的基础之上的。为此，社会工作机构要着力提高组织规范化水平，形成健全的管理体系和成文制度，如财务制度、人事制度等,防止机构工作出现"行为失范"。社会工作机构还要提升机构领导水平,领导者要树立长远意识,着眼于机构发展的延续性和稳定性,不能被眼前的狭隘利益所局限从而将机构引入歧途;领导者应具备社会工作所需要的职业素养,从而能够在胜任本职工作的基础上为本机构争取更多资源,促进机构成长;领导者要制定有效的内部管理制度,充分调动机构成员的工作积极性,形成人力资源优势;领导者要为机构制定清晰合理的战略规划,使机构能够适应时代的变化。社会工作机构还要通过各种手段留住人才,如营造良好的机构工作环境,通过开展各项活动增强他们对组织的归属感和认同感。最后,社工机构要提升自身的公信力,公信力与社会工作机构的声誉息息相关,因此,机构要主动向社会公开治理与财务信息、问责指标,自觉接受公众的监督。

三、社会服务机构管理的问题与对策

概括而言,当前我国社会服务机构面临的管理难题主要包括:理念和使命的确立、制度建设、资金筹措、人才聚集与专业能力培养、机构运作的管理方式等。一些国内社会服务机构缺乏对组织的理念和使命的陈述,导致自己定位不清楚、不明确,这是机构战略上的缺陷,致使机构陷入使命管理危机。从制度建设的视角来看,社会服务机构也需要建立明确的制度规范来约束其领导者和成员的行为。这类组织服务于社会大众,它的管理需要效益和效能方面的评估。然而,现实中有相当数量的社会服务机构因为缺乏这样的策略和管理制度而陷入运作困境。从资金筹措方面来看,这是社会服务机构当下最感困难的管理难题。相当一部分社会服务机构因为资金不足而限制了它们开展业务活动的能力。从人才聚集与专业能力培养方面来看,一方面是社会服务机构专业人才缺失和服务的业务能力不足,另一方面又存在优秀专业人才的流失和招募困难的问题。最后,从机构运作的管理方式来看,社会服务机构的管理不是基于利润或财务底线的管理。相对于企业而言,绩效和成果对于它其实更加重要,却也更难测评和控制。这样一来,社会服务机构的管理也就更容易犯过度自信、过于理想化或官僚主义

的错误。

　　一些社会服务机构的管理方式过于专注于组织的发展,只从组织内部管理的完美性而不从服务人群的实际需要出发,就常常使其管理变得无效。此外,社会服务机构的运行主要不是靠自我"造血"而是靠捐款和项目式管理来维持的特点也造成了一系列的管理难题,由于其规模小、专业水平低、服务方式和服务内容单一、活动范围狭窄,导致管理方式简单、机构运行不畅、目标过大效果不佳等管理问题。①

　　进一步而言,从内部管理能力来看,社会服务机构的管理人员大多不是专业社会工作人才,而是企业方面的管理人才,缺乏一定的专业背景,专业对口的管理人员队伍不够健全。从制度体系上来看,尽管各个机构都制定了内部管理制度,但是并没有形成统一的制度标准,如服务标准和服务流程设置以及员工的管理,很多制度流于形式。从财务管理来看,当前完全依靠政府购买服务的社会服务机构存在经费紧张、运行困难的障碍。此外,财政优惠政策缺失使得机构发展缺少有力的财力保障。从项目服务的监督评估来看,机构普遍遇到的问题是尚未形成标准化的监督评估体系。目前的监督评估专业性、规范性不足,受环境限制,"监督的好坏对机构发展没啥影响"的现实大量存在,这使得机构缺乏进一步完善监管评估的动力。外部评估很多时候也存在不能客观量化机构的真实作为,评估方不专业,在一定程度上消减了机构不断改进的动力。

　　另外,社会服务机构尽管有一定的内部管理能力,但是与机构专业服务能力密切相关的管理能力不强。管理人员专业背景欠缺,内部制度执行力度不顺,对项目内部科学监督评估不够,机构必要的运行经费紧张。机构除了与政府关系密切外,与其他主体联系不多,与行业协会的互动不多,与其他机构的联系也非常少。因此,机构应当不断完善社工人才队伍建设机制,为社工机制提供人才保障,并加强培育与监督机制的建设,除了自我约束、自我监管外,最主要的还是要接受政府监督。此外,还需探索多元发展平

---

① 钱宁:《非营利组织的管理风险与社会服务机构的发展问题》,《学习与实践》2011年第10期。

台,通过多方面途径扩展机构发展的平台,既要看到政府支持在机构发展中的重要作用,也要加强与政府部门、街道、社区等的互动合作,主动出击向社会争取资源。最后,要完善服务管理,规范机构管理,明确服务标准,对人员岗位进行科学管理。①

社会服务机构管理过程中不可避免存在一些问题和挑战:首先,独立性与自主性不足。社会服务机构普遍要接受登记管理机关和业务主管单位的双重管理,在机构的重大决策、人事任命、业务领域和经费使用等方面受到政府等相关部门直接或间接的影响。其次,服务质量与专业化程度低。如一些社会服务机构以"外塑形象"活动居多,内涵建设有待加强,运用社工专业方法为服务对象提供高质量的直接服务项目较少,服务呈现半专业化特点。最后,组织结构缺乏创新性。政府购买社工服务的发展模式使得社会服务机构在组织结构设计上缺乏创新性。② 王国梁在对贵州、济南、深圳三地的社会服务机构考察的基础上同样也发现,我国社会服务机构管理存在机构行政和人事设置僵化、管理思维固化、财务管理混乱(机构财务管理标准化意识淡薄、服务经费不足、缺少应急储备资金保障)、机构督导效率低、机构发展所需的社会支持力量薄弱等问题。③

此外,社会服务机构管理中存在领导职能履行方面的问题,即存在"重"决策领导而"轻"伦理领导、"重"简单激励而"轻"复合激励,"重"指导内务而"轻"外部环境的问题。同时,机构管理在一定程度上存在政府嵌入领导、高层领导缺位、领导水平不高等问题。针对上述问题,第一,可以通过愿景的内化、管理的参与,唤醒机构内全体人员的主人翁意识,提高其工作热情和士气,从而增强机构的内在活力和凝聚力,提升机构的整体执行力及执行效果。第二,推进复合激励与适时激励相结合,激发基层社工积极性,不仅要

---

① 参见吴美玲:《社会工作服务机构能力现状分析——基于上海市社会工作服务机构的个案研究》,硕士学位论文,复旦大学社会工作专业,2013年。
② 李净净:《社会工作机构管理研究综述》,《青年与社会》2014年第3期。
③ 参见王国梁:《初生与成长:我国本土社会工作机构管理的研究》,硕士学位论文,贵州大学社会工作专业,2015年。

将精神激励与适当的物质激励相结合,同时还需要引入愿景使命激励、目标成效激励、组织文化激励、自我内化激励等形式,采用复合激励方式。第三,高体制面和高关怀面相结合,提高机构内外满意度,高体制高关怀即领导者重视工作目标,对成员需求的满足也相当重视。第四,内部管理和外部经营相结合,提升机构整体发展力,加强内部管理,同时提升外部经营能力,即要求领导者高效地实现社会服务机构内外的"双沟通",以提升服务机构的整体活力。第五,政府指引和机构主导相结合,赋予机构领导独立性。有的政府相关部门到目前为止仍没有完全转变社会管理理念,仍力图通过强影响,甚至强介入的方式和手段,嵌入社会服务机构的领导和管理中,以实现社会管理的目标。社会服务机构作为独立的非营利性机构,虽然在业务上与政府有着紧密的联系,但与政府之间应该是一种被指导与指导的关系,政府应赋予其领导和管理的相对独立性。第六,品德培养与才能培育相结合,提高领导者领导水平。[1]

近年来,社会服务机构尤其是民间社会服务机构获得了长足发展。但对外部资源的依赖,导致机构的发展及其服务持续的有效开展面临挑战,故而有必要进行管理创新。有学者提出了对社会服务机构进行管理创新的四个层面。

第一,进行立法规范化管理。当前我国社会服务机构种类繁多,大多处于管理不规范阶段,迫切需要一套完善的法律体系,既要对组织的发展从总体上做出规范与协调,又要对组织登记监管、行政指导、社会监督、税收减免等各方面做出原则性的法律规定。法律体系的重心应该是对社会工作行业组织行为的规范和指引,明确哪些行为是被禁止的,哪些行为需要接受何种法律限制,哪些行为是法律所倡导的,以及不同违法行为所承受的不同惩罚等信息。

第二,建立资质评价指标体系,对社会服务机构的资质进行科学全面评

---

[1] 廖思莹、杨敏敏、尹建华:《我国社会工作服务机构管理中领导职能履行存在的不足及建议》,《决策与信息》2019 年第 1 期。

估。而如何评定一个机构的资质,这就需要建立一套行之有效的指标体系。如,评估的方法应该科学,评价指标体系应该严谨,各指标的测量纬度应该独立而不是混杂在一起。那么,首先,就应确立相对科学的指标。在指标体系的架构上,应建立三级指标体系。至少应从机构的人员组成、机构管理、机构服务开展的数量及满意度、机构的服务受众等几个方面来考量社会指标体系和相应观测点。其次,在评估方法的选择上,可以考虑采取定性与定量评估相结合的方法,通过这种方法使评估结果一目了然,并采取末位淘汰制,从而使有资质的社会服务机构得到政府购买的服务岗位或项目。最后,评估过程应公开和透明。实施评估的机构应是一个具有独立性和权威性的评估组。评估可以采取三方组成评估组的方式,如由民政主管部门、独立的评估机构、服务对象三方组成评估小组进行评估。

第三,建立全程监督制度。建立对社会服务机构项目申请、服务提供、绩效评估进行全场监督的机制,确定社会服务的价格评定标准和质量评估标准,完善合同管理制度,建立事前评定、事中监管、事后评估相结合的综合绩效评价体系。

第四,建立购买服务的竞买制度。在较早开展政府购买社会服务的西方国家,政府要向社会公布购买服务预算,从事社会公共服务的非政府组织通过招投标取得政府拨款,并按照政府要求提供服务。因此,政府是以购买方式而非直接提供服务的方式参与公共服务供给。①

四、欧美国家经验

客观而言,欧美国家社会服务机构的管理经验值得我们借鉴。在欧美国家,社会服务均是由政府部门、私人非营利部门及私人营利部门提供的,尤其是非政府部门在社会服务提供上扮演着举足轻重的角色。因此,欧美的社会服务机构作为福利服务的一股中坚力量,既存在于政府,也存在于社会,甚至存在于市场之中,其运作与管理已经模式化了。

---

① 曲玉波:《我国社会工作服务机构的管理与创新》,《中国社会工作》2013年第13期。

在微观运作上，像欧洲的瑞士、德国等国社会组织的基本结构大同小异，其管理层全部由不领薪酬的志愿人员组成，这些志愿人士多为当地社区精英。在美国的社会服务机构中，董事会是决策的核心，其组成成员多元化，代表不同群体的利益；执行主任是组织中的灵魂人物，常需有社会工作的专业背景和丰富的管理经验。

在中观协作上，欧洲经过上百年的制度建设，已形成覆盖全体公民，涉及养老、遗嘱、残疾、失业、疾病、生育等一整套较为完备的社会保障体系。公民的基本福利主要由各级政府机构提供，公民个性化、暂时性的需求则由各类社会组织补充。21世纪以来，欧美国家的社会组织不仅广泛存在于社会服务、医疗卫生、文化教育等传统公共服务领域，更日趋活跃于环境保护、急难救助、社区重建、社会融合等新兴领域。欧美发达国家的各行各业管理基本上都倾向于资质和自律。以美国为代表，美国社会工作在其一个多世纪的发展过程中，由各种各样的专业机构来规范、管理、引导社会工作各领域各个专业的发展。

在宏观政府管理层面上，总的来说，欧美国家社会组织在组织社区服务时，以寻找和发现新的社会需求为动力，不断创新开拓。而政府发现这些项目的开拓，确实为社区居民带来了受益，又会加大投入力度，给予支持。同时，各社会组织也在法律规定的范围内运作，政府有关部门和全体公民每年都可通过财务报表、年报等，对其运作情况和经营收支情况进行监督。然而，不能否定的是，政府是社会组织发育发展的主导力量。在人才队伍建设方面，欧美国家的社会工作者是社会组织服务递送的中坚力量。社会组织尤其是协会类社会组织，其一线工作人员主要是社会工作者，专业协会工作者是社会组织提供专业化服务的基本力量，其核心地位没有发生改变。在岗位设置和相关制度方面，不仅设立项目经理和志愿者协调主任等职位，而且还聘请有经验的人士负责专门筹募资金。

五、中国香港经验

我国香港在发展专业化的社会工作过程中比较好地解决了政府、社会服务机构和社会公众之间的关系,明确提出在开展社会福利服务方面,政府和社会服务机构是合作伙伴,形成了以政府为主导、以非政府的社会服务机构为主体、由社会志愿者广泛参与的良性运行和发展机制。

在内部运作上,香港的非政府机构会根据政府的社会福利政策和社会服务要求,确定自己的社会服务目标和项目,有自己的组织章程和管理机制,按照规定的社会工作者的要求,自主招募工作人员,在政府的资助下开展各项社会福利服务,并接受政府和社会的监督。同时,非政府的社会服务机构也对政府的社会政策提出建议和批评,参与社会政策和社会福利服务计划的制定,监督政府的社会福利工作。

在行业协作上,香港特区政府及非政府机构在提供社会服务方面分工明确。非政府机构按照政府制定的社会政策向市民提供优质的社会服务,并且向政府反映市民的服务需求和意见。在政府管理上,香港特区政府为了促进经济的繁荣和保持社会稳定,在发展香港的专业化社会工作中起着主导作用。政府根据香港的社会和经济发展需要,与社会服务机构及社会团体共同协调,制定和修改香港的社会福利政策,编制香港社会福利发展计划;颁布实行各项社会工作的法规、条例、规章和考核评估指标,规范政府、社会服务机构和社会公众在社会福利事业中的权利义务关系;建立社会福利行政管理机关——香港社会福利署,负责社会保障和社会福利服务的宏观管理与指导。此外,政府十分重视从资金支持、政策扶持、税务优惠和提供孵化民间社会服务机构的场地设施等方面大力扶持培育民间社会服务机构。

在香港,无论是接受政府资助的社会服务机构,还是自筹经费的服务机构,都必须面对评估和问责的要求。前者主要接受资助方——政府的评估与问责,后者更多是向社会公众"交代"。当有新的社会服务机构申请成立时,政府"福利服务编配委员会"依法审核社会工作专业机构的资质,选择和确定承担各地区、各类型社会服务工作的具体机构,并为他们提供必要的服务设施和主要的财政资助。对于确定承担服务工作并接受财政资助的社会服务机构,社会福利署和有关机构要进行年度考核、审计、评估和日常工作的指导,对于考核不合格的社会服务机构则予以淘汰。①

六、中国台湾经验

我国台湾地区的社会工作发展得益于民间组织的蓬勃发展,尤其是草根民间组织。这些草根民间组织后来逐步发展成为台湾社会工作的专业组织。1997年"社会工作师法"的颁订,标志着台湾社会工作确立了证照制度,这一制度的建立在社会工作的发展与专业化过程中扮演了相当重要的角色,提高了社会工作者的专业形象,使台湾民间社会福利集团体有了"连锁化"趋势,出现几个大的社会福利连锁组织。

从台湾地区的内部运作看,近年来许多社会服务机构开始注意聘用社会工作人员,如医院、学校等,台湾社会工作的服务已经延伸到多个领域,服务对象也由社会底层和弱势群体扩展到社会各阶层,服务内容扩展到生活安全感、人际关系调试等。虽然已覆盖、延伸至多个方面,但社会工作和服务的主体明确,其结构呈健康的正金字塔形态。相对应地,台湾社会工作与服务机构的管理也形成了纵横架构合理的正金字塔特点,机构很少存在虚设、人浮于事、事无人做的情况,所有工作、机构、人员都有上下对应定位,办公室都是开放式办公。

在政府管理上,台湾社会工作最高主管部门是"内政部"的"社会司"和"儿童司",在市县政府是"社会局",这些"政府"部门在社会工作服务管理中的职能主要有:保证社会工作人员的服务质量,不让服务对象受到侵害,保证社会工作正常运转,不让社会工作人员无服务对象可寻。他们认为训练、督导和考核是保证社会工作服务质量和社会工作人员正常运转的关键。尤其是督导,它是保障社会工作人员可持续发展的重要手段,故而十分重视督导和训练系统的建立,包括对督导人员的资格、训练机构的资质、训练的内容和时间都有明确规定,并由管理机构进行检查、审查。服务机构也十分注重对社会工作人员的考核评鉴,考核每年两次,年中和年末各一次。对于接

---

① 参见郭景萍主编:《社会工作机构的运作与管理》,北京大学出版社,2015年。

受"政府"资助的服务机构,"政府"每年都要组织由专家学者组成的评鉴团进行评鉴。

案例思考与讨论:

养老服务机构与人口老龄化

随着我国经济和社会的快速发展,医疗水平不断提高,我国人口老龄结构逐渐变成老年型。近30年的时间内,我国人口老龄化的快速发展,使我国成为世界上老龄化状况最严重的发展中国家。而从发达国家的人口老龄化社会发展来看,它们的经济增长与老龄化发展是同步进行的。但是在我国,老龄化发展进程却远远超过了我国社会经济的发展水平。中国成为世界上仅有的以较低层次收入而进入老龄化的人口国家。21世纪以来,我国人口老龄化趋势更加严峻,并且呈现出老龄化、高龄化、空巢化快速发展的三个新特征。

目前我国人口老龄化的问题,已不仅仅是人口年龄结构性的问题。在我国"未富先老"及养老服务、医疗照料等社会保障制度还不完善的情况下,如何解决目前庞大的老年群体,是我们所面对的前所未有的严峻课题与挑战,也是我们国内社会工作者在该领域内急需解决的问题。老年人作为我国当前社会弱势群体的一部分,解决他们的需求问题具有特殊的意义。随着我国医疗卫生体制改革的逐步推广,我国城市医疗服务体系也已经发生了明显的变化与突破。当前由大型综合医院和社区卫生服务中心组成的两级医疗服务体系,在某种程度上缓解了人民群众普遍反映的看病就医难的问题。但上述两级医疗机构的发展仍然存在漏隙,难以满足有长期护理服务需求的老年人群。这些老年人大多长期卧床不起、生活不能有效自理,需要长期的医疗护理和康复服务。同时这部分老人也会因担心出院后的康复效果,选择长期滞留在大型综合性医院之中。这种情况不仅会造成大型医院的医疗资源浪费,同时也会影响其他有医疗康复需求患者的救治与治疗;

而社区卫生服务机构,由于服务目标和服务内容的局限性,不能为这些需求紧迫的患者提供他们所需要的全方位医疗照护服务。

当前社会上各种养老机构主要是接收可健康自理或者半自理老人,残障失能老人的接收相对较少。对于这些群体,这些机构也不具备可以为他们提供生活护理和医疗护理、心理健康、社会交往、临终关怀的服务能力与设施条件。另外,随着我国居家护理的能力下降,面对养老的新形势,需要不断由社会和外部机构来提供老年人的照护服务。而目前我国许多医疗机构和养老机构之间还互相独立,因此目前如何解决这些高龄、残障失能、慢性疾病老人的照护问题,对于当下城市医疗养老服务来说,已显得迫在眉睫。

在这个背景下,合肥市夕阳红医养结合养老机构应运而生,顺应了当前城市和社会的需求。通过医疗机构和养老机构之间的有机结合,该机构将社会工作、养老服务、医疗护理三方结合在一起,使其达到资源共享、服务互助的目标。医养结合型养老机构在如今的环境下如雨后春笋般地发展起来。医养结合型养老机构的出现与发展,满足了失能、半失能老人的医疗照护服务与需求。

目前合肥市夕阳红医养结合养老服务机构在服务供给方面已初具规模。在养老日常生活方面,机构有自己独特的日常活动安排,一般机构都会根据从周一到周日的时间安排设计老年人日常活动。在活动内容方面,机构设有书画、外语课、棋牌、桌球、音乐舞蹈课、手工课等各种形式丰富多彩的活动。在日常照顾方面,每个楼层都会根据老年人的不同,配备专门的生活照护人员,同时配备自己的生活用品储物仓,方便老人购买包括牙膏毛巾、洗衣用品、洗浴用品等在内的生活用品。一般二楼是能活动自理的老人,三楼是半自理老人,四楼基本是残障不能自理的老人。机构设有自己独立的食堂,每日三餐依据老年人的要求协调口味。在医疗照护方面,目前合肥市养老机构的床铺利用率较为合理,但也不乏床位空闲浪费的情况存在。机构内部设有自己的护士站,每个护士站一天24小时采取轮岗制度,同时将机构的在岗医务护士分配到每个病房,确保每个病房一天24小时都有人看守。在机构的一楼一般都会设有自己的药房,方便医护人员及时取药用药,同时在养老机构内部会有自己独立的B超室、化验室、输液室、观察室、治疗室等医院性质的专科科室,每个科室都配备专科的医院专家或者退休老专家坐诊。而医疗设备条件欠缺的机构则一般会与就近的医院建立双向合作关系,确保医疗资源的及时跟进。机构内部一般也会建设辅以老年人健康康复的器材设施,方便老年人日常运动与康复治疗。

思考题:

(1) 合肥市夕阳红医养结合养老机构是针对解决什么社会问题成立的?

(2) 医养结合养老机构目前可能存在的问题有哪些?可以提出哪些建议?

(3) 目前,我国社会服务机构管理主要存在哪些问题?如何有效应对?

第三章 社会服务机构管理的理论基础

　　管理是人类社会生活中最普遍的一种实践活动。从时间上看,它贯穿人类社会发展的整个历史过程。从空间上看,它存在于人类社会生活的各个领域。在长期的管理实践中,人们积累了丰富的管理经验,形成了具有一定价值的管理思想和理论,奠定了社会服务机构管理的理论基础。

　　管理理论从形成到现在经历了一个发展过程,不同的历史阶段,其主流管理思潮不尽相同。关于管理理论发展阶段的划分有以下几种观点:其一,根据管理理论的历史及其内容,可以将其划分为三个阶段,即20世纪初形成的古典管理理论,20世纪20年代开始的人际关系和行为科学学派,第二次世界大战以后出现的如社会系统学派、决策理论学派、系统管理学派、经验主义学派、权变理论学派等等,统称为当代管理理论。[1] 其二,根据管理理论的人性论可以将其分为经济人阶段、社会人阶段以及文化人阶段。[2] 其三,根据研究方式可以将管理理论划分为经验的研究方式阶段、行为的研究方式阶段以及科学的研究方式阶段。[3] 此外,根据管理的组织模式,将管理理论划分为古典组织理论阶段、社会系统理论阶段以及开放系统理论阶段。[4]

---

[1] 参见张尚仁:《管理、管理学与管理哲学》,云南人民出版社,1987年。
[2] 卢正惠:《管理学演化中的人性问题》,《云南财贸学院学报》2002年第2期。
[3] 参见矫佩民:《现代管理学》,北京师范学院出版社,1987年。
[4] 参见[美]马克·汉森:《教育管理与组织行为》,冯大鸣、唐宗清、王立新译,上海教育出版社,1993年。

当代管理理论派别林立,其思想观点各有特色,出现了前所未有的繁荣景象。同时,这些管理理论又都具有共同的时代特征,反映了管理实践面临的共同问题,以及人类在各个研究领域取得的新成果。其中,古典管理理论、人际关系与行为科学学派、新公共管理和新公共服务理论、人本主义管理理论是最具影响力的四大管理理论及学派。

第一节　古典管理理论

古典管理理论主要有科学管理学派、行政管理学派和科层管理学派三种。

一、科学管理学派

科学管理学派的主要代表人物是泰勒(Taylor)。该学派假设:工作有效率,人就会感到快乐。其要素可简单概括为:用科学来替代笨拙的规范,系统地解决问题,根据设定标准对员工进行选择和提升,对管理者进行培训,制定工作测量的方法和标准,在对工作进行测评时,运用时间和动作研究,完善工作规则,遵守工作程序,提高个人生产力,实现管理和员工工作的革新。①

(一) 基本内容

1. 科学管理学派的基本假设和前提

(1) 劳资矛盾日益尖锐的主要原因是社会资源没有得到充分利用,而如果能通过科学管理将社会资源进行充分利用,则劳资双方都会得到利益,这些矛盾就可以解决。

(2) 对工人方面来说,其基本的假定,即人是经济人,人最为关心的是如何提高自己的货币收入,或者说只要能使人得到经济利益,他愿意配合管

---

① 参见顾东辉主编:《社会工作概论》,复旦大学出版社,2020 年。

理者挖掘出他自身最大的潜能。

(3) 人是可以取得最大效率的,但集体的行为反而导致效率下降,科学管理是使单个人提高效率的有效方法。

这三个前提在今天看来都有问题或缺陷,然而以当时的实际情况来看则具有相当的客观性,是符合当时社会现实的。①

2. 两个基本原理

(1) 作业研究原理

这一原理包括改进操作方法以提高工作效率,并以合理利用公时为目的。泰勒认为要让每个人都用正确的方法作业,就应把每次操作分解成许多的动作,并把动作细分为动素,即动作由哪几个动作要素所组成。然后再研究每项动作的必要性和合理性,据此决定去掉那些不合理的动作要素,并对保留下来的必要成分,依据经济合理的原则加以改进和合并,以形成标准的作业方法,这就是作业研究原理。

(2) 时间研究原理

在动作分解与作业分析的基础上,进一步观察和分析工人完成每项动作所需要的时间,考虑到满足一些生理需要的时间和不可避免的情况而耽误的时间,为标准作业的方法制定标准的作业时间,以确定工人的劳动定额,即一天合理的工作量。这就是与作业研究原理相对应的时间研究原理。

3. 三个基本出发点

(1) 效率至上,即谋求最高的工作效率。管理的中心问题是提高劳动生产率。

(2) 为了谋求最高的工作效率,可以采取任何方法。在各项工作中要挑选一流的工人,在作业过程中工人掌握标准化的操作方法,使用标准化的工具、机器和材料,作业的环境也是标准化的,不用考虑人性的特点,将人训练成为一种肉体机器。

(3) 劳资双方应该共同协作。为追求效率最高,管理人员和工人都要

---

① 参见郭咸纲:《西方管理思想史》,北京联合出版公司,2019年。

实行重大的精神革命,在工作中要互相协作,共同努力。

从上面的三个基本出发点可以看出泰勒自身是站在资方立场上的。尽管他曾做了一番声明,说其与工人有共同的利益,但是在科学管理的具体实施方法中,总是以牺牲工人的利益来达到他所讲的共同利益,这也是他在晚年被许多人称为"对待工人像野兽"的原因,尽管他的本意并不是如此。

4. 科学管理的具体内容

前面的基本假设、基本原理和基本出发点共同构成了科学管理的基本框架,概括起来科学管理的内容可以分为三个方面,即作业管理、组织管理和管理哲学。

(1) 作业管理

作业管理是泰勒科学管理的基本内容之一,它由一系列的科学方法组成。首先,制定科学的工作方法。泰勒认为科学管理是过去存在的诸多种要素的结合,它把老的知识收集起来,加以分析组合并归类成规律和条例,于是构成了一种科学。其次,工人提高劳动生产率的潜力是非常大的,应该把工人多年积累的经验知识和传统技巧归纳整理并结合起来,从中找出具有共性和规律性的东西将其标准化,这就形成了科学的方法。最后,制定培训工人的科学方法并实行激励性的报酬制度。

(2) 组织管理

泰勒对组织管理的贡献是巨大的。他把计划的职能和执行的职能分开,改变了凭经验工作的方法,代之以科学的工作方法以确保管理任务的完成。泰勒提出职能工长制,这是根据工人的具体操作过程,进一步对分工进行细化而形成的。为了事先规定好工人的全部作业过程,必须使指导工人干活的工长具有特殊的素质。泰勒认为职能工长应该具有9种素质,脑力、教育、技术知识、机智老练、充沛的精力、毅力、诚实、判断力和良好的健康状况。但是每一个工长不可能同时具备这9种素质。为了使工长职能有效的发挥,就要进一步细分,使每个工长只承担一种管理的职能。为此泰勒设计出8种职能工长来代替原来的1个工长,这8个工长4个在车间,4个在计划室,每个工长按照自己的职能范围向工人发布命令(见图3-1)。

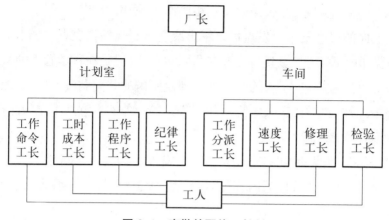

图 3-1 泰勒的职能工长制

(3) 管理哲学

泰勒曾声明:"科学管理不是一种有效率的方法,也不是一种获得效率的方法。我主张采用科学管理方法,但我所强调的是,不管是所有的这些方法,还是这些方法中的一部分,他们都不是科学管理,他们只是科学管理的有益的辅助手段。"①

(二) 与社会服务机构相关的研究

科学管理理论奠定了现代管理理论的基础,该理论的许多思想和内容已普遍运用于各类企业和组织中。该理论最初在企业实践中见到成效后,许多行政管理学家也开始将科学管理与公共部门、民间组织的管理相结合,但是与社会服务机构直接相关的文献还比较少。在这一层面上,现有文献更多是从公共部门和政府部门等宏观角度上来进行研究。

有研究者提出,泰勒的科学管理理论使人们认识到管理学是一门建立在明确的法规、条文和原则之上的科学,它不仅适用于营利性组织的各种管理活动,在非营利组织的日常管理中也能发挥巨大的作用,它的许多思想和

---

① 参见[美]弗雷德里克·温斯洛·泰勒:《科学管理原理》,居励、胡苏云译,四川人民出版社,2017年。

做法被非营利组织参照采用。①

科学管理理论的思想在现代社会服务机构中也有体现,尤其是在人力资源管理理论体系上表现得尤为突出。前者对后者的贡献主要体现在以下4个方面:(1)工作分析与设计。泰勒主张明确划分计划职能和执行职能,由专门的计划部门来从事调查研究,为定额和操作方法提供科学依据;拟定计划并发布指示和命令等工作。至于现场的工人,则从事执行的职能。(2)员工招聘、甄选和培训。泰勒认为,健全的人事管理的基本原则是使工人的能力和工作相配合,管理当局的责任在于为雇员找到最合适的工作,培训他们成为第一流的工人。(3)薪酬和激励。为了鼓励员工努力工作,泰勒提出实行差别计件工资制。(4)劳资关系。科学管理理论正是为了实现劳资对立向劳资两利的转化而提出的。泰勒主张,工人和雇主都必须认识到提高效率对双方都有利,双方都必须来一次"精神革命",相互协作,为共同提高劳动生产率而努力。以上这些对社会服务机构提高组织效率、激发员工积极性有巨大作用,是许多社会服务机构良性运转的重要基础之一。②

(三)评价

泰勒的科学管理思想集古典管理思想发展之大成。英国的管理学家林德尔·厄威克(Lyndall F. Urwick)说:"泰勒所做的工作并不是发明某种全新的东西,而是把整个19世纪在英美两国产生、发展起来的东西加以综合,而形成的一整套的思想,他使一系列无条理的首创事物和实验有了一个哲学的体系,称之为科学管理。"③泰勒的科学管理原理,是一次管理思想上的大综合,是管理思想发展史上的一个转折点,它同时又是一个较为完整的管理思想体系,科学管理思想的建立使管理从此成为一门独立学科。

泰勒的科学管理在当时的美国和欧洲深受欢迎,即使在今天科学管理

---

① 李亚朋:《科学管理理论对现代管理研究与管理实践的影响及启示》,《中国经贸导刊》2010年第6期。
② 同上。
③ 参见[英]林德尔·厄威克编:《管理备要》,孙耀君等译,中国社会科学出版社,1994年。

思想仍然发挥着巨大的作用。但是泰勒的科学管理理论也有一定的局限性，如研究的范围比较小，内容比较窄，侧重于生产作业管理，另外它对于现代企业的经营管理和市场营销都没有涉及。更为重要的是它对人性假设的局限性，即认为人仅仅是一种经济人，这无疑限制了泰勒的视野和高度。这也说明科学管理是一种在三个假设基础上建立起来的科学理论，其缺陷是在所难免的，这也正是需要泰勒之后的学者加以补充的地方。①

二、行政管理学派

行政管理学派通常被称为原则学派，其代表人物是法约尔（Fayol）。古力克（Luther Halsey Gulick）和厄威克又进一步发展了该学派的理论。该学派的核心假设是：存在着可应用于任何地方的一般管理规则。该学派将行政计划分为计划组织、指挥、协调和控制等职能。同时，法约尔提出了包括权利和责任、纪律、统一指挥、个人利益服从集体利益、秩序、公平等在内的14条管理原则，对于管理理论研究和实际工作都具有很大的启发性。

法约尔认为，无论是高层领导和普通员工，都必须受纪律的约束。任何一个企业，没有纪律的约束都不可能兴旺繁荣。"尊重等级和横搭跳板的信息传递原则"是指信息传递应尊重等级路线，使情报自上而下或自下而上经过等级制度中的每一级而传送。这对统一指挥、统一思想是必要的。但是为了行动迅速，各部门也应该横向沟通，建立及时交换信息的"天桥"或"跳板"，以保证那些时间紧迫的事情能够做成。②

古力克等人进一步认为，组织理论与协调框架有关联，该框架又对工作划分施加影响。组织结构可以按照目标、过程、客户和地点四个基本标准进行划分，只需要一个权威体系。知识结构中应保持指令的统一、限制强有力控制的范围、工作在一起的团队的技术效率直接与工作过程及目标发生联

---

① 参见郭咸纲：《西方管理思想史》，北京联合出版社，2010年。
② 参见[法]亨利·法约尔：《工业管理与一般管理》，王莲乔、吕衎、胡苏云译，四川人民出版社，2017年。

系、权威等级和职能是组织的重要原则。①

中外当代学者对法约尔的行政管理学派也有所研究。有学者认为管理的活动与实践是自古以来就存在的,是人类集体协作、共同劳动的结果。在信息技术飞速发展的今天,如何实现科学管理仍然是我们研究的重点。企业需要通过管理来协调各部门利益,实现企业的高效发展,政府部门和社会组织则需要通过高效的管理来更好地为人民服务。②

现在,行政管理学派的思想与古典管理理论中的其他理论一样,早已被大家熟知。但是一直以来很多人认为该理论太过简单,而没有重视这一理论。但正是从这极其一般的管理理论中,企业管理者们找到了企业经营最基本的准则。它们在企业经营的各个方面发挥着重要作用。不仅如此,这些基本的管理原则也适用于包括政府部门在内的其他组织。实际上,这些是法约尔对自己多年工作实践的总结,不仅适用于企业管理,也适用于其他一切组织管理。在该理论被提出近100年后的今天,他的管理原则仍然是非常实用的管理方法。管理者在运用基本的管理原则进行管理活动时,也应该结合经典的管理方法与现实情况,做出相应的决策与指导。管理是一种艺术,我们既要学习经典著作和理论,又要在现实工作中学会运用经典,让经典理论与时俱进。

三、科层管理学派

(一) 基本内容

马克斯·韦伯(Max Weber)作为社会学的奠基人之一而蜚声于西方社会科学界,是科层管理理论的代表人物之一。科层制作为"法理权威运作最纯粹的类型",是西方社会理性化精神的重要体现。

科层管理理论的代表人物韦伯认为,确定的和官方的权限范围是根据法则、法令和法规进行安排的。等级制度和权力分层意味着上下级之间固

---

① 参见顾东辉主编:《社会工作概论》,复旦大学出版社,2020年。
② 陈传蕊:《法约尔管理思想对现代管理的启示》,《智库时代》2019年第26期。

定的等级体系,较高地位者管理较低地位者是等级制的完美体现。现代政府机关的管理是在成文文件的基础上进行的,管理通常需要专业背景的专门培训,政府行为通常对工作能力有很高要求。管理遵循一般性法则,这些规则保留着或多或少的稳定性和彻底性,可以通过学习获得。①

作为在当今社会依然处于主导地位的组织制度,科层制蕴含着丰富的管理思想。布劳(Blau)和梅耶(Meyer)曾断言:"在当今社会,科层制已成为主导性的组织制度,并在事实上形成了现代性的缩影。除非我们理解这种制度,否则我们就无法理解今天的社会生活。"②它不是指一种政府类型,而是指一种行政管理体制,是由训练有素的专业人员依照既定规则持续运作的行为模式。这种行政管理体制越来越盛行于所有的政治体制中,是实现统治目标最合理的形式。

韦伯认为,科层制的结构特征主要体现在以下5个方面。③

(1) 为有效实现管理目标,进行劳动分工,使劳动者专业化。科层制把为实现组织的目标所必需的日常工作作为正式的职责,对每个工作岗位明确分工,并使每一个人有效地履行岗位职责。这样既提高了人的可靠性和胜任能力,又充分发挥个人专长,从而促成组织各类管理目标的实现。

(2) 实行层级负责的等级制,以确立司法权威。所有岗位的组织都遵循等级制度原则,每一个职员都受到更高一级职员的控制和监督。科层制中的权力是按照职务的阶梯方式,依照规章而固定确立的,因而形成了相对稳定的等级制,下级都在上一级的管理控制和监督之下运行。组织结构的形态像金字塔,具有相当的稳定性。

(3) 规章制度的稳定性决定了科层制组织的运行稳定。规章制度是科层制的管理基础,是科层组织活动常规性、稳定性和连续性的保障。详尽的规章制度体现了组织中成员间的权利和义务关系,稳定的规范体系可以保

---

① 参见顾东辉主编:《社会工作概论》,复旦大学出版社,2017年。
② 参见[美]彼得·布劳、马歇尔·梅耶:《现代社会中的科层制》,马戎、时宪民、邱泽奇译,学林出版社,2001年。
③ 张萍芬:《关于韦伯的科层制理论》,《河北理工大学学报》(社会科学版)2011年第11期。

证工作的连续性和结果的一致性。

（4）执行职务具有非人格化的理性特征。基于科层组织中的岗位并非占据者专有，故而在处理公务时，要求将私人关系和公共关系严格区分，不徇私情。这种普遍意义上的非人格特征是现代社会管理理性化的标志。

（5）确定用人标准，量才选用。科层组织中的工作人员必须在技术素质上达到要求，且不能被随意解雇，同时伴有向上流动的机会。雇员受雇是因为其履行职务的能力和才干，而不是依靠像种族和家庭背景的这类特征。以组织的章程为标准，对人进行客观的评价。这样既保护成员，又避免其被任意解雇或任人唯亲。

（二）与社会服务机构有关的研究

王中华等人认为，科层制是当今社会服务机构广泛使用的管理理论。韦伯的科层制管理理论对于职务等级、职权设置、资金激励、晋升自律等都有规定，同时对组织的基本职能、劳动分工、职权等级制度、规章制度、行政效率等也都有明确的规范。[1] 社会服务机构的日常管理庞杂琐碎，需要具体和系统的管理，而科层制理论对于组织机构的管理和建设有十分积极的影响。和上述的两大理论一样，科层制管理理论虽然是古典管理理论的重要组成部分，但在应用于现代组织管理过程中时，管理者大多是吸取其中的代表性理论和思想，根据实际情况，有所选择地应用到管理实践当中，直接针对社会服务机构的研究相对较少。

此外，科层制是近代以来广泛运用于公共机构和政府部门的组织形态与管理方式。它在遵循规章制度、保证组织运转、执行特定任务、实现公共利益方面表现优异，但其自身特征隐含的内在缺陷也使其存在若干弊端。科层制所蕴含的固有缺陷构成了其反功能，主要表现在安于现状与裹足不前、奉命唯谨与变通执行、慎事畏口与争功诿过以及照章办事与不适时宜等

---

[1] 王中华、伏金芳：《科层制机构管理分析》，《新西部》（理论版）2015年第23期。

方面,这些对组织的管理具有反作用。①

四、对泰勒、法约尔和韦伯理论的比较

以泰勒、法约尔和韦伯为代表的古典管理理论,在面对机器大工业生产提出的挑战时,都是以"经济人"和"工具人"的人性假设为逻辑的前提,遵循科学原则,采用经验的研究方式寻求提高管理成效的方法和原则,但这些理论之间也存在一些区别。

泰勒从企业的中层管理入手,致力于解决工厂在生产过程中遇到的实际问题,总结出影响极为深远的科学管理原则。如采用科学测量方法,将工作分成一系列小的相互联系的任务;使用科学系统的方法挑选培训适合特定工种的工人;明确管理者与员工的职责;确立规章制度,作为制定目标和实现目标的依据。与泰勒不同的是,法约尔关注组织中的高层管理人员,他不但确定了如分工、统一指挥、纪律权威等14条管理原则,而且把组织中的管理活动与其他活动区分开来,提出计划、组织、指挥、协调、控制5项职能。韦伯从社会学的角度构想了理想型组织结构,认为科层化的管理形态是效率最高的组织形态,提出了层级结构、劳动分工、不徇私情的组织原则。②

第二节 人际关系和行为科学学派

一、人际关系学派

20世纪20年代,人际关系学派开始兴起。这个学派的核心观点认为,既然管理就是让别人或者同别人合作一起把事情完成,就必须以人与人之间的关系为中心来研究问题。人际关系学派认为组织利益与个人利益应该协调,假设人若快乐,工作便会有效率。美国著名的管理学家和行为科学家

---

① 马雪松:《科层制负面效应的表现与治理》,《人民论坛》2020年第25期。
② 参见杨中枢:《学校课程管理研究》,甘肃教育出版社,2014年。

梅奥(Myao)是人际关系理论的创始人。他主持了著名的霍桑实验,揭开了组织中人的行为研究的序幕,并为人际关系学说和行为科学的创立奠定了基础。此外,麦格雷戈(Douglas McGregor)的 X 理论与 Y 理论也是人际关系学派的典型代表。

麦格雷戈在总结以往管理者对人的基本理念的基础上,提出了 X 理论。该理论强调指导、控制和权威,认为人天生不喜欢工作,而且会尽可能地逃避工作;管理者必须实施严密控制,并以强迫、威胁及惩罚等方式使下属和员工达成组织目标;一般人虽然会尽可能逃避责任,但喜欢正规指导;大多数员工追求经济安全感,很少有其他企图。麦格雷戈认为,X 理念虽然广泛地被管理者接受,但并不完全正确。因此,麦格雷戈在马斯洛(Maslow)的需求层次理论和阿基雷斯(Chris Argyris)的成熟与不成熟理论的基础上提出了 Y 理论。

Y 理论强调民主参与,认为人视工作为同休息、吃饭或游戏般自然的事情;若员工对目标有所承诺,就会自我指导、自我约束,以达成组织的目标;人普遍有做好决策的能力,这并非管理者独具的,即员工具有高度的意念与创造力去解决组织的问题,因此激励员工的最佳方法就是满足及成就感;此外,控制和处罚不是使人们努力达到组织目标的唯一手段,它甚至是对人的一种威胁和阻碍,使人放慢了成长的脚步;人自我实现的要求和组织的要求并不矛盾,如果给人以适当的机会,个人目标和组织目标就能统一;在解决组织的困难时,一般人都能发挥较高的想象力、聪明才智和创造性;在现代工业社会里,普通人的智慧潜力只得到了部分发挥。[①] 可以看出,此时的人际关系学派已经有了与古典管理理论截然不同的思路——开始关注人的作用。

二、行为科学学派

行为科学学派是另一颇有影响的管理学派,它是在人际关系理论的基础上发展起来的,代表人物有马斯洛、梅奥和赫茨伯格(Herzberg)等。该理

---

① 参见顾东辉主编:《社会工作概论》,复旦大学出版社,2017年。

论强调研究人、尊重人、关心人、满足人的需要,以调动人的积极性。人对于组织管理有极大的重要性,管理者要创造一种能使下级充分发挥力量的工作环境,并在此基础上指导他们的工作。该学派既有科学主义的影子,也蕴含了人本主义管理的思想。

(一) 科学主义的影子

伴随心理学中的科学主义学派——行为主义在美国发展并占据支配地位,管理学中的行为科学学派不断壮大。这种追求可靠性和客观性的思潮,及其致力于解决实际问题的行为技术塑造了新的管理学理论。行为主义强调研究外显的行为,通过关注事件与可测量行为之间的联系,保证研究的客观性。斯金纳(Skinner)发挥了巴甫洛夫(Pavlov)的条件反射原理,提出了操作性条件反射理论,认为行为是外部因素控制的强化,可以提高该行为的重复①,而正强化在管理学中的应用就是激励。由此,行为科学学派越来越将研究的重点转到通过研究来促使人发挥自身技能和才能上来。②

现代组织行为学家要尽力摆脱一切个人信仰、价值观、好恶和感情,而集中全力以客观、系统的方法收集并分析和处理信息资料管理理论中的行为学派,致力于运用科学方法对企业组织中人的、可见的与能够证实的行为进行研究。③ 科学方法是行为学派的手段,科学知识和处理问题的态度是行为学派的基础和典范。科学方法特有的主要特征,如研究的公开性、定义的精确性、收集资料的客观性、成果和结论的可重复性、知识的系统化和可积累性以及预见性等,都成为行为科学学派尽可能效仿和贯彻的原则。行为科学学派对人的行为的调查和实验带来了管理分析的公开性与可重复性,强调激励的内容和测定方法以及各种参数都要加以精确的说明。组织行为学派认为只有精确的术语及术语同经验材料的紧密联系,管理学才可

---

① 参见[美]B. F. 斯金纳:《科学与人类行为》,谭力海、王翠翔、王工斌译,华夏出版社,1989年。
② 李涛:《科学主义与西方管理思想的形成和发展》,《科学管理研究》2000年第6期。
③ 参见[美]杰伊·海泽、巴里·雷德:《生产与作业管理教程》(第四版),潘洁夫、余远征、刘知颖译,华夏出版社,1999年。

能成为其样板学科——物理学那样的科学。而实验性组合行为的计量方法，定量的测定使行为研究和控制成为可以操作的知识和技术。管理学中行为科学学派的理论追求是像自然科学一样，发展出一个经过验证的、关于企业组织中人的行为的知识体系。这个体系是知识持续积累的产物，也必须具有能够真正预见事实的能力。

行为科学学派所使用的三个基本研究设计方法，即实验、抽样调查和案例研究，都是为了使管理的研究能像科学研究那样，因其客观性、精确性、系统性和可控性，使别人能够相信管理过程也如科学一样成了一个可控和可操作的合理过程。管理实际上就成了行为科学，即"使用科学程序观察和解释组织中人类行为的科学的运用"。管理者通过对行为数据的掌握，对相应参数的反应、调节和认识，把实际问题简单化和客观化，进而用有效的控制变量来解决问题。因此，行为科学学派主要是应用行为主义心理学等可操作的行为科学技术，从解决管理工作中人的问题着手，实现管理中计划、组织、领导和控制职能的科学化。①

(二) 人本主义的思想

马斯洛提出了著名的需要层次理论。他将人类的需要分为5种。像阶梯一样从低到高按层次逐级递升，5种需要分别是生理、安全、归属和爱、尊重以及自我实现。人的需要取决于他已经得到什么和缺少什么，只有尚未满足的需要能够影响人的行为。人的行为都有轻重层次之分，某一层次的需要得到满足后，另一个层次的需要才能出现。需要层次理论其实属于一种激励型的理论，马斯洛认为在企业和组织的管理中，只有员工从工作中得到了激励，满足了需要，才能动用自己所有的聪明才智来完成他的工作，企业和组织的生产效率才能提高。②

由此可见，行为科学学派既有科学主义的影子，又蕴含了人本主义的思

---

① 李涛：《科学主义与西方管理思想的形成和发展》，《科学管理研究》2000年第6期。
② 参见郭咸纲：《西方管理思想史》，北京联合出版社，2014年。

想。首先,行为科学学派的诞生伴随着心理学中科学主义的兴起,它吸收了心理学的理论知识,致力于研究企业和组织中人的外显行为,注重严格精确的实验,并通过实验来得出研究结论,因此说它有科学主义的影子。其次,行为科学学派也蕴含着人本主义的思想,它是在人际关系学派的基础上产生的,它研究人的行为、重视科学实验的根本目的都是使人能最大程度发挥自己的技能和才能,从而提高企业和组织的效率。

第三节 新公共管理和新公共服务理论

一、新公共管理理论

新公共管理理论是一种国际性思潮,亦是一种区别于旧公共行政的新的管理思潮。新公共管理理论运动于20世纪后期发轫于英国、美国、澳大利亚和新西兰,并在之后迅速扩展到其他发达国家乃至全世界。

（一）新公共管理理论的基础：传统公共行政

公共行政作为一个独立的研究和实践领域,普遍被认为始于19世纪末20世纪初。传统公共行政的主流观点有：政府工作的中心在于通过现存的政府机构或新授权的政府机构直接提供服务；公共政策和公共行政所参与的是设计和执行政策,这些政策集中于一个政治上规定的单一目标；组织的首要价值观是效率和理性；公共组织作为一个封闭的系统具有最高的运转效率；公共行政官员的角色主要被界定为计划、组织、用人、指挥、协调报告和预算,等等。

毫无疑问,传统公共行政的服务状况即使不够完美,但还是不错的。大多数行政官员在此种观点范围内工作,他们参与国防、社会保障、交通运输、公共卫生以及环境保护等领域,为社会发展作出过显著的重要贡献。传统公共行政使我们能够有效地对付极其复杂的难题,并且使我们在政治问题和行政问题之间保持一种平衡。现在多数政府机构仍然遵循这种基本的组织和管理模型,但这种模型对于各级政府机构来说还是存在欠缺的。美国前总统威尔逊(Wilson)曾经评论说"'贯彻'一部宪法比制定一部宪法更困难",以此来说明政府的行政任务不仅越来越多,而且越来越复杂,旧公共行政越来越难以有效管理政府。这一传统模型已经遭到越来越多的攻击,尤其遭到来自新公共管理理论支持者的批评。①

(二)新公共管理理论的具体内容

面对公共行政越来越不能适应日新月异的时代的要求,西方各国走上了公共行政变革之路。一种新的公共行政理论——新公共管理理论在20世纪80年代的美国诞生了,并在之后迅速扩及西方各国,成为当代西方政府改革的主要理论指南。

何谓新公共管理理论,学者们从不同的角度给了它不同的称谓,如管理主义、以市场为基础的公共管理、企业家政府,等等。这反映了人们对西方各国以新公共管理理论为指南的行政改革的不同看法。尽管如此,新公共管理理论体系的各个组成部分还是存在着相通之处,即从传统公共行政关注管理的过程转变到关注管理结果以及管理者的个人责任。

作为一种新形态的公共行政理论,新公共管理理论是管理主义、公共选择理论、交易成本理论、委托代理理论等在公共部门加以运用后聚合而成的产物,它显现出以"政治—行政二分"和"韦伯官僚制理论"为基础的传统公共行政的一般管理化转向。新公共管理理论视野中的管理具有两个基本特征,即管理的自由化和市场化。新公共管理理论的这些特征,在奥斯本(Osborn)和盖布勒(Gaebler)的《重塑政府——企业家精神如何改革公营部门》一书中最为集中地体现为"企业家政府理论",该理论被视为新公共管理理论的核心。②

具体而言,新公共管理理论具有以下基本内容。

---

① 参见[美]珍妮特·登哈特、罗伯特·登哈特:《新公共服务:服务,而不是掌舵》(第三版),丁煌译,中国人民大学出版社,2016年。
② 王枫云:《从新公共管理到新公共服务——西方公共行政理论的最新发展》,《行政论坛》2006年第1期。

(1) 政府角色定位。新公共管理理论倾向于建立一种把决策制定（掌舵）和决策执行（划桨）分离的体制。为了实现两者的分离，新公共管理理论主张通过民营化等形式，把公共服务的生产和提供交由市场和社会力量来承担；而政府主要集中于掌舵性的职能，如拟定政策、建立适当的激励机制、监督合同执行等，引导他们为实现公共利益的目标服务。

(2) 将企业管理的理念和方法引入公共部门。基于管理具有相通性这一认识，西方国家在行政改革的实践中广泛引进企业的管理方法，诸如目标管理、绩效评估、全面质量管理等，并希望用企业管理理念来重构公共部门的组织文化。

(3) 放松严格的行政规则，建立有使命感的公共组织。新公共管理理论模式认为企业化政府是有使命感的政府，他们规定自己的基本使命，然后制定出让自己的雇员放手实现使命的制度，有使命感的政府比照章办事的政府有更高的士气，更富有创新精神，从而也更有效率。

(4) 新公共管理理论把社会公众视为政府的顾客，认为公共组织应坚持顾客导向，以顾客满意为宗旨。

(5) 加强公共部门的绩效评估。公共部门绩效评估的内容主要包括服务质量、顾客满意度、效率和成本收益等。公共部门的绩效评估主要是以"3E"为标准，即经济（Economy）、效率（Efficiency）和效益（Effectiveness）。新公共管理理论的内容相当丰富，从各国行政改革的实际还可以总结出很多，它们全部是以市场化和企业化管理作为核心理念的。[①]

可以说，新公共管理理论以强大的理论渲染力与辐射力，成为西方国家政府改革的理论先导。特别是作为其理论核心的企业家政府理论，因其颇为明显的实用价值，在西方国家尤其是在美国产生了巨大影响。

二、新公共服务理论

新公共服务理论指的是关于公共行政在服务于公民社会时，其运行体

---

① 裴峰、农卫东：《从新公共管理到新公共服务——西方公共行政理论发展的新趋向》，《兰州学刊》2004 第 3 期。

系所应发挥功能的一套系统的价值观念。作为一种全新的公共行政理论，新公共服务理论是在对新公共管理理论的辩证否定中诞生的。在新公共服务理论的视角下，公共行政的主要使命是为公民服务，公共行政的着力点既不是传统公共行政所强调的"划桨"，也不是新公共管理理论所突出的"掌舵"，而应该是建立具有资源聚合力与现实回应力的公共机构，以更好地承担起服务于社会公共利益的职责。①

新公共服务理论把公共利益和为公民服务看成公共管理的规范性基础和卓越的价值观。新公共服务理论在对新公共管理理论批判的基础之上提出了自己的七大原则。②

（1）服务于公民，而不是服务于顾客。公共管理者不仅要关注顾客的需求，更要把服务对象看作具有公民权的公民，并且要在公民之间建立对话和合作。

（2）追求公共利益。公共利益是管理者和公民共同的利益和共同的责任，是目标而不是副产品。

（3）重视公民权胜过重视企业家精神。公共管理者和公民要比具有企业家精神的管理者更好地促进公共利益和公共服务。

（4）战略的思考，民主的行动。通过民主的程序使管理有效且负责任地实施。

（5）责任的非单一性。公务员不仅应关注市场，而且还应关注法令和宪法、社区价值观、政治规范、职业标准以及公民利益。

（6）服务，而不是掌舵。公共管理者应重视帮助公民表达和实现他们的公共利益，而非试图在新的方向上控制或驾驭社会。

（7）重视人而不只是效率。新公共服务理论认为"公共行政官员不仅要促进对自我利益的追求，而且还要不断地努力与民选的代表、公民一起去发现和明确地表达一种大众的利益或共同的利益，并且要促使政府去追求

---

① 王枫云：《从新公共管理到新公共服务——西方公共行政理论的最新发展》，《行政论坛》2006年第1期。
② Root, Hilton, L. *Small Countries, Big Lessons: Governance and the Rise of East Asia*. Oxford University Press, 1996, p.161.

那种利益"。① 如果公共利益缺失,那么必然会降低公民之间以及公民与政府之间的信任。②

三、国内外研究综述

相比起古典管理理论和人际关系与行为科学学派,新公共管理和新公共服务理论在公共部门、社会组织或社会服务机构方面的研究相对较多、较新,而且这两大理论如今被广泛地应用到社会组织参与社会管理的实践中来。

学界观点认为新公共管理和新公共服务理论对我国社会组织参与社会管理有极大的借鉴作用③,新公共管理理论就其本质而言是管理学在社会公共机构的具体实践。在管理学中,优秀的社会管理能够借鉴一定的商业形式以应用于社会组织。而新公共管理理论主要包含两个基本思想:一是自由化,二是市场化。④ 这也是整个新公共管理理论的核心——"企业家政府"理论的基本主张。我们所说的企业家政府理论,本质就是运用企业家的精神来对政府进行重新塑造的公共管理理论。新公共服务理论是指在以公民为中心的治理体系中,政府所扮演的角色应该是服务的一套理念。⑤ 新公共服务理论是由美国行政学者在对新公共管理理论进行反思和批判的基础上于20世纪末提出的。它对我国目前提出的服务型政府的建设有极大的借鉴作用,尤其是它提出政府应该采纳开放的组织结构以吸纳公众和社会组织对公共决策的参与,建立在充分对话基础上的公共政策的形成机制以及政府应该是服务者而不是掌舵者的政府角色定位,为我国社会组织参与社会管理提供了理论支撑。

---

① Frederickson, H. G. "Toward a Theory of the Public Administration for Public Administration," *Administration and Society*,1991,22(4),pp.415-416.
② 柳云飞、周晓丽:《传统公共行政、新公共管理和新公共服务理论之比较研究》,《前沿》2006年第4期。
③ 参见杜艳玲:《我国社会组织参与社会管理的理论与实践研究》,硕士学位论文,河北师范大学马克思主义基本原理专业,2012年。
④ 参见杨光斌:《政治学导论》,中国人民大学出版社,2007年。
⑤ 参见王名:《中国民间组织30年:走向公民社会》,社会科学文献出版社,2008年。

欧美国家在社会管理学科领域的思想和研究大都位于世界先进水平,其中很多研究对社会组织参与社会管理都有着积极的借鉴意义。社会组织参与社会管理和治理建立在市场失衡、政府失效和志愿失灵的理论基础上。首先,市场失衡理论的提出。该理论的本质是指整个市场不能合理实现社会资源分配的现象①,它发源于西方国家20世纪30年代的大萧条时期。大萧条的发生使得人们意识到市场不是全部,如果脱离了政府的调控,很可能造成社会财富和劳动的配置失衡、竞争体制失败以及垄断的出现、失业等现象。② 其次,政府失效理论的提出。在第二次世界大战之后,西方的各个国家为了谋求经济的迅速增长,在经济管理模式上使用凯恩斯经济理论,也就是实行扩张性的政府经济策略,不断增加政府的支出,大力实行财政赤字政策,不断刺激和增加社会总需求来换取经济的发展。③ 国家在调控层面不断加深干预,大大地挤占了自由竞争以及自由社会的生存空间。最后,志愿失灵学说的建立。上述的市场失衡和政府失效为后来社会组织参与社会管理奠定了坚实的理论基础,大大促进了社会组织的发展。但是,社会组织在供给社会公共服务的同时,如同市场和政府部门一样,也具有一定的限制性,这就是我们所说的志愿失灵。美国著名教授莱斯特·M. 萨拉蒙(Lester M. Salamon)最先提出这一学说,而且研究了志愿失灵的特征④:在社会组织的经费来源中慈善支持不够,其服务对象具有一定的局限性以及自身具有的家长作风,非专业性等等。与此同时,他指出志愿失灵并不能够说明社会组织作用甚微,恰恰相反,就是社会组织自身的志愿失灵,因此才要跟政府部门建立合作的关系。

四、新公共管理理论和新公共服务理论的比较

在新公共管理理论中,政府的作用就是使市场机制的作用得以充分发

---

① 王玉:《第三部门及其社会管理功能》,《中共福建省委党校学报》2010年第7期。
② 参见褚松燕:《中外非政府组织管理体制比较》,国家行政学院出版社,2008年。
③ 参见[美]朱莉·费希尔:《NGO与第三世界的政治发展》,邓国胜、赵秀梅译,社会科学文献出版社,2002年。
④ 王诗宗、杨帆:《政府治理志愿失灵的局限性分析——基于政府购买公共服务的多案例研究》,《浙江大学学报》(人文社会科学版)2017第47期。

挥,进而促进自由选择和实现效率。公民就是顾客,公共行政官员被视为旨在以低成本、低消耗和高效率促进市场活动完成的市场参与者,民主、公民权和公共利益等公共行政应有的价值观念不断沦丧。新公共服务理论则主张用一种基于公民权、民主和为公共利益服务的新范式,来替代基于一般管理主义取向和"理性经济人"自我利益导向的新公共管理理论范式。在新公共服务理论的视野中,政府的作用不是控制或激励,而是服务。民主的观念与对公民权和公共利益的崇尚,不仅应贯穿公共行政的运作中,而且应在行政组织内部牢固加以确立。[①] 不难发现,新公共服务理论给我们提供了一个充分重视民主、公民权利和公共利益的行政理念,一个指引公共部门实践创新的公共行政新范式,旨在克服新公共管理理论固有的缺陷(见表3-1)。

表3-1 传统公共行政、新公共管理和新公共服务差异比较

	传统公共行政	新公共管理	新公共服务
理论基础	官僚制理论和政治与行政两分法	经济学的交易成本理论、委托人代理人理论和公共选择理论	民主公民权理论、社区和公民社会理论,组织人本主义和后现代主义对话理论
人性假设	价值中立:服从命令的行政人	经济人的自利:个人利益高于公共利益	公民美德:私人利益服从公共利益
治理之道	政府配置:一元为主	市场配置:强调市场化	多元配置:注重政府责任的回归
公共利益	通过政治途径界定,并由法律表述	个人利益的聚合	以共同价值观为基础,以对话方式实现
公共参与	具有从属性与被动性的公共参与	以消费者身份有选择性地参与	积极的自主参与

[①] 王枫云:《从新公共管理到新公共服务——西方公共行政理论的最新发展》,《行政论坛》2006年第1期。

续 表

	传统公共行政	新公共管理	新公共服务
公共责任	依照代议制和法律规定对选民负责或对上级负责	市场驱动,为实现广大顾客所希望的结果负责	多元的,关注公共职业伦理等多元的公共责任
政府角色	执行者	掌舵者	服务者
公民角色	被统治的对象	顾客/消费者	公民
价值取向	效率	经济、效益和效能	公平、责任与公共利益
组织结构	集权制的组织结构	分权的组织结构	合作性的组织结构
管理理念	中立原则和科层制下追求效率的愿望	市场化或民营化,缩小政府规模的愿望	公共服务、为社会作贡献的愿望
适应背景	工业化时代的代议制宪政体制	财政、效率和信任三大危机出现的时代	全球化和后现代公共利益与责任凸显的时代

注:本表格在周晓丽《公共管理学报》2005年第1期表格3"新公共管理与新公共服务差异比较"基础上改编而成。

第四节 人本主义管理理论

一、人本主义的起源

西方近现代人本主义管理思想的历史渊源可以追溯到古希腊罗马时期。苏格拉底很早就认识到管理的普遍性以及人在管理活动中的重要性和不可或缺性,他曾经说过,"管理私人事务和管理公众事务仅仅在量上有所不同"[1],它们都涉及对人的管理,如果一个人不能管理他的私人事务,他肯定也不能管理公共事务。亚里士多德更是看到了人在劳动实践中分工与协

---

[1] 童中平:《西方近现代人本主义管理思想的历史演进路径》,《才智》2016年第22期。

作的必要性和重要性。他认为"每一个部门都应当具有特定的职能,整体当然高于部分"。① 从这些精辟的论述中,我们可以看到许多近现代人本主义管理思想的影子。

17世纪中叶,西方资产阶级革命开启了资本主义发展的新征程,解放了人和市场,确立了资本主义精神。资本主义精神的确立,资产阶级政治革命及工业革命分别从思想、政治和产业发展等几个方面为现代经济的繁荣奠定了基础。到19世纪末,工业的进一步长足发展和以制度化管理为标志的管理科学的诞生,在实践和理论方面进行了大量准备,最终形成了以泰勒、法约尔和韦伯等为代表的古典管理理论。

古典管理理论在解决如何做事的问题上硕果累累,对提高企业和组织的劳动生产率起到了显著的作用。但是其过于生硬的姿态引起了人们的不满,它对于组织中人的人生追求、人生价值乃至人生的意义等根本性问题,仍然鲜有阐述。换言之,虽然我们可以从之前的管理理论中,通过现代科学手段和工具解决组织的效率问题,但是如何最大限度地释放出员工的工作潜力、主动性和创造性,让员工健康快乐地工作,仍然是横亘在管理者面前的根本性管理问题。在当时,人们对"物"的管理已很有信心,但对于"人"的管理仍处于黑暗中的摸索阶段。②

第二次世界大战后,许多学者对管理理论进行了人本主义的人文反思。越来越多的学者认为,人不只是机器,管理理论应该对人的作用引起重视。人们开始冲破传统经验管理方法的束缚,开始把人本主义思想融入管理实践,将科学理性引入管理领域,看到工人个体的选择,看到激励与教育在提高组织劳动生产率中发挥的重要作用。

二、梅奥和霍桑实验

20世纪20年代,美国著名的管理思想大师乔治·梅奥主持了著名的

---

① 童中平:《西方近现代人本主义管理思想的历史演进路径》,《才智》2016年第22期。
② 谢富慧、孙辛勤、张玮:《"人本"之本——现代人本主义管理理论演变略论》,《中国棉花加工》2019年第5期。

霍桑实验,以探究影响工人劳动生产率的因素。霍桑实验历时8年之久,梅奥和他的研究小组以霍桑工厂的25 000名员工及其管理人员为研究对象,就如何提高生产效率的一系列问题进行研究。他们根据实验发表了大量著作,提出了与当时最流行的科学管理思想不同的新观点,开辟了管理理论研究的新方向——人际关系学说。霍桑实验的目的在于研究影响劳动生产率的决定因素,前后总共分为四个阶段:(1) 车间照明实验;(2) 关于工作时间和条件的福利实验;(3) 谈心实验;(4) 研究人群中"无形组织"力量的"群体实验"。[①]

在车间照明实验中,梅奥在绕线车间用对比实验的方式进行。实验设计的具体目标是考察照明强度变化的影响,实验组不断增加照明强度,而参照组始终保持不变。结果出人意料的是,两组都在不断提高产量。从逻辑角度讲,这与一开始的预期结果大相径庭,是一种严重的"反常"。检查部主任提出一种猜测性解释,即产量的增加可能是源于工人们为实验所激发的工作热情(这等于引进了一种与原先核心理念不协调的辅助假说)。梅奥闻讯后,进一步指出,或许解开霍桑实验之谜的关键因素就在于"小组精神状态的一种巨大变化",由此人文主义要素开始渗透进来。

在福利实验中,梅奥的目的是检测影响职工积极性的决定因素。梅奥挑选6个继电器装配女工,将其划分为实验组和参照组,在单独的房间里进行对比实验。在实验设计中,梅奥有5个关于"提高产量的有利因素"的基本预设:(1) 改进物质条件和工作方法;(2) 安排工间休息和缩短工作日,减轻疲劳;(3) 工间休息可减少工作的单调性;(4) 实行个人计件工资制;(5) 改变监督和控制员工的方式。从科学哲学观点看,以上几个假设全都具有科学主义和逻辑主义的性质,是与泰勒的核心假说相一致的。奇怪的是,这些假设似乎都被否定了,因为基本情况是:实验组不断增加福利措施,如缩短工作日,延长休息时间,免费提供茶点等等,预计产量会增加。然而,参照组没有享受福利待遇,产量却照样增加;实验组撤销这些福利措施

---

① 参见郭咸纲:《西方管理思想史》,北京联合出版社,2014年。

后,结果居然是产量不仅没有下降反而上升。显然,这些都属于严重的反常情况,泰勒的纲领性思想面临着根本性挑战。然而,唯有假设5令人耳目一新。这也就意味着,改变监督与控制的方法能改善人际关系,从而能改进工人的工作态度,促进产量的提高。它已经突破了泰勒的科学主义的狭隘眼界,具有人文主义的性质,因为已经考虑到人类心灵的感情因素。

在沟通管理者与工人关系的谈心实验中,通过广泛谈心,研究人员认识到,应当更热情、更有爱心、更能够倾听和理解工人,这样才能促进人际关系的改善和职工士气的提高。在谈心实验中,研究人员已经隐约感觉到在人群中存在着一种自发形成的"非正式的组织",它对工人的态度有重要影响。如果转换成系统科学的语言说,它应当叫作"自组织机制"。

在第四阶段的群体实验中,即关于工人间的群体效应的检验实验中,为了系统地观察群体中工人之间的相互影响,梅奥挑选了14名男职工,其中有9名绕线工,3名焊接工,2名检验工,把他们安排在一个单独的房间里工作,原以为实行计件工资制可以激发劳动热情,使日产量达到最大值,但实验结果出人意料:事实上,工人完成的产量只是保持在"中等水平"上。[①]

事实上,霍桑实验从管理科学的视角发现了操作工群体在自组织演化过程中的"协同效应",形成了决定系统的宏观秩序的"序参量",即上述的"协同原则"。研究者发现,该自动调节机制最富有特征性的方面是:违规者将会受到群体的制裁,包括嘲笑、挖苦、侮辱以及排斥在社会活动之外诸如此类;相反,严格遵守群体规范的人,将会成为最受欢迎的人。这种"无形的自组织系统"具有强有力的职能,这就是对内控制成员的行为,对外保护其成员,使之不受来自上层的干预。[②]

霍桑实验标志着管理理论进入行为科学阶段。梅奥最卓越的新发现在

---

① 李功网、桂起权:《从科学哲学观点看管理学方法论——泰勒与梅奥的古典管理理论解读》,《自然辩证法研究》2010年第26期。
② 陶庆、牛潇:《回归"文化""人"与重塑扎根理论(ET)——从缅甸高地到霍桑实验的"寻根"路径》,《学术月刊》2019年第51期。

于他认识到组织管理工作的重要性,其实质是在工作集体中实行持久的合作与协调,也就是要寻找人们和谐相处的环境。霍桑实验研究逐步深化的过程,也是梅奥对泰勒科学管理思想进行批判性分析的过程,挑战泰勒"科学理性的唯我独尊",即科学主义和逻辑主义的纲领性思想,取而代之的是"人文关怀"和人文主义的纲领性思想。①

三、科学主义与人本主义辨析

有学者将管理理论分为两大阵营,即科学主义管理理论和人本主义管理理论。前者指以研究管理中的"事"为中心的管理理论流派群,后者指以研究管理中的"人"为中心的管理理论流派群。②

随着管理学的发展,人的问题不可避免地被研究者加以考虑。这里需要特别指出的是,不能说一种理论提到人的作用,它就是人本主义的。事实上,在管理学意义上的行为科学派中,除了马斯洛的需要层次理论,其他大部分是典型的科学主义思想,虽然在管理理论中强调对人的研究,但是如果只是把人作为条件,即反射经济来考虑,那么其本质是科学主义。因为这不是有血有肉有情的完整意义上的人,而是一个可按自己反应模式进行实验观测的空洞机体。③

可以说管理理论是在以企业为中心的管理实践的推动下,在科学主义与人本主义相互论争中不断发展的,然而它所发挥的作用远远超出了企业生产领域,深刻影响着商业、公关、义务教育以及其他行业的管理活动。究其原因,还是在于无论哪种管理活动,把握事物之理,明确用人之道,仍是人们提高管理成效面临的最基本的问题。科学主义管理理论重在探明管理事务,人本主义管理理论重在探明用人之道,这为管理理论的普及化提供了客观条件。④

---

① 童中平:《西方近现代人本主义管理思想的历史演进路径》,《才智》2016 年第 22 期。
② 参见杨杜:《现代管理理论》,中国人民大学出版社,2001 年。
③ 李涛:《科学主义与西方管理思想的形成和发展》,《科学管理研究》2000 年第 6 期。
④ 参见杨中枢:《学校课程管理研究》,甘肃教育出版社,2014 年。

第五节　激励理论

一、理论背景

"激励"一词源于心理学领域,最初是心理学的专业术语,现已广泛应用在管理学、组织行为学和经济学中。心理学提出人的行为与动机直接相关,动机可推动人的行为,起到激发促进作用,由此称其为"激励"。美国管理学家贝雷尔森(Berelson)和斯坦尼尔(Steiner)给激励下了如下定义:"一切内心要争取的条件、希望、愿望、动力都构成了对人的激励。它是人类活动的一种内心状态。"[1]

随着市场经济的深入发展和社会分工的细化,除了很多企业在经营管理方面暴露的问题不断增多之外,公共领域里的许多部门和机构也面临管理不善的问题。在社会机构的人力资源管理中,社会服务机构由于行业特性和发展以致人员流动性较强。如果没有采取有效的管理措施,则会导致人才流失问题严重。对此,可将激励理论落实到社会组织的管理中,改善员工薪酬管理、福利待遇等,提高员工归属感,对员工发挥激励作用。[2]

激励理论在人力资源管理上有许多运用,在实践中形成了不同的激励机制。目前对激励机制方面的研究主要集中于企业等私人部门,针对公共部门激励机制的研究相对来说比较少,大多散见在公共部门工作人员制度或公共部门人力资源管理中。黄军峰等人认为,由于两类组织的性质不同、两者价值和目标追求迥异、其内部人力资源角色的定位关系存在差异,公共部门与私人部门人力资源激励机制存在差异性是必然的。公共部门的激励机制作用就是激发员工热情,使公共部门能更好地为社会公众服务和满足公众的利益需求,私人部门人力资源激励机制的作用就是使组织获取更多

---

[1] 参见[美]小詹姆斯基·H.唐纳利、詹姆斯·L.吉布森、约翰·M.伊凡赛维奇:《管理学基础——职能·行为·能力》,李柱流、苏沃涛、徐吉贵等译,中国人民大学出版社,1982年。
[2] 刘梅:《激励理论在现代企业管理中的运用分析》,《农村经济与科技》2021年第32期。

的利润;公共部门的性质孕育了其效率的低下,加上传统的行政作风的影响,导致激励机制在公共部门取得的效果自然也比在私人部门中弱得多;公共部门把对道德的激励始终摆在核心位置,而私人部门更加注重对人员能力的激励,这是公共部门与私人部门人力资源激励明显区别的特征。[1]

二、不同派系及代表人物

(一) 需要层次理论

需要层次说是激励理论的重要组成部分,代表人物是马斯洛。1943年,美国心理学家亚伯拉罕·马斯洛在《人类激励理论》一书中提出人的需要由低级到高级可分为五个层次,分别是生理、安全、归属和爱(社交)、尊重、自我实现。[2] 他的主要观点如下。

(1) 人类有生理、安全、社交、尊重和自我实现五种需要。如,衣食住行属于生理需要;法制完善、社会稳定归于安全需要;拥有亲情、爱情和友情就有了归属和爱;具有自尊和获得他人尊重就满足了尊重需要;获得提升就感受到自我满足和自我实现。

(2) 某些需要比其他需要更基本。上述需要组成由生理需要依次到安全、归属和爱、尊重和自我实现层次需要的金字塔。

(3) 人们按特定次序满足需要,只有当低层次需要满足后高层次需要才可以满足。

除了这些基本观点之外,也有其他学者对需要层次理论提出了质疑。由于马斯洛对五个层次的阐述主要源于生活经验的观察和归纳,思辨色彩较少,故有学者质疑其严密性和普遍性,认为该理论不能说明需要满足中的某些现象。比如,弱势人士不愿享受福利以免被贴上标签,就是尊重需要高于生理需要的具体事例;危机时安全至上也说明了安全需要在特定时刻的重要性。因此,在某些情况下,不同需要不一定按层次高低排序,多个层面

---

[1] 参见黄军峰:《公共部门与私人部门人力资源管理激励机制比较研究》,硕士学位论文,贵州大学行政管理专业,2008年。
[2] 胡家祥:《马斯洛需要层次论的多维解读》,《哲学研究》2015年第8期。

需要也可能同时发生。综合以上观点可以认为,需要层次理论其实描述的是最大多数人、极大部分场景中的需要状况,特殊人物、特殊场景下可能并不遵循上述法则。

马斯洛将需要层次理论应用到社会工作的组织管理中,他在麦格雷戈管理理论的基础上提出了三重模型。麦格雷戈依据马斯洛的需要层次理论提出了 X 理论和 Y 理论,他抨击了 X 理论,认为它实际上建立在人们工作只是受生理和安全需要驱策的假设上,认定人就其本性而言厌恶工作,于是着眼于需要的更高层次而提出了 Y 理论,认为人在工作中花费体力和脑力有可能像游戏和休息时一样自然。马斯洛虽然更为赞赏 Y 理论,但认为必须考虑另一特定情形:在一个人民充满恐惧的国度里,强有力的领导是必要的甚至是最好的,用 Y 理论管理系统肯定行不通[①],因此他提出了自己的 Z 理论,强调人具有为比自我更大的目标而献身的精神。超个人水平的自我实现者不仅存在于宗教界、知识界和艺术界人士之中,也存在于企业家、教育家和政治家之中。总之,马斯洛揭示了需要五层次由低到高的递升,并将其运用于社会组织方面而肯定三重管理模式的合理性。

(二) 双因素理论

双因素理论由美国心理学家赫茨伯格于 1959 年提出,也被称为激励—保健因素理论。赫茨伯格对匹兹堡地区 4 个工商企业的 200 多名工程师和会计师进行了调查,发现受访者提出的大多数不满意的项目与他们的工作环境有关,而满意的项目通常与工作本身有关。经过大量调查和证据收集,并仔细分析,他提出了双因素理论。[②] 双因素理论的内容主要包含以下两点。

---

① 参见[美]弗兰克·戈布尔:《第三思潮——马斯洛心理学》,吕明、陈虹雯译,上海译文出版社,1987 年。
② Holston-Okae, B. L. and Mushi, R. J. "Employee Turnover in the Hospitality Industry Using Herzberg's Two-Factor Motivation-Hygiene Theory," *International Journal of Academic Research in Business and Social Sciences*, 2018, 8(1), pp.218-248.

(1) 提出"满意"和"不满意"是两种独立的存在。① 传统的激励理论认为,满意的反面是不满意,而双因素理论则认为满意的反面是没有满意,不满意的反面是没有不满意。双因素理论认为,满意或不满意不是从满意到中立状态到不满意的连续状态,而是两个独立的连续状态。一个状态是从满意到中性状态,另一个是从不满意到中性状态(见图 3-2)。

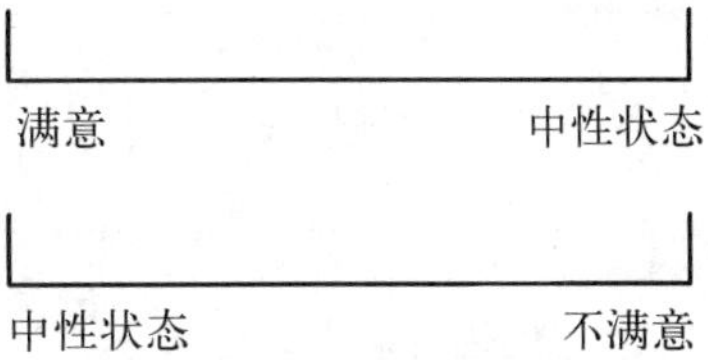

图 3-2 "满意"和"不满意"独立存在的状态

(2) 将影响激励的因素分为保健因素与激励因素。双因素理论统一定义了使员工满意的因素为"激励因素",包括个人成就、组织或社会的赞赏、工作的挑战性、明确的职责划分和个人的成长与发展,只有改善激励因素才能起到激励作用。同时,该理论将使员工不满意的因素定义为"保健因素",包括公司政策和管理、上级的监督、工资福利、与上级的人际关系和工作条件,员工对保健因素的不满会使其对工作不满意。但即使他们感到满意,也只能维持工作的基本现状,不会有很好的激励作用,并且对提高工作积极性几乎没有影响。在研究中,赫茨伯格主要研究和分析了 14 个因素,并举例说明了每个因素的影响。在调查和满意度分析的基础上,他确定了最重要的 5 个激励因素(见表 3-2)和 5 个保健因素(见表 3-3)。②

表 3-2 激励因素内容及表现

序号	激励因素内容	表现
1	个人成就	圆满地完成了工作任务,取得一定成效,证明了自己的能力
2	组织或社会的赞赏	得到企业或直接上级的认可、表扬、获得同事的欣赏、钦佩

---

① 参见蔡天楷:《基于 Snell 模型和双因素理论的 S 企业人才激励体系优化研究》,硕士学位论文,浙江理工大学工商管理硕士,2021 年。
② 同上。

续　表

序号	激励因素内容	表现
3	工作的挑战性	对实际从事的工作或承担的某一项职责的感觉,工作具有难度,要求超越目前的知识、技能或经验水平
4	明确的职责划分	包含了责任和职权,岗位职责规范清晰,有效明确的职责分工,合理清楚的岗位设置
5	个人的成长与发展	个人地位和职位的变化,知识、技能或经验等工作能力获得提升

表3-3　保健因素内容及表现

序号	保健因素内容	表现
1	公司政策和管理	企业管理制度、规章、程序、结构和方法,企业各项政策制定是否体现以人为本,考虑到大多数员工的利益
2	上级的监督	通过一定的组织和手段实现领导者与被领导者之间的相互监察与督促,与管理者是否公平、管理水平有关
3	工资福利	工资、福利是否达到员工期望,企业是否提供具有市场竞争力的薪酬福利,薪酬分配是否具有激励性
4	与上级的人际关系	表现为员工与上级管理者因沟通交流中的问题而引起的感受
5	工作条件	企业是否提供了良好的工作条件、清洁美化的工作环境

在调查过程中,赫茨伯格建立了严格的规定,为每个因素设定标准。科学分类有助于调查,能深入了解受访者的真实感受,并避免复杂的事件交织在一起,影响研究过程和结果。其认为激励因素和保健因素是相互独立的,并且具有不同的影响员工行为的效果。保健因素可以满足员工外部条件的需求,是其获得间接满足的外部诱因。激励因素满足员工对工作本身的需

求，可以在内部激励其获得直接的满足感。因此，双因素理论认为，要调动人们的积极性，就必须以"满意"为前提。

（三）成就需要理论

戴维·麦克利兰（David C. McClelland）是美国著名的社会心理学家，他对成就需要的因素做了大量调查研究，提出了成就需要理论。该理论认为，"在工作中对人们形成激励的主要有三种基本需要：成就、权力与归属"[1]，也即成就需要、权力需要、亲和需要。

成就需要就是追求卓越，渴望和重视成就，争取成功的需要。成就需求比较强的人希望将事情做得更加完美，努力提高自己工作的效率，以期获得最大限度的成功，他们喜欢在克服困难、解决难题、努力奋斗的过程中争取成功，并感受到乐趣，他们喜欢达到成功后的成就感。权力需要就是人们希望能够影响他人、控制他人，希望能够拥有权力的需求。不同的人的权力需求是不同的。权力需求高的人更希望影响和控制别人，喜欢对其他人"发号施令"，希望争取地位以及对组织和其他人的影响力。亲和需要就是希望建立友好和亲密的人际关系，希望自己被组织和其他人接纳和喜爱的需求。亲和动机强烈的人更愿意与他人进行交往，而且能够处处为他人着想，在与人交往中体会到愉快。亲和需求强烈的人喜欢在亲和、合作而非竞争的工作环境中工作，他们希望彼此之间能够有较多的沟通，相互理解，并且在工作环境中，他们较之其他人对人际关系更为敏感。

麦克利兰的成就需要理论对于当代组织管理具有十分现实的指导意义。它告诉管理者，驱动人们去努力工作的因素不是只有通常人们所认为的"钱"和"权"，成就、归属方面的需要也是驱使人们努力工作的重要因素。麦克利兰的研究表明，管理者的权力需要比较强烈。他还认为成就需要可以通过培养来提高。一个组织的成败与组织具有高成就需

---

[1] 参见焦叔斌、杨文士：《管理学》（第四版），中国人民大学出版社，2014年。

要的人数有关。

(四) ERG 理论

ERG 理论由美国耶鲁大学的克雷顿·阿尔德弗(Clayton Alderfer)提出。这是阿尔德弗在马斯洛提出的需要层次理论的基础上对实际经验部分进行了验证,提出的一种更新的需要理论。阿尔德弗认为,人类有三种核心需要,即生存需要(Existence Needs)、关系需要(Relatedness Needs)、成长需要(Growth Needs),因此他的理论被称作 ERG 理论。[1] 其中,需要的类型具体指(1) 生存的需要:是与人们基本的物质生存需要有关的,即生理和安全需求(如衣、食、住等),这种条件存在与否将直接影响人的存在或生存。(2) 相互关系的需要:指人们对于保持重要的人际关系的要求。(3) 成长发展的需要:个人谋求发展的内在愿望。ERG 理论认为人的多种需要是并存的,即人在同一时间可能有不止一种需要起作用,而且当人的较高层次需要的满足受挫时,会导致人们向较低层次需要回归。

在实际的组织管理中,ERG 理论认为,需要就是激发动机的原始驱动力,一个人如果没有什么需要,也就没有什么动力与活力可言了。反之,一个人只要有需要,就表示存在着激励因素。想要取得良好的激励效果,管理者首先要了解员工的需要。需要因人而异,同样的人处在不同的时间和地点,他的需要也是不同的,有的是生存需要占主导地位,有的是关系需要或发展需要占主导地位。同时,只有满足最为迫切的需要,其产生的激励效果才最大。因此必须与员工进行深入的沟通和了解,有针对性地采取鼓励措施。

三、不同激励理论的侧重点分析

马斯洛的需要层次理论认为人的需求是天生的,因此马斯洛的研究是以人类最基本的生存需要开始的。以需要层次理论中的社交需要为例,当

---

[1] 张强:《建构公务员激励机制的原则及其模式》,《地方政府管理》2001 年第 7 期。

某个人有了广泛的社交圈子,有良好的社交活动,按照马斯洛的需要层次理论,他的社交需要就会减弱。马斯洛的需要层次理论是从个体的个性需求出发的,是通过对生活中个体特性的观察和归纳得出的,研究偏向需要的层次性,以个体为主,对群体需要的研究不多,更侧重于心理学。该理论中的自我实现需要缺乏衡量标准,自我实现的表现方式因时代、社会文化背景的不同而不同。因此马斯洛的理论只考虑了人的内在因素而忽略了外在因素的影响,存在一定的局限性。

赫茨伯格的双因素理论认为保健因素仅能消除不满,因此他没有将生存需要考虑在内。在对激励因素的分析中,赫茨伯格强调工作自身因素对人的吸引,如工作中的技术难度、工作是否复杂以及工作中的未知挑战等,他并不强调人本身的成功。

麦克利兰的成就需要理论认为人的需求大多都是后天培养得来的,他更多研究人的社会性需要,即认为人是"社会人"。他认为人们所处的环境、不同的经历和后天培养等因素造就人的社会性需求。人的需求和行为会相互影响相互刺激,以达到强化某行为及背后的特定需求,形成特定的需求倾向。因此麦克利兰的观点可以更好地解释人的满足度越大而需求更旺盛的现象。假如当某个人有了广泛的社交圈子,有良好的社交活动,按照马斯洛的需要层次理论,他的社交需要就会减弱;但按照麦克利兰理论进行解释,他会扩大自己的社交圈,从事更多的社交活动。麦克利兰的需要理论认为,社会性需求是多种因素共同作用的结果,因此不可能从个体特性归纳出群体的需要。他更多考虑了群体关系对个体需要的影响,更注重对群体的研究,更侧重于管理学。这些是与马斯洛需要层次理论不同的地方,也可以说麦克利兰的研究补充了马斯洛需要层次理论。

阿尔德弗的ERG理论与马斯洛和麦克利兰的研究有相似之处,他认为如果某种需要不能得到满足,人们就会转向另外两种需要;如果某种需要不能得到充分的满足,对该种需要的需求就会更加强烈。同时他认为低层次的需要满足后,高层次的需要就会增加,而一旦高层次的需要受挫,人们就会转回到低层次的需要。而且对于具体的个人，三种需要可以同时发挥作用，即假使某人的生存需要并未得到满足，关系需要和成长需要依然会对他产生影响，只是作用的强度会不同。

案例思考与讨论：

平衡计分卡在 R 社会工作机构管理中的运用

20世纪90年代美国学者罗伯特·卡普兰（Robert Kaplan）和大卫·诺顿（David P. Norton）提出了一种新型绩效评估工具——平衡计分卡（Balanced Score Card，简称 BSC）。平衡计分卡一经问世就在企业领域引起了一股绩效评估的狂潮，得到了许多企业的成功运用和好评。平衡计分卡明确了企业的战略目标，不仅实现了财务层面的清晰透明，而且在顾客、内部业务流程层面都进行了设计考量，同时还会对企业未来成长与发展的空间进行测算，形成了一系列完整的绩效评估。

R 社会工作机构（简称"R 社工机构"）成立于 2010 年 12 月，是经过北京市海淀区民政局正式批准注册成立的民办非营利专业性社会工作服务机构。北京市海淀区社工委为业务主管单位，以海淀区某大学社会工作院系为业务依托。作为一家 4A 级民办非营利社会工作专业服务机构，它致力于青少年及其家庭社会工作、社区工作。自成立以来，该社工机构秉承"少年为本，助人自助，发掘潜能，陪伴成长"的服务理念，以项目运作的方式，为青少年健康成长提供多方面的服务。

目前 R 社工机构在绩效管理上有许多问题，总的来讲有以下几点：对绩效管理的认识不到位，用评估代替了绩效管理；个人绩效与机构的愿景联系不够紧密；过度重视对服务"量"的考察，一定程度上忽视了服务的"质"；绩效管理流程不规范等等。

为了提高 R 社工机构的绩效管理，机构工作人员在参考平衡计分卡的基础上，制定出了适合自身的平衡计分卡绩效管理体系，标准如

表 3-4 所示。

表 3-4 R 社工机构的 BSC 绩效指标体系

战略主题	多样化的专业服务	强化特色服务	不断革新机构的各方面管理	
维度	目标	指标	目标值	行动方案
顾客	• 顾客满意度	• 服务对象对专业服务的满意度	95%	项目计划书；工作计划；各个服务小队；深育外展服务组；加强与社区街道合作；强化校后暂托班；建设专业实践基地；周例会；月度例会；半年/年度考核
顾客	• 顾客满意度	• 拨款者满意度		
顾客	• 顾客保留（认同感）	• 服务对象接受服务的主动性（配合度）	70%	
顾客	• 市场增长	• 外展新项目	2 个	
资源	• 稳定性	• 年度申请政府购买项目数量	7—10 个	
资源	• 稳定性	• 基金会项目数量	3—5 个	
资源	• 持续性（内部稳定）	• 利润增长度	5%	
资源	• 持续性（内部稳定）	• 收费服务项目，补贴运营支出	8—10 万	
资源	• 持续性（内部稳定）	• 义卖筹款	2 000	
资源	• 优质的督导和实习生队伍	• 实习生与专业督导人数	实习生 10—15 人 6 位长期督导	
内部运营	• 高效	• 年度计划制定	每年一次年度计划会议；半年及全年的检讨	
内部运营	• 高效	• 实施绩效管理	实施 BSC	
内部运营	• 高效	• 制度执行与监督		
内部运营	• 信息沟通流畅	• 开展内部讨论会议	每两周一次小组讨论	

续　表

战略主题	多样化的专业服务	强化特色服务	不断革新机构的各方面管理	
维度	目　标	指　标	目标值	行动方案
学习成长	• 社工满意度	• 专业培训机会	社工师培训	
		• 学习青少年社会工作理论和技巧	每周社工课堂	
		• 员工奖励	与薪酬挂钩	
	• 建立正面工作气氛	• 团队建设	每2月至少一次	
		• 员工聚餐/出游	每年至少2次	

R社工机构在制定完适合自身的平衡计分卡绩效指标体系后，通过访谈和所有成员的集体讨论，进一步确定了各指标的权重，如表3-5所示。

表3-5　R社工机构BSC绩效指标权重

一级权重（维度）	二级权重（绩效目标）	三级权重（绩效指标）	综合权重
顾客(35)	• 顾客满意度(70)	• 服务对象满意度(75)	18.375
		• 拨款者满意度(25)	6.125
	• 顾客认同感(20)	• 服务对象的主动性(100)	7.0
	• 市场增长(10)	• 外展新项目(100)	3.5
资源(20)	• 稳定性(65)	• 年度申请政府项目数量(75)	9.75
		• 基金会项目数量(25)	3.25
	• 持续性(20)	• 利润增长度(30)	1.2
		• 收费项目，补贴运营支出(40)	1.6
		• 义卖筹款(30)	1.2
	• 督导和实习生(15)	• 实习生与专业督导人数(100)	3.0

续　表

一级权重（维度）	二级权重（绩效目标）	三级权重（绩效指标）	综合权重
内部运营(15)	• 高效(60)	• 年度计划制定(30)	2.7
		• 实施绩效管理(35)	3.15
		• 制度执行与监督(35)	3.15
	• 信息沟通流畅(40)	• 开展内部讨论会议(100)	6.0
学习成长(30)	• 社工满意度(70)	• 专业培训机会(50)	10.5
		• 学习青少年社会工作技巧(20)	4.2
		• 员工奖励(30)	6.3
	• 正面工作气氛(30)	• 团队建设(65)	5.85
		• 员工聚餐/出游(35)	3.15

注：采用百分制，60分以下为不合格，60分为合格，60—70分为良—，70—80分为良，80—90分为良+，90分及以上为优。

例如，R社工机构2016年8月—12月之间，针对顾客维度的绩效指标，评估结果如下：(1)服务对象对已开展的项目满意度调查为95%，综合分数为95。(2)年底结项的政府购买服务项目，民政部评估为优秀；3个由基金会赞助的项目，对方评估为85分；BSC综合评分90分。(3)服务对象配合度较难评估，根据社工的反应，综合分数为80分。(4)机构五个月内与海淀区某街道办事处接洽了两次培训活动，为一家企业开展了一次户外扩展训练，超额完成目标，综合分数为90分。那么，R社工机构这次的顾客维度最终分数为：

$$95 \times 18.375\% + 90 \times 6.125\% + 80 \times 7\% + 90 \times 3.5\% \approx 31.719 \text{ 分}$$

2016年8月—2017年3月，R社工机构经历了引入平衡计分卡理念到设计BSC绩效指标，再到应用反馈整个环节，R社工机构有以下四方面的变化。

第一，转变了服务评估的焦点，间接提高了对服务评估的要求。以往在评估活动的时候，主要以社工开展活动的次数、服务受益人数等为主。平衡计分卡的引入，使服务使用者评估成为固定环节，而不是单纯地以具体开展的服务次数为指标，服务使用者的意见得到高度重视。

第二，提高社工对机构使命的认同感，加强了个人绩效与机构愿景的联系。在建立平衡计分卡的整个过程中，机构不断强调组织的使命和战略的重要性，并将使命和战略一步步分解至具体行动方案，提高了社工对机构使命的认同感。R社工机构受访者表示，"以前我们对机构使命的感觉就是纸上的那几个词，没有太深的感触，但现在我觉得，我只要好好完成手头上的这几个个案就算是为机构达成使命作出了贡献，尽管特别小"。

第三，改善了R社工机构的内部信息处理与沟通。随着R社工机构的固定员工越来越多，业务部门也在增加，各个部门之间总会有一些信息沟通不畅的情况出现，通过对机构内部运营流程的绩效指标设计，一些关键的业务流程都得到了改善，其中包括不同业务部门和机构上下层人员的沟通。受访者表示，"在一起设计KPI的时候，我们一线社工的很多意见和想法都被所长直接采纳了，而且和我们一起进行机构战略部署"。

第四，形成了科学绩效管理的意识。在引入平衡计分卡以后，机构成员对整个绩效管理的流程都有了较为清晰的认识。平衡计分卡使R社工机构将绩效计划、实施、评估和反馈连接起来，并随时改进不适合的地方，一定程度上提高了R社工机构的绩效管理。

总之，从R社工机构的应用上看，平衡计分卡可以通过阐明组织战略促使机构和个人目标与战略的协调一致，结合机构使命与个人行动，改善机构的绩效管理现状，完善机构的管理机制，最终促进社工机构的良性发展。

思考题：

(1) 案例中R社工机构运用平衡计分卡绩效管理体系的效果如何？你认为

该机构设计的平衡计分卡是否有不足之处？如有，请具体阐述。
(2) R机构引入平衡计分卡绩效管理体系，以更好地达成组织使命。该做法体现了科学主义倾向。请问，上述案例体现了科学主义管理理论的哪些内涵？
(3) 你认为科学主义管理理论在社工机构中的适用性如何？什么样的机构更适合运用该理论？

第四章 社会服务机构的宏观外部管理

社会服务机构本身是个较新的政策性概念,其前身是民办非企业单位,民间亦笼统地称其为"社会组织""社会机构"等。鉴于此,本书将社会服务机构这一主体与政府之间的关系、政府对其的行政管理体制等同于政府与社会组织、非营利组织和民办非企业单位等主体的关系。

第一节 社会服务机构与政府的关系

一、国外学者相关研究

20世纪80年代,长期从事社会组织研究的著名学者萨拉蒙教授从志愿失灵角度对社会组织的局限性进行了分析。他认为,社会组织有一定的补充性作用,但也有一定局限性,这些局限主要表现在慈善行为的业余性和供不应求等方面,而它的局限恰恰是政府一方的明显优势。因此,基于优势互补原则,社会组织要获得良好发展,其中一个重要方面就是建立起政府与社会组织之间的互动合作关系。政府负责资金和其他各类资源动员,社会组织负责提供各种专业服务,双方各自发挥优势并形成优势互补,这就是我们经常提及的"第三条路"。

萨瓦斯(E. S. Savas)则在全球开展了大量的个案调查和研究,全面解读了在民营化进程中,政府与社会组织合作的必要性和重要性,并针对不同类型的服务制定了十类不同的制度安排,为政府与社会组织之间的合作提出了具有建设性和行动性的解决方法。①

基德伦(Gidron)、克莱默(Kramer)和萨拉蒙从服务的角度出发,依据"服务经费"和"服务提供"两个指标,提出了四种政府与社会组织关系的模型(见表4-1)。② 在这四种关系模型中,第一类政府主导模式与第四类社会组织支配模式主要说明了两者是一种竞争性互动关系,第二类双重模式与第三类合作模式则说明两者是一种合作性互动关系。

表4-1 政府与社会组织的四种关系模式

功能	政府主导模式	双重模式	合作模式	社会组织支配模式
服务经费	政府	政府与社会组织	政府	社会组织
服务提供	政府	政府与社会组织	社会组织	社会组织

库恩勒(Kuhnle)和塞勒(Selle)主要依据"财务与控制"和"沟通与交往"两项指标,将政府与社会组织的互动关系划分为四大类:一是分离依附型,二是分离自主型,三是整合依附型,四是整合自主型(见图4-1)。③

库恩勒和塞勒认为,"沟通与交往"的关注点是政府与社会组织之间沟通的频率、规模和顺畅程度;"财务与控制"关注的是社会组织对政府资金的依赖程度。

按照此分类方法,在中国,社会组织与政府的关系主要有两大类:一类是整合依附型,这是大部分官办社会组织与政府的互动关系,主要表现是双方沟通相对频繁,并对政府产生严重依赖,受政府的控制。另一类则是分离

---

① 参见[美]E. S. 萨瓦斯:《民营化与公私部门的伙伴关系》,周志忍等译,中国人民大学出版社,2002年。
② See Gidron, B., R. M. Kramer and L. M. Salamon. *Government and the Third Sector Emerging Relationships in Welfare States*. Jossey-Bass, 1992.
③ See Kuhnle and Selle. *Government and Voluntary Organizations: A Relational Perspective Aldershot Hants*. Ashgate, 1992.

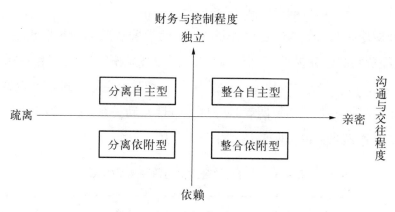

图4-1 社会组织与政府的互动关系

自主型,这是草根组织与政府的互动关系特点,即它们与政府沟通相对较少,资金来源较为多元且主要来自国内外基金会和企业。当然两者关系也是动态变化的过程,会随着外部环境等因素的变化而变化。

纳吉姆(Najam)提出政府与社会组织的关系具有动态性,应建立一个具有普遍解释力的两者动态关系的基本架构。他提出,对社会组织与政府的互动关系的解读,不应局限在政府性质、社会发展状况等方面,而应从两者之间互动沟通的策略性角度来看待。基于此,他提出从"目标"和"偏好的策略"两方面进行分析,依据两个指标的相近程度,将社会组织与政府的关系分为四类,即"合作""协作""互补""冲突"(见图4-2)。[1]

科斯顿(Coston)从组织层次角度,根据政府对制度多元化的认识和态度,从政府对制度多元性的接受程度、政府与社会组织的联系、权力关系特征等方面加以区分,将政府与社会组织的互动模式划分为八种类型,即压制、竞争、合约、敌对、第三政府、协作、互补与合作。其中,压制型强调政府抗拒制度多元性,政府与社会组织是单向互动关系;敌对型和竞争型表现出政府对制度多元性的抗拒,社会组织和政府有简单的关联和非正式互动;合

---

[1] Najam, A. "The Four-C's of Third Sector-Government Relations," *Nonprofit Management and Leadership*, 2002, 10(4), p.383.

```
                        目标
                  相似          不相似
            ┌──────────────┬──────────────┐
         相 │              │              │
         似 │   合作       │   协作       │
            │ (cooperation)│(co-opration) │
  偏        │              │              │
  好        ├──────────────┼──────────────┤
  的        │              │              │
  策    不  │   互补       │   冲突       │
  略    相  │(complementarity)│(confrontation)│
        似  │              │              │
            └──────────────┴──────────────┘
```

图 4-2　社会组织与政府互动关系的 4C 模式①

约型、第三政府型、协作型与互补型强调政府较为接受制度多元性，政府承认社会组织的角色，双方存在一定的互补关系，两者关联性增强；合作型强调社会组织与政府关联程度较高，形成了正式的互动关系和多重资源共享，并逐渐发展为伙伴关系。以上八种类型本质上是一种关系递进的过程，合作型关系是社会组织较为期待的一种类型。②

扬（Young）依据理性选择理论将政府与社会组织的互动关系分为以下三种模式：补充性、互补性、抗衡性。其中，补充性模式认为社会组织是对政府服务职能空白的填补。互补性模式则强调社会组织和政府的伙伴关系，如政府提供资助或购买，社会组织提供相应的服务或产品。抗衡性模式强调双方相互的监督、约束和制衡，社会组织和政府在互动中可能会发生冲突或不一致的状况。③ 扬还依据这三种模式的区别分析了美国、英国和日本的政府与社会组织之间关系模型的不同之处（见表 4-2）。④

---

① 于翠平、曹文杰：《网络治理视角下公共服务供给模式研究》，《理论观察》2013 年第 6 期。
② Jennier M. Coston. "A Model and Typology of Government-NGO Relationship," *Nonprofit and Voluntary Sector Quarterly*, 1998, 27(3), pp.358-382.
③ Dennis R. Young. *Governing, Leading, and Managing Nonprofit Organizations: New Insights from Research and Practice* (JOSSEY BASS NONPROFIT & PUBLIC MANAGEMENT SERIES). Jossey-Bass, 1992.
④ 卢磊、梁才林：《政府与非营利组织互动关系研究综述》，《社会福利》（理论版）2014 年第 6 期。

表 4-2　政府与社会组织互动模型分类

国家模型	补充性模型	互补性模型	抗衡性模型
美国	(1) 19 世纪晚期的私人部门慈善事业 (2) 社会组织在 1980 及 1990 年代政府急剧缩小之后的成长	(1) 1960—1970 年代政府扩张其服务 (2) 1980—1990 年代民营化使得政府的服务外包	(1) 1960—1970 年代政府的功能受到限制 (2) 1990 年代之后,政府功能再次受限
英国	社会组织提供战后政府没有涵盖的服务	1980—1990 年代政府将服务外包	第二次世界大战时期,相关组织积极提倡人权
日本	(1) 20 世纪初建立了辅助社会组织的基金 (2) 社会组织在第二次世界大战后的成长 (3) 在神户地震之后成立社会组织	(1) 1930—1940 年代社会组织配合军事政府进行统治工作 (2) 1980—1990 年代社会组织受到政府严密的监督	1950—1960 年代出现和平以及人权的团体

二、国内学者相关研究

国际上有关政府与社会组织互动关系的研究成果为我国相关研究奠定了基础,但受到多方面因素的制约,国内有关社会组织的研究初始于 20 世纪 90 年代,相对来看,该时期的研究成果较少。进入 21 世纪,特别是《社会团体登记管理条例》《民办非企业单位登记管理暂行条例》《基金会管理条例》三大条例颁布实施之后,社会组织发展迅速,也催生了包括清华大学 NGO(Non-Governmental Organizations,指非政府组织)研究所在内的诸多研究机构以及高等院校公共管理院系设置社会组织相关的系列课程,相关研究成果不断增多并成为研究热点。国内有关政府与社会组织关系的研究数量,是由于近年来社会结构的不断变化和政府职能转移而不断增多的,更多学者依托具体项目尤其是政府购买社会组织服务,分析两者之间的互动关系。

康晓光将政府与社会组织的关系上升为是国家与社会的关系体现,认为两者的关系会随着国家与社会之间权力结构的变化而不断变化。现阶段,在政府与社会组织的互动合作中,政府应给予社会组织更多的发展空间。① 何增科将社会组织视为一种利益集团,并把社会组织与政府的互动关系划分为以下五种类型:制衡关系、对抗关系、共生共强关系、合作互补关系以及社会组织参与政府事务。② 贺立平从职能转移的角度对官办社会组织让渡空间的渐进式形成过程进行了解读,并提出了两种让渡模式和两种拓展模式,其中让渡模式包括"政事分离"与"政企分开",拓展模式包括"行政模式"与"行业模式"。他还使用"边缘替代"概念阐释了官办社会组织的生存和发展策略。③ 龚咏梅则从合作主体角色、权力比较、行为导向、合作方式四个角度将政府与社会组织的互动关系分为八种不同的关系类型(见表4-3)。其中,供销式合作强调的是政府制定规则,社会组织只是具体操作者和执行者;合作伙伴式合作则强调社会组织在两者关系中的自主性。④

表4-3 政府与社会组织互动关系类型

划分标准	合作关系类型
合作主体角色	供销式合作
	合作伙伴式合作
权力比较	政府主导的不平等合作
	社团主导的不平等合作
	对等合作

---

① 参见康晓光:《权力的转移——转型时期中国权力格局的变迁》,浙江人民出版社,1999年。
② 参见何增科:《公民社会与第三部门》,社会科学文献出版社,2000年。
③ 参见贺立平:《让渡空间与拓展空间——政府职能转变中的半官方社团研究》,中国社会科学出版社,2007年。
④ 参见龚永梅:《社团与政府的关系》,社会科学文献出版社,2007年。

续 表

划分标准	合作关系类型
行为导向	强稳定合作
	弱稳定合作
合作方式	柔性合作（口头协议、惯例）
	刚性合作（文本规则、契约）

客观来说，我国的社会组织不同于发达国家的社会组织，西方相关理论也并不适用于中国。中国的社会组织在筹资渠道、项目实施等领域都与不同的政府部门存在或多或少的联系，它们发挥的还只是"边缘替代"作用。[①] 有学者结合公益性、互益性、民间性、官方性四个指标将社会组织划分为四类。这个分类涵盖了政府与社会组织之间的多种互动关系，比如民间性公益型社会组织与政府的关系多是互补关系；官方性公益型社会组织与政府的关系则多是依赖关系。[②]

从具体实践来看，无论哪一类的社会组织都在不同程度上受到了政府权力的影响。在以中国青少年发展基金会为个案的一项研究表明，中国青少年发展基金会与政府交换彼此的优势资源并形成彼此间的权威互动关系。社会组织唯有不断地发展自身能力和彰显自身独特价值，才有可能与政府进行相对平等的互动，双方之间是一种非对称依赖关系（见图4-3）。[③] 此外，学者官有垣探讨了台湾"中华儿童福利基金会"与政府之间的互动关系。研究期限划分为三个阶段：1950—1979年、1979—1985年、1985—1995年，每个阶段两者关系会由于多种外部因素的影响而表现出不同特

---

① 任慧颖：《对中国社会组织与政府关系的研究探讨——以中国青基会为个案》，《山东社会科学》2005年第10期。
② 柏必成：《NPOs与政府的关系分析——基于中国NPOs的分类》，《公共管理学报》2005年第4期。
③ 徐宇珊：《非对称依赖：基金会与政府关系的分析》，《公共管理学报》2008年第1期。

征(见表4-4)。通过对包括公共政策在内的多种因素的分析,他得出结论认为政府与该非营利组织间是"不情愿的伙伴关系"。①

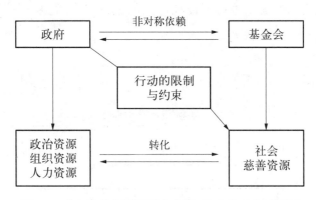

图4-3 "中华儿童福利基金会"与政府关系分析框架

表4-4 社会组织与政府互动关系特征②

阶 段	1950—1979年	1979—1985年	1985—1995年
"中华儿童福利基金会"(CCF)与政府互动关系特征	科层共生相互合作	由相互合作过渡到相互竞争	公共服务的补充者

学者江明修认为社会组织与政府的关系是一个阶段或过程,并认为两者关系处于不断的变化与转变过程中(见图4-4)。在分裂型关系中,社会组织与政府之间的沟通频率低,政府往往占有主导地位;在整合型关系中,两者之间的沟通机制比较畅通,沟通频繁,社会组织具有相对的独立性。③王颖、折晓叶等人通过对萧山社团的调研,提出了"官民二重性"的概念,这一概念体现了行业团体和政府之间关系的真实写照。田凯在相关个案研究

---

① 参见官有垣:《社会组织与社会福利:台湾本土的个案分析》,亚太出版有限公司,2000年。
② 同上。
③ 参见江明修:《政府与社会组织关系之理论辩证与实务探析》,台湾"国科会"专题研究计划成果报告,2000年。

中提出了"组织外形化"的概念,实际上它反映出了有些社会组织被政府主导以及居于从属的地位等实际状况。[①] 以上学者在概念与结构层面对政府与社会组织之间的关系进行了详细深入的论述,重点是从理论解释角度分析了两者之间的关系状况。

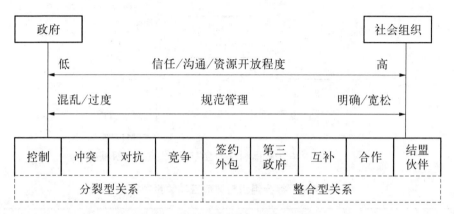

图 4-4 社会组织与政府互动过程

第二节 政府对社会服务机构的行政管理体制

一、中国政府对社会组织的管理体制

(一)发展阶段

自改革开放以来,社会组织的管理体制经历了 40 多年的发展产生了一定的效应,历经了三个阶段。

第一个阶段是多头审批阶段(1978—1989 年)。在这一阶段,我国的社会组织分散在各个单位之中。"文化大革命"期间民政部门的社会组织管理职能被终止了,因此,这一阶段的社会组织管理没有建立统一的规则,其设

[①] 参见王颖、折晓叶、孙炳耀:《社会中间层:改革与中国的社团组织》,中国发展出版社,1993 年。

立和管理由各个部门分别审批。这种审批形式缺乏统一的规范,使得社会组织在相对混乱的环境里运行,不利于其健康发展。

第二个阶段是三重管理阶段(1990—2000年)。在国务院于1989年颁布《社会团体登记管理条例》后,民政部门被确定为登记管理机关,所有社会组织都必须依法进行登记,经批准后的社会组织将受到登记管理机关的监督管理和业务主管单位的业务指导。在这一阶段的实践中,社会组织登记时还需要挂靠单位。有的挂靠单位与业务主管单位是相同的,而有的挂靠单位与业务主管单位是不同的,从而就形成了对社会组织实行的三重管理体制,即登记管理机关、业务主管单位与挂靠单位三个部门共同对社会组织进行管理。

第三个阶段是双重管理阶段(2001年至今)。所谓双重管理体制是指,业务主管单位和登记管理机关同时对社会组织进行管理的体制。国务院民政部门和县级以上地方各级民政部门均可作为社会组织的登记管理机关。国务院有关部门和县级以上地方各级人民政府有关部门或者县级以上地方各级人民政府授权的组织,是社会组织的业务主管单位。民政部门在法律上是统一归口对社会组织进行监督管理的政府职能部门,而与社会组织业务范围相关的政府职能部门或政府授权的单位,作为社会组织的业务主管单位行使监督管理职能。[①]

(二) 主要内容

我国社会组织双重管理体制的内容可以概括为:归口登记、双重负责、分级管理、非竞争原则。

所谓归口登记是指,任何一个社会组织合法地位的获得都必须经过登记机关的批准,这是获得合法地位的唯一途径。我国有法定的部门充当登记管理机关,即国务院民政部门或县级以上地方政府民政部门。所谓双重负责是指,任何一个社会组织都要接受两个管理主体的管理与监督,即登记

---

① 参见褚松燕:《中外非政府组织管理体制比较》,国家行政学院出版社,2008年。

管理机关和业务主管单位。有关这两个管理主体的权限范围,相关法律条例都做了说明和规定。所谓分级管理是指,依据社会组织所在的具体行政区域对其进行分级的管理。如,地方性的社会组织,其登记管理机关就是该社会组织所在地的民政机关,业务主管单位也是其所在地的与该社会组织业务相关的党政机构或党政机构授权的单位。所谓非竞争原则是指,在同一行政区域内,如果试图成立社会组织的组织涉及的业务范围或活动领域与先前成立组织的业务范围相同或相似,那么民政部门将会给予拟成立社会组织"不准许其成立"的批准。这条原则实际上是为鼓励社会组织多元化、差异化发展而设立的。

(三) 法律框架

目前,我国政府还没有形成一整套普遍适用于所有社会组织的法律,但根据社会组织的不同类型分别制定颁布了针对性的法规。《社会团体登记管理条例》《基金会管理条例》以及《民办非企业单位登记管理暂行条例》分别对在民政部门登记注册的社会团体、基金会和民办非企业单位进行了规范。《外国商会管理暂行条例》对在境内活动的外国商会进行了规范。这些法律规定了社会组织的法律身份、治理结构、活动领域、运作方式、享有的权利和责任等。

《中华人民共和国公益事业捐赠法》《中华人民共和国企业所得税法》《中华人民共和国个人所得税法》也是规范社会组织行为的重要法规。除了以上法规之外,民政部和有关部门在具体的工作过程中,根据实际的需要发布了一系列配套性的政策。①

(四) 消极影响

目前中国政府所实施的双重管理体制产生了积极效应,促进了中国本土社会服务机构的发展,但与此同时也存在一定弊端,产生了某些负面作

---

① 参见褚松燕:《中外非政府组织管理体制比较》,国家行政学院出版社,2008年。

用。具体体现在以下 3 个方面。

1. 苛刻的登记准入条件限制了部分社会服务机构的合法权利

社会服务机构作为社会组织的一部分,同其他公共组织一样,需要通过一定的形式取得社会的承认,并得到法律的保护。合法性是社会服务机构在运行过程中必须面对的一个实际问题。社会服务机构的依法登记管理,既是国家确认其合法性的基本形式,也是其获得社会承认的法定渠道。《民办非企业单位暂行条例》规定民办非企业单位(社会服务机构)在经业务主管单位审查同意的前提下,从会员资格、组织机构、组织场所、工作人员、注册资金和法律责任等方面对民办非企业单位制定了严格的准入制度。现行的社会组织管理条例以登记作为区分组织"合法"与"非法"的标准,致使一部分社会服务机构,尤其是大量的草根社会组织因难以满足严格的准入条件而无法登记取得一个合法的身份,沦为非法组织,影响其合法权利。[1]

2. 双重管理体制削弱了社会服务机构的独立性

社会服务机构的独立性指他们不受政府和其他利益主体的影响,依据组织的意志和宗旨管理内外部事务,影响公共政策,进行公益服务,取得公民的信任和支持。这是包括社会服务机构在内的社会组织的基本特征之一。而中国社会组织双重管理体制的存在,严重削弱了社会服务机构的独立性。一方面,登记管理机关和业务主管部门对社会服务机构的财务资源和会员会费等有严格的标准,同时在政策支持方面的非制度化,使得社会服务机构表现出对政府的高度依赖性;另一方面,业务主管部门对社会服务机构的严格管理和控制使得后者成为前者的附属机构,各级主管单位和部门难以避免将自己的利益偏好强加给社会服务机构,特别是在对组织领导职务的影响方面。

3. 双重负责导致政府机构对社会服务机构管理的事实缺位

《民办非企业单位暂行条例》体现了登记管理机关和业务主管单位对社会服务机构(民办非企业单位)监管的双重负责,但是在管理主体的职责划

---

[1] 参见高丙中、袁瑞军:《中国公民社会发展蓝皮书》,北京大学出版社,2008 年。

分上存在缺陷。一方面对各自管理职责规定的原则性过强,可操作性不足。另一方面相互之间的管理职责交叉和模糊地带较多。根据管理条例规定,民政部门对社会服务机构的成立拥有最终的权力,而业务主管单位作为社会组织的上级单位也同时拥有管理社会组织的权力。与此同时,大多数的地方民政部门还没有专门的民间组织管理机构。因此,一旦社会组织批准成立,登记部门就很少有能力来履行监管的职责。而业务主管单位有自己的主业,并且又与社会组织有千丝万缕的关系。因此也难以真正落实其监管职责,造成了政府监督缺位的状况。

二、欧美主要国家的社会组织管理体制

(一) 美国

早在1620年,英国第一批移民为了追求信仰自由,在船上共同立誓签订"五月花号"公约,明确提出最早抵达新大陆的人"自愿结为民众自治团体",由此美国社会组织开始萌芽。从19世纪中晚期的小型慈善组织,到19世纪末至20世纪30年代以"三大基金会"(赛奇基金会、卡内基基金会和洛克菲洛基金会)为首的大规模私人基金会,再到20世纪70年代开始走向国际化、不断加大与政府合作力度的大型社会组织,再到现在商业化转型的社会组织,美国社会组织在数量、规模、领域、影响力等诸多方面不断发展。应该说,美国是世界上社会组织最发达的国家。据相关统计,1950年美国的社会组织数量仅5万个左右,到2001年增长至160多万个,总支出高达8 200多亿美元,约占GDP的8%。[①] 美国社会组织的迅猛发展,主要得益于政府为之提供了良好的制度条件。

1. 法律架构

美国并没有一部统一的社会组织立法,有关社会组织管理的法律主要分散在宪法、税法、商法和公司法等领域,其中税法发挥着至关重要的作

[①] 参见俞和平等:《中国公民社会的制度环境》,北京大学出版社,2006年。

用。① 美国社会组织的立法主要体现在以下四个方面。

第一,宪法保障公民结社自由。

美国宪法第一修正案明确保障个体参与社会组织和自由表达意愿的权利。公民自由表达意愿是美国联邦及地方政府均不得侵犯的权利,不仅法律禁止剥夺公民自由,行政机关和司法机关也同样禁止剥夺和限制表达自由的权利。对于社会组织而言,表达自由是结社自由的基础和保障。在结社自由受到宪法保护之前,表达自由一直是社会组织进行辩护的依据,直接决定社会组织的活跃程度和社会力量。②

第二,联邦法律与州法律保障社会组织发展。

在中央层面,美国联邦政府对非营利组织的规制管理起着主导作用,国会、行政部门与法院三权分立,各自发挥着特定作用。其中,国会承担立法职能,法院执行司法职能。州级法律主要涉及社会组织的设立、募捐、州免税地位的审批、组织的变更、终止与解散等事项。一般各州在不违背联邦法律的基础上,都会结合各自情况出台有关规定,具体管理本州范围内的社会组织。

第三,税法运用税收手段扶持社会组织发展。

美国联邦税法501C3条款对社会组织享受免税待遇认定、纳税人向公益慈善事业捐赠享受税金扣除优惠等内容有明确规定。在免税资格认定上,只有成立和运作的是501C3条款规定的公益项目,且不以营利为目的,不为任何私人谋取任何利益的组织才能被认定具有免税资格。非营利组织的免税待遇主要包括非营利组织本身免税待遇和向非营利组织捐赠的纳税人的税收优惠两方面:美国享有免税待遇的非营利组织主要有公共服务型公益组织或互益型社会组织,凡经美国税务局查实并赋予免税资格的社会组织均可在所得税、财产税、失业税等税收项目上获得优惠;向非营利组织捐赠的纳税人的税收优惠,主要指纳税人只有向符合联邦税法501C3条款

---

① 柴振国、赵新潮:《社会治理视角下的社会组织法制建设》,《河北法学》2015年第4期。
② 刘太刚:《表达自由:美国非营利组织的宪政基石》,《法学家》2007年第2期。

规定的取得免税资格的慈善组织捐款才能取得免税资格,不同的慈善组织其税收优惠也不尽相同。①

第四,法律规范引导政府购买社会服务。

早在1761年,美国联邦政府就颁布执行了《联邦采购法》。经过200多年的发展,在联邦政府和州政府两个层面,完善的政府采购法律体系已经形成。联邦政府先后颁布了《联邦财产与行政服务法》《联邦采购政策办公室法》《合同竞争法》等基本法律。为了配合落实好这些法规,联邦政府还配套出台了《美国联邦采购法规》(Federal Acquisition Regulations,简称FAR)以及联邦政府各部门制定的部门采购实施细则等。各州结合自身原法律体系及实际情况,由州立法机关制定了完备的配套体系。②

2. 准入制度

美国的社会组织主要分为慈善组织(charitable organization)和非营利公司(non-profit corporation)两大类,成立组织时可以选择注册与不注册。如果选择进行注册,慈善组织和非营利公司会有不同的登记注册方式。一类是登记为慈善组织,需要向州检察长(State Attorney General)登记注册,检察长下设一个专门机构来管理慈善组织的注册申请和审计监察。这一机构在不同的州有不同的称谓,在马萨诸塞州被称为"非营利组织与公共慈善部",在纽约州则名为"慈善局"。社会组织要获得慈善组织的法律地位,需要向这一机关递交一份两三页纸的申请,提供一些基本信息如:组织名称、地址、负责人、财务人员、组织章程等。申请的程序比较简单,通过率也很高。一般而言,只要广义上有利于公共利益就可以登记注册为慈善组织。另一类是登记为非营利公司,需要向州秘书长申请登记注册,它与商业公司、有限责任公司等同属于州秘书长(Secretary of State)下设的公司部管辖。

上述两类社会组织的申请程序都比较简单,通过率也很高,一般来讲只要有益于社会公益即可登记注册。将非营利公司与营利公司放在同一个部

---

① 汪昊、樊天勤:《中美非营利组织税收政策比较研究》,《税务研究》2016年第2期。
② 吕外:《美国政府公共服务购买模式及其启示》,《长江论坛》2013年第5期。

门来管理,说明了美国政府对于非营利公司的定位是它能够像营利公司一样进入商业领域,参与商业运作,只是它不以营利为目的。组织如果希望获得非营利公司的法律地位,就需要向公司部提交一份两页左右的申请,说明公司的名称、宗旨、董事成员、运作机制等基本信息,与营利公司有较大差别的非营利公司的章程必须表明公司是不以营利为目的的,利润不能在公司成员内分配。此外,为了防止公益资产流失,非营利公司还需要提前明确一旦公司解散,资产应该如何处理。与慈善组织的登记注册类似,非营利公司的申请程序也很简单,并且通过率高,一般只要具有合法的目的,标明了非营利的性质,申请就会被批准。

此外,对于不登记注册的社会组织而言,其没有资格享受政府的各种优惠政策,只要组织行为不违法即不在政府的监管范围之内。慈善组织合法注册成立之后,每年都要向上级监管机构提供组织年报。年报包括慈善组织的基本信息、活动情况以及经费收支情况等。此外,若要开展慈善募款活动就要向州检察长申请募款许可,这一许可同样也要进行年审。州检察长还要将慈善组织的注册信息和年报在网上公布,一方面使公众有渠道了解慈善组织的具体运营情况,增强其组织公信力;另一方面通过公众参与,达到间接监督的效果。非营利公司同样需要上交年报,但非营利公司年报特别是财务状况不需要向公众公开,因此它无法向公众募款。总之,在美国,社会组织获得政府的优惠政策越多,它受到的政府监管也越严格。

3. 监管制度

美国对社会组织进行监管的方式可分为税收监管、立法监管和日常监管。税收监管和立法监管主要由联邦政府及州政府负责;而作为登记管理机关,州检察长和州秘书长分别对慈善组织和非营利公司拥有日常监管的职能。

一是税收监管,即国税局下设免税与政府机构部,该部门中所涉及的免税组织几乎涵盖了所有的社会组织。国税局对社会组织的税收优惠主要分为两类:一类是社会组织自身免税,且对该组织提供捐款的个人或组织获得部分免税额;另一类针对主要服务于部分群体的组织,这类组织只免除自身所得税。

二是立法监管,即美国联邦政府和州政府对社会组织成立后的监管都有明确的法律规定。而且这些政策、法规是针对组织某项具体行为设立的,而非针对整类组织的笼统规定。比如社会组织要向公共筹款都必须按照法律中关于筹款行为的规定进行:首先要向政府申请募款许可;获批后,与专门的募款机构签订募款合同,合同内容包括募款用途以及用于此慈善筹集善款活动的最小使用比例;募款结束后,组织还需要将此次活动的募款申请、募款许可、签订的合同以及活动反馈报告等送交主管机构审查,并向公众公开。

三是日常监管。对慈善组织的直接监管主要依靠年检、发布募款许可等方式。获得慈善组织地位后,组织每年需要向州检察长提供组织年报,包括组织的基本信息、活动状况和经费收支状况等。对非营利公司的监管主要是依靠年报。非营利公司被要求每年向州秘书长提交年报,具体的内容包括公司的基本信息,如名称、性质、地址、主要工作人员的个人信息、运作情况和财务状况等。另外,和数量甚众的社会组织相比,政府监管能力是有限的,通过公众来监督是最好的方式。原因在于,公众是社会资源提供方又是社会组织服务对象,自然希望资源在社会组织手中得到高效利用。而且社会组织由公众组成,内部监督更容易发现问题,也更使人信服。政府方面需要提供关于社会组织的相关信息以及建立通畅的监督渠道,对于检举信息要及时调查反馈。

(二) 英国

在英国,社会组织往往被称为"志愿部门"和"慈善机构"。英国的社会组织在发展过程中主要呈现以下3个方面的特点:(1) 数量多,但以小型为主。根据全国志愿组织委员会等部门的数据,截至2018年,英国约有16.8万个"一般慈善组织",其中78%分布在英格兰地区,56%的组织年收入少于1万英镑。[①] 1990年以来,基于社区的小型社会组织大量涌现,发展迅速[②];

---

① 参见罗琦:《基于英国经验的中国慈善事业发展研究》,硕士学位论文,太原理工大学公共管理专业,2021年。
② 参见褚松燕:《中外非政府组织管理体制比较》,国家行政学院出版社,2008年。

(2) 英国的社会组织在环境保护和国际救助方面比其他国家更为活跃。英国有大量知名的国际性社会组织，如救助儿童会、乐施会、皇家鸟类保护协会；(3) 英国的社会组织拥有广泛和大量的志愿者资源。

英国社会组织成员构成有一个明显的特征。据统计，大多数社会组织中的志愿者的数量就占据了总人数的三分之二或三分之二以上。2005年英国内政部的调查(HOCS)显示，44%的被访者在过去的12个月里至少志愿服务过1次，2004—2005年，英国成年人均捐赠170.2英镑。①

1. 法律架构

英国政府长期以来鼓励和支持以志愿、慈善精神为宗旨成立的社会组织的发展，并通过立法来规制和保护这类活动。英国议会整合了《1872年慈善受托人社团法》《1960年慈善法》和《1992年慈善法》（第一部分），制定了《1993年慈善法》，通过对内容进行更新而构建的《新慈善法》也于2006年产生了法律效力。在英国，慈善法是规约和保护社会组织的活动及其处理政府与社会组织关系的重要法律。同时，配套法律还包括《公司法》《信托法》《受托人法案》《慈善机构募捐规程》等内容。可以说，英国的社会组织是在一个健全的法律体系和法治环境中发展成长的。

2. 准入制度

英国对社会组织的准入采取的是自由成立模式②，即社会组织只需一定人数的人之间达成协议就可以成立，而不需要办理任何的登记手续，这种"自由成立"模式也被称为"追惩制"或者"承认制"。因此，在英国成立社会组织的准入条件方面的限制较少，其成立社会组织可以选择的形式有如下两类。

第一类，非法人组织形式。这是指如果组织由三人以上成员根据协议成立，且拥有成文的章程，则不需要进行登记备案便具有效力，可是这样的组织不能获得法人的地位。法律条例中没有对它们的权限范围以及权利责

---

① 参见中国现代国际关系研究院课题组：《外国非政府组织概况》，时事出版社，2010年。
② 参见褚松燕：《中外非政府组织管理体制比较》，国家行政学院出版社，2008年。

任作出明确的规定,但组织债务的无限责任须由组织的发起人担负。

第二类,法人组织形式。(1)有限公司,大多数社会组织发起人都会采取有限责任公司形式,也有一些采取股份有限公司的形式。采取有限责任公司形式的好处在于内部治理结构和责任清晰。另外,法律还设立了一种公司形式,即社区利益有限公司(可以是股份有限公司,也可以是有限责任公司);(2)行业和储蓄互助会,根据《行业和储蓄互助会》规定,该类组织应履行注册登记的法律程序,并且从事的活动必须具有社会公益性质,包含社区共益社和合作社两种形式;(3)依据议会法案中的某些规定而组建的组织。

3. 监管制度

在英国,对于社会组织的监督采取的是单一制监管模式。[①] 所谓单一制监管模式就是社会组织的登记注册与监督工作都是由政府的一个特定部门来负责,这一特定的部门通常是司法或者执法部门,也有可能是内政部门。在英国,尽管社会组织被视为自由独立的社会组织,但政府设立了独立的公共实体——慈善委员会来对社会组织进行监督管理。大家普遍认为设立一个代表捐赠者和慈善组织的受益人与动员更广泛的全社会来对社会组织进行监管是必要的。英国对社会组织采取的监管主要包括年终报表、财务报表、捐赠管理、评估等制度。在监管的过程中,如果经过调查,认为某一社会组织不能满足慈善组织的身份条件,则有权将其取缔。如果发现社会组织中有犯罪情况发生,慈善委员会可以要求相关的政府部门介入,启动相应的司法程序。英国对社会组织采取上述一系列监管制度,这使得社会组织处于良好有序的运作过程之中。

(三)德国

从全世界的范围内来看,德国的社会组织发展是遥遥领先的。德国社会组织的基数大、发挥的社会功能具有一定的规模效应,对德国社会产生了

[①] 参见褚松燕:《中外非政府组织管理体制比较》,国家行政学院出版社,2008年。

深远的影响。早在 2008 年,人口 8 500 万的德国便拥有各类社会组织约 100 万个,登记注册的有 55 万家,约 50 万家未经注册。① 在德国,社会组织把服务伸向社会生活的各个领域,一方面承担大量政府外包或者委托的公共职能,同时政府给予其一定的资金补助;另一方面对各级政府和公共组织发挥着重要的监督和制衡功能,积极参与和影响公共政策的制定。对外,德国的社会组织拓展到相关国家、地区以及国际性组织,在国外设立办事处,积极开展活动。德国社会组织的主要特点是:(1) 宗旨定位准确、公信度高;(2) 管理运营规范化、监督工作落到实处;(3) 在资金管理方面,有着严格的规定。

1. 法律架构

相对而言,德国的社会组织处于完备的法律体系当中,其中主要以德国的基本法为根基,民法典总则中有关社会组织的规定为重要补充,并以联邦社团法的专门规定为辅助内容,形成了一套成熟的法律框架。配套的法律法规还包括:《公司法》《慈善法团体法》《商业贸易法》《有限公司法》等。

2. 准入制度

德国对于社会组织的准入采取的是登记设立模式。所谓登记设立模式是指社会组织必须依照法定程序向特定的登记机关提出申请,获得申请批准后方可成立。因此,登记设立模式也被称为预防制或强制注册制。德国社会组织的成立一般采取以下 3 种方式。

第一,社团。在法定范围内,德国的社团包括公法社团和私法社团两大类。具有公法性质的社团一般由政府组织起来,承担一定的行政职能,如德国工商会;而私法社团由公民个人、商业组织或其他社会组织自愿设立。一般情况下,社团的成立应满足以下 3 方面的条件:(1) 7 人以上;(2) 有成文规定的章程,章程中必须记载社团的目的、名称和住所,并载明社团应进行登记;(3) 设置董事会,但董事会必须经由社团所有成员民主选举方可成立。

---

① 参见褚松燕:《中外非政府组织管理体制比较》,国家行政学院出版社,2008 年。

第二,财团(基金会)。财团是德国历史最为悠久的社会组织形式之一。德国的基本法规定,凡是德国公民即可拥有创办财团的权利,但需具备一定的条件才能获得合法地位。无论是公益性质的财团还是私人性质的财团,在德国都能取得合法的身份,但不同的法律体系对其具有不同的规定。成立基金会所具备的条件应包括:合理的组织机构、硬件设施、成文的办事章程以及监理机构。不同于我国的规定是,德国基金会在准入时不会受到最低资金数额的限制。

第三,公司。除了上述两种主要的法律形式外,自20世纪50年代以来,德国出现了具有混合性质的社会组织,即综合前两种形式的社会组织的特点而成立的社会组织。近年来,非营利有限公司已经成为很多即将成立的慈善组织优先考虑的组织形式。

3. 监管制度

德国对社会组织的监督采取的是无监管制模式。所谓无监管制指的是国家没有设立特定的监管社会组织的机构。但没有专门的社会组织监督机构,并不意味着国家对社会组织没有监督行为的发生。事实上,德国对社会组织的监管工作体现在不同政府部门的常务工作中。德国将对社会组织的管理重心放在惩罚和激励上,通常包括:有关部门只对社会组织的经费使用情况进行监督,但对社会组织的内部事务不做任何干涉。遇到社会组织违反有关法律规定的情况时,由司法部门出面负责解决。德国对社会组织的监管主要采取的手段有:发布禁令、调查、扣押和没收财产、剥夺社会组织权利能力以及解散社会组织等。

(四)新加坡

在新加坡,依据社会组织所具有的不同特点而对其有着不同的称谓方式,如"慈善组织""社会服务组织""社团""志愿组织"等。在新加坡,可以将这些社会组织大体上归纳为两大类,即官方和民间。官方的社会组织是由政府发起成立的,其目的在于分担政府的某些事务。因此其职能由政府规定,经费来源于政府拨款,组织的领导成员也由政府直接任命。民间的社会组织是由公众根据自己的使命感自愿发起成立的,有一定的自治性。新加坡对社会组织进行了详细的归类,大致包括贸易与专业类、社会文化类、体育类等。新加坡社会组织每年的增长数较为稳定。据统计到2005年年底,在新加坡注册的非政府组织总数大于6 000个,到2011年7月达到7 300多个,发展态势趋于成熟。

1. 法律架构

新加坡社会组织具备规范的外部法律环境,并且对于不同性质的社会组织,有不同种类的法律对其进行规制和保护。新加坡的社会组织也采取登记的模式,即想要成立社会组织就必须到相关部门进行登记备案。因此,新加坡在社会组织的成立登记方面和我国类似,即在官方进行登记备案是界定社会组织是否具备合法地位的唯一标准,也是成立社会组织必须履行的法定过程。新加坡社会组织主要遵循的法律包括:《社团法》《慈善法》《人民协会法令》等。

2. 准入制度

对于社会组织准入条件的设置,新加坡和德国采取了同样的模式,即登记设立模式。新加坡在设置社会组织准入制度的过程中采取的是一种促进发展的思维。新加坡的社会组织主要包括社团、公司(有限责任公司和股份有限公司)和慈善组织三种形式。

第一,社团。在新加坡,所有的社会组织都必须经由登记手续方能具备合法地位,任何社团的注册登记都是由新加坡注册局(Registry of Societies)统一负责。新加坡对于社团的准入条件做了具体的规定,在提交申请登记的同时还应提交:(1)登记费用;(2)社团章程的复印件;(3)对社团的目标、宗旨或者活动场所以及活动涉及的范围作出书面的说明;(4)登记部门要求的其他文件。值得一提的是,只要社团出具上述材料,负责社团登记的人员便不进行进一步的审查,直接给予准许成立的批复。为了方便社团和公众,随着信息时代的到来,新加坡政府于2003年8月开始,设置了社会组织的电子注册系统,即社团注册电子系统(ROSES),为那些想发起成立社会组织的社会公众提供了更加便捷的渠道。

第二，公司。新加坡的社会组织可以根据公司法组建成为有限责任公司和股份有限公司。据统计，新加坡以公司方式运行的社会组织数以千计。这些社会组织的登记管理工作主要是由新加坡公司企业登记局来负责。公司法对公司登记进行了广泛的规定，包括：公司组建宗旨、公司组建章程、公司名称和公司内部管理法规等。如果申请登记的公司有可能被用作非法目的，或可能将损害新加坡的公共安全、社会福利或良好秩序，或可能危害国家安全或人民切身的利益，则公司企业登记局将给出不准予其成立的批复。

第三，慈善组织。新加坡的慈善组织是指任何一个在新加坡高等法院的管辖范围内的机构，无论其是否具备法人资格，只要其组织宗旨属于慈善范畴，从事慈善性的活动就属于慈善组织。所有的慈善组织都必须经过向相关部门提出登记的申请才可获得合法的身份。

值得一提的是，虽然新加坡的社会组织采取的是登记设立模式，但其并没有设置成立的资金最低限制或人数最低限制。

3. 监管制度

新加坡政府对社会组织的监督和英国做法接近，采取的也是单一监管制模式。但与英国不同的是，政府与社会组织之间并不是合作伙伴的关系，而是属于管制—服从的关系类型。除负责登记注册以外，政府对社会组织的监管工作还涉及以下内容：第一，日常监管。主要包括责任制度（命令社会组织公布信息、提交所得税申报表）、行使执法权力（现场调查权、传唤与指控权）；第二，违法行为的处罚。新加坡对社会组织违法行为的处罚值得我国借鉴。这种处罚包括对已登记社会组织违法行为的处罚，也包括对非法社会组织的认定和处罚。处罚的内容主要包括对已登记社团中领导人员滥用经费的违法行为进行处罚、将采用三合会仪式的社团一律认定为非法社团等。

三、经验与启示

1. 要有完备的法律体系

尽管世界各个国家和地区对社会组织的管理方法、手段有分歧。然而，上述国家有关社会组织管理的一个共同特征是依托完备的法律体系，严格依法管理。这些国家针对社会组织的行为规范都制定了基本法，其法律位阶都比较高，如英国的《慈善法》、新加坡的《慈善法》等，还有税收等方面的法律制度与之相辅相成。其中一个重要的特征是，这些国家用以规范社会组织的法律条例和规定非常明确，具有很强的可操作性。具有了完备、规范的法律环境、法律体系就可以将社会组织的发展纳入法律的运行范围之内，运用法律对社会组织进行保护和规制。在此基础上，政府部门就可以减少对社会组织的行政干预。这是值得我国借鉴的地方，即通过建立健全我国社会组织的法律体系，促进我国社会组织法治化和规范化发展。

2. 要有适宜的准入制度

与我国不同的是，诸如英国等国家对社会组织准入条件的规定并没有我国那么严格，社会组织可以选择通过登记成为法人形式的组织，也可以选择不登记作为非法人组织开展活动。但是，如果不具备法人资格，就很难筹集到资金、开展活动，并且不能够享受到相应的税收等优惠，因此非法人形式的社会组织往往数量较少。在大部分国家，社会组织要想获得合法的地位，就必须到法定机关进行登记，加入政府的管辖范围之内。包括新加坡在内的一些国家对社会组织的准入都设置了相对宽松的条件，社团登记一般只有人数限制而没有资金限制，基金会的注册资金基本上也没有限制，如果社会组织选择成为非营利公司，才会有所在国规定的公司最低注册资金限制。对法人形式的社会组织进行监管，在各国都是惯常做法，它的登记门槛低，不仅能够使社会组织活动的范围更大、方式更多样，而且可以将社会组织纳入政府的监管范围，对其进行实质性的监督。这样既能为社会组织提供一个宽松的准入环境，又可以使社会组织按照既定的目标从事活动。这点与我国社会组织准入相对较高的门槛形成鲜明的对比，因而值得我们参考和借鉴。

3. 要有有效的监管方式

无论是英国和新加坡的单一制管制模式，还是德国的无监管制模式，它们都将具体的监管职能落到实处，对社会组织实行具体、有效的监督管理，使得社会组织能够在法律的保护下有序运行。通过对社会组织日常工作的监督，一方面能够促使社会组织朝着健康发展的方向迈进，另一方面甚至能够维护社会的稳定、促进整个社会的发展。诸如英国等国家，通过对社会组织的日常工作进行有效监督，使得社会组织在整个社会的良性发展中发挥了不可替代的作用，社会组织可以弥补市场失灵和政府失灵的缺失。

随着我国社会组织数量的快速增长，我们需要进一步明确社会组织管理的改革方向，以充分发挥社会组织在国家治理体系中的积极作用，使其更好地服务于新时代中国特色社会主义建设。总结来看，这些国家和地区的经验对于我们国家社会组织管理制度的进一步发展完善可以起到一定的借鉴作用。在新时代背景下，社会组织已经成为促进国家治理体系和治理能力现代化的重要构成要素，"培育扶持"成为社会组织发展的主要理念。为此，社会组织管理体制的重点应从注重惩治以抑制社会组织消极作用转向重视激励机制，注重发挥社会组织在社会治理中的积极功能，通过扶持社会组织尤其是社会服务机构的发展，可以有效发挥其提供多样化、专业化社会服务和产品、促进社会治理能力和治理体系现代化的作用。如有学者提出取消双重管理体制以降低社会组织准入门槛，完善税收优惠政策以提升社会组织积极性，健全政府购买服务机制以促进社会组织发展。[①]

第三节　政府购买社会服务

一、我国关于政府向社会力量购买服务的政策规定

随着我国改革事业的力度和强度加大，改革也从经济领域渗透到社会治理领域。2011年年底发布的《民政事业发展第十二个五年规划》要求扩大政府购买范围。财政部2012年2月出台的《2012年政府采购工作要点》指出，要扩大政府对社会服务的采购范围，并为其创造条件。2013年7月

---

① 柴一凡：《新时期社会组织立法路径研究》，《社会保障研究》2020年第3期。

31日,国务院总理李克强主持召开国务院常务会议,研究推进政府向社会力量购买社会服务,部署加强城市基础设施建设。2013年11月颁布的《中共中央关于全面深化改革若干重大问题的决定》提出,要"推广政府购买服务",并出台指导意见。这说明政府购买公共服务正在迈向制度化。2015年1月1日起实施、由财政部颁布的《政府购买服务管理办法(暂行)》更是把这一制度从构想阶段推向了实践阶段。

2013年颁布的《国务院办公厅关于政府向社会力量购买服务的指导意见》对政府购买服务的主体、内容和机制等做了明确规定。

1. 购买主体

政府向社会力量购买服务的主体是各级行政机关和参照公务员法管理、具有行政管理职能的事业单位。纳入行政编制管理且经费由财政负担的群团组织,也可根据实际需要,通过购买服务方式提供公共服务。

2. 承接主体

承接政府购买服务的主体包括依法在民政部门登记成立或经国务院批准免予登记的社会组织,以及依法在工商管理或行业主管部门登记成立的企业、机构等社会力量。承接政府购买服务的主体应具有独立承担民事责任的能力,具备提供服务所必需的设施、人员和专业技术的能力,具有健全的内部治理结构、财务会计和资产管理制度,具有良好的社会和商业信誉,具有依法缴纳税金和社会保险的良好记录,并符合登记管理部门依法认定的其他条件。承接主体的具体条件由购买主体会同财政部门根据购买服务项目的性质和质量要求确定。

3. 购买内容

政府向社会力量购买服务的内容为适合采取市场化方式提供、社会力量能够承担的公共服务,突出公共性和公益性。教育、就业、社保、医疗卫生、住房保障、文化体育及残疾人服务等基本公共服务领域,要逐步加大政府向社会力量购买服务的力度。非基本公共服务领域,要更多更好地发挥社会力量的作用,凡适合社会力量承担的,都可以通过委托、承包、采购等方式交由社会力量承担。对应当由政府直接提供、不适合社会力量承担的公共服务,以及不属于政府职责范围的服务项目,政府不得向社会力量购买。各地区、各有关部门要按照有利于转变政府职能,有利于降低服务成本,有利于提升服务质量水平和资金效益的原则,在充分听取社会各界意见基础上,研究制定政府向社会力量购买服务的指导性目录,明确政府购买的服务种类、性质和内容,并在总结试点经验基础上,及时进行动态调整。

4. 购买机制

各地要按照公开、公平、公正原则,建立健全政府向社会力量购买服务机制,及时、充分向社会公布购买的服务项目、内容以及对承接主体的要求和绩效评价标准等信息,建立健全项目申报、预算编报、组织采购、项目监管、绩效评价的规范化流程。购买工作应按照政府采购法的有关规定,采用公开招标、邀请招标、竞争性谈判、单一来源、询价等方式确定承接主体,严禁转包行为。购买主体要按照合同管理要求,与承接主体签订合同,明确所购买服务的范围、标的、数量、质量要求,以及服务期限、资金支付方式、权利义务和违约责任等,按照合同要求支付资金,并加强对服务提供全过程的跟踪监管和对服务成果的检查验收。承接主体要严格履行合同义务,按时完成服务项目任务,保证服务数量、质量和效果。

5. 资金管理

政府向社会力量购买服务所需资金在既有财政预算安排中统筹考虑。随着社会力量提供公共服务的发展,其所需资金也在不断增加,应按照预算管理要求列入财政预算。要严格资金管理,确保公开、透明、规范、有效。

6. 绩效管理

加强政府向社会力量购买服务的绩效管理,严格绩效评价机制。建立健全由购买主体、服务对象及第三方组成的综合性评审机制,对购买服务项目数量、质量和资金使用绩效等进行考核评价。评价结果向社会公布,并作为以后年度编制政府向社会力量购买服务预算和选择政府购买服务承接主体的重要参考依据。

根据上述政策文件,可以看到,社会服务机构作为参与政府购买、提供社会服务的主要力量,在其中发挥重要作用。例如,广州市秉承"先行先试"

的理念,在社会管理改革和社会治理创新上走出了一条渐进式发展之路。从 2008 年开始,广州市经历了从小专项购买向综合服务购买,再到大专项购买的过程,其服务内容逐步形成符合居民需求的多元化体系。从最初的青少年服务、老人服务、社区服务、残疾人服务、外来务工人员服务等多领域多形式的探索,到 2010 年学习中国香港和新加坡的社会管理经验,在街道层面以家庭综合服务中心(2018 年后统一更名为"社会工作服务站")的项目形式全面推行政府购买社会工作服务,再到 2015 年在全市推出 15 个大专项社会工作服务项目,每个项目都专注于某一领域,为有特殊需求的群体提供个性化的专业服务。项目通过政府购买社会组织服务的方式,由社会工作服务机构承接运营,采用"3+2"的服务模式,即根据各街区服务需求的实际情况,以"长者、青少年和家庭"等重点群体的服务为核心,以"义工、外来工、妇女儿童、残障人士、社区矫正、社区发展等"服务为辅,以项目制运作的形式,面向全体社区居民提供专业的、多样化的、优质的社会服务。其服务对象包括空巢老人、逆境中的青少年、外来务工人员、失独家庭、本市外国人、社区矫正和安置帮教人员、流浪乞讨人员等。以"社会协同、项目运作、专业服务"为基本特点的社会工作"广州模式"基本形成。通过政府购买社工服务,推广家庭综合服务中心,不仅让各种服务惠及各类人群,也促使广州社工队伍和社工服务机构快速发展。如今,"广州模式"正被珠三角、长三角等地多个城市争相学习。

二、我国政府购买社会组织服务的内在机理

政府向社会组织购买服务具有独特的内在机理和逻辑,王浦劬等学者认为主要体现在以下七个方面:(1)以主体角色和职能的合理分解实现服务主体结构的重构;(2)以契约责任关系代替行政权力关系建构诸多服务主体之间的联系;(3)以多重机制有机对接和有效复合实现不同供给机制的优势互补;(4)以新型的双引擎注入社会公共服务供给的新型强大动力;(5)以服务供给机制的工具理性达成社会服务的目标理性;(6)以对于社会服务事务的购买取代对于社会服务生产者的供养;(7)以社会服务供给机

制内含规范来达成服务供给的价值规范等①,这是从机理上对我国政府向社会组织购买公共服务进行了深入而全面的解释。另一种解释则从政府职能和政府与市场失灵的角度说明我国政府向社会组织购买服务的理论逻辑与制度现实,该观点认为:合约失灵、第三方治理和志愿失灵理论是应对市场失灵和政府失灵而向社会组织购买服务的理论逻辑。此外,政府职能不清、监管能力不足、社会组织发育较差、公信力不足以及缺乏与政府的合作经验等是社会组织参与政府购买服务的制度现实②,需要正视并加以有效应对。

三、我国政府购买社会组织服务的模式

我国政府购买社会服务模式虽然在具体实现形式上各有特色,但是基本都认为包含着基于契约关系、竞争和公开透明的运作方式等共同点。武继兵、邓国胜在研究社会组织参与扶贫问题时认为,政府与社会组织常见的合作模式主要有平行合作模式、咨询模式、监督模式和交流模式等;从所有者与经营者的角度,又可以分为官办民营、民办官助、官民共建、民办官营和社会组织示范政府推广模式等。③ 绝大多数学者也推崇政府服务购买中的竞争,认为只有竞争才能激发生产者的积极性,并以最小公共资源的投入获得最大效益的产出。

有学者在研究众多实例后,把购买模式分为形式性购买即民办公助、非竞争性购买即公办私营、竞争性购买三种模式,并认为竞争性购买方式要优于前两种模式,应该是今后政府向社会组织购买公共服务的主要模式。④第一种模式以上海新航、阳光、自强社会服务站为代表的形式性购买模式,即社会工作服务的提供方实际上是购买方在职能上的延伸,社会工作服务

---

① 参见王浦劬、[美]莱斯特·M.萨拉蒙等:《政府向社会组织购买公共服务研究:中国与全球经验分析》,北京大学出版社,2010年。
② 胡薇:《政府购买社会组织服务的理论逻辑与制度现实》,《经济社会体制比较》2012年第6期。
③ 武继兵、邓国胜:《政府与NGO在扶贫领域的战略性合作》,《理论学刊》2006年第11期。
④ 陈少强、宋斌文:《政府购买社会工作服务初步研究》,《财政研究》2008年第6期。

的提供方不是独立的决策主体,买卖双方不构成契约关系,因而只能是形式上购买。第二种模式是以上海"罗山市民会馆"为代表的公有私营(非竞争性购买)模式。1995年,上海市浦东新区社会发展局兴建了罗山市民休闲中心,为了提高休闲中心管理效率,该局不是依靠街道办事处和居委会等传统的社区管理模式,而是通过协商,委托上海基督教青年会出面管理,并于1998年接受政府养老服务的委托。这种模式的买卖双方是独立的法人主体,两者也形成契约关系,但社会工作服务的提供主要是以委托方式进行的。第三种竞争性购买模式,即合同双方是两个独立决策的主体、有明确的社会工作服务购买目标、有可选择性的竞争市场和公开的竞标程序四个条件,从而实现政府通过招标的方式达到成本最小化、收益最大化的目的。政府通过竞争性购买的方式提供了多种社会工作服务。

随后的一项研究在竞争原则的基础上,根据社会组织与政府之间的关系,把我国的模式分为独立关系竞争性购买,非独立关系竞争性购买、依赖关系竞争性购买和依赖关系非竞争性购买,并认为依赖关系竞争性购买模式存在的较少。社会资源和公共服务的特殊性使得服务在竞争性购买时不能完全按照私人物品的方式运作,在这个过程中需要协议条件的约束和限制来保证竞争性购买的成功。[①] 一般而言,竞争性购买的关键要件有两个,一是公开招投标,二是建立在不同主体契约关系之上的购买程序和购买合同。而非竞争性购买不能同时满足以上两个要件,至少不能满足第二个要件。另有学者又区分了非竞争性购买的体制内吸模式,体制外非正式的按需购买模式。[②] 此外,政府购买社会组织的必要条件应该有明确的公共服务标的,缔约双方主体独立,同时应该以公开公平竞标作为服务购买的一般原则。[③] 此外,在政府购买公共服务的具体方式上,根据政府购买服务的类

[①] 王名、乐园:《中国民间组织参与公共服务购买的模式分析》,《中共浙江省委党校学报》2008第4期。
[②] 韩俊魁:《当前我国社会组织参与政府购买服务的模式比较》,《经济社会体制比较》2009年第6期。
[③] 苏明、贾西津、孙洁、韩俊魁:《中国政府购买公共服务研究》,《财政研究》2010年第1期。

型以及生产主体的不同,有学者把政府购买公共服务的方式分为服务外包、凭单制、补助或奖励等几种方式。①

四、政府购买社会组织服务存在的问题与挑战

在购买主体方面,我国现阶段的政府购买社会服务工作缺乏有力监管。具体而言,缺乏法律上的统一保障,政府购买的数量满足不了社会需求,购买程序不规范和政府主导下与社会组织间的不平等关系是其限制因素。詹国彬指出,在我国公共服务购买中,需求方存在的缺陷主要包括缺少对公共服务的准确定义,公共服务信息的获取难度比较大,委托代理的复杂性导致监管失灵,多重代理导致价值目标的错位②,存在政府"不想买""买得少""买不准""买不好"的问题。③ 当前我国政府购买公共服务范围较窄,购买方式仍以非独立性购买为主,其原因表现为公共服务产品准入制度落后于实践、购买过程管理制度缺失、政府政策效率有待提高等方面。④ 换言之,在中国当前的社会发展阶段,政府向社会组织购买服务存在着一些现实的障碍,需要一系列成熟的外部制度条件。

在购买客体方面,主要是社会组织发育不足,在资源上无法摆脱对政府的依赖而导致缺乏承接能力和购买过程中与政府的不平等关系。我国现阶段面临的主要问题是政府转移出来的大量职能由谁来承接、如何承接的问题。现阶段,我国的社会组织数量虽然在逐年增长,但大部分都属于起步发展阶段,以中小规模为主,从业人员的专业性不足,导致社会服务机构的承接能力不足,缺乏竞争力,产生负外部性问题。另外,公共服务供给方(社会服务机构)还对政府存在着高度依赖、还没有真正形成公共服务的内部竞争市场、社会组织之间竞争水平比较低以及可能形成价格联盟等问题,这些方

---

① 贾康、刘军民:《政府购买公共服务的理论与边界分析》,《财政研究》2014年第3期。
② 詹国彬:《需求方缺陷、供给方缺陷与精明买家——政府购买公共服务的困境与破解之道》,《经济社会体制比较》2013年第5期。
③ 杜荣胜:《政府购买公共服务问题和对策研究》,《财政研究》2014年第6期。
④ 杨方方、陈少威:《政府购买公共服务的发展困境与未来方向》,《财政研究》2014年第2期。

面都会影响社会服务机构参与政府服务购买的效率和效益。

在市场方面,主要存在结构失衡、定价困难等问题。一方面,公共服务产品市场结构存在失衡。政府购买行为标志着政府实现了公共服务提供职能方式的转变,由原来依靠层级化的行政手段转变为依靠平等主体交易的市场机制。但这种转变难以在短期内得到充分实现,政府部门观念认识的根深蒂固、行政机构改革调整的利益冲突都将阻碍公共服务产品市场的正常形成。在我国当前的地方实践中,大量的社会组织脱胎于原隶属于行政机关的事业单位,政府在购买过程中往往处于主导地位,不仅容易出现内部交易行为,同时也将自发形成的社会组织排斥在购买对象之外,从而造成了市场结构的扭曲和不平衡。另一方面,公共服务产品存在定价难题。在西方公共经济学领域,公共产品因其非排他性、非竞争性的特殊属性,消费者边际效用的增加并不同时带来边际成本的增加,因而经典微观经济学中的边际成本定价方法已经不能适用于公共产品定价。同时,服务产品的质量高低以消费者的主观满意度为评价标准,标准不统一、形式不稳定、消费者个体感受差异大等特点,使得对公共服务产品质量的科学评估以及在此基础上的科学定价难以实现。可见,我国政府购买公共服务客观上缺乏成熟、有效的市场供给,不解决这一问题,政府购买公共服务就难以真正实现预期目标。

案例思考与讨论:

A直辖市的社会服务机构与政府服务购买

根据不完全的调研统计,A直辖市的市级政府相关职能部门与区县政府通过不同的方式购买公共服务。市民政局与区县民政局从两级福利彩票公益金中共同出资,以社区服务中心作为招投标平台,面向已注册登记、满足一定条件的社会团体、民办非企业单位和公益性非营利事业单位三类组织,按比例配套使用福利彩票公益金购买社区安老、济困、扶幼、助残及其他社区公益服务。从获得第一个招标开始，4年间中标组织为224个。社会团体中标分别为23个、9个、9个、18个，民办非企业单位（社会服务机构）中标分别为52个、27个、37个、31个，公益性事业单位中标分别为10个、4个、1个、3个。

其中，购买社会服务的领域主要集中在以下四方面：(1) 社区民生服务，如社区就业服务、社区社会保障服务、社区公共卫生和计划生育服务、社区救助、社区安全、社区文化、社区环境保护、慈善超市、便民早餐等；(2) 行业性服务，如行业调查、统计分析、资质认定、项目评估、业务咨询、技术服务、民办学校的委托管理等；(3) 社会公益服务，如信访干预、法律援助、再就业教育培训等；(4) 社会管理，如外来人口管理、矛盾调解、家庭收养的评估等。

经过4年的实践探索，市政府有关部门与各区县政府每年用于购买公共服务的经费已经由初期的几十万、几百万上升到千万。资金来源主要包括财政预算支出与福利彩票公益金等，但尚未纳入统一的预算科目。政府购买公共服务的资金分布主要有3个特点：一是基础设施的资金投入较多，市城乡建设和交通委员会在某年的购买额度超过7亿元；二是经济比较充裕的区县投入资金较多，某区政府购买金额一度达到4亿元，但也有其他区县只有千万元的投入；三是与人有关的直接服务资金投入比较少。在针对特殊人群所提供的服务方面，政府购买的金额分别维持在100万元左右的水平，增长幅度不大。

另外，该地购买社会服务的方式以定向购买为主，辅以少量的招投标方式。就中标项目的投标来看，参与投标机构往往只有3—5家，且项目单一，缺少评估。例如该市某区政府购买不完全是竞争性的，而是带有支持和培育性的。公益创投也是以典型的项目化方式运行的，即公益组织发现社会需求，设置创造性的公益项目，然后向政府部门申请资助。

同时，该市民政局和市社区服务中心专门制定了社区公益服务招投标项目评估指标体系，共分为项目完成情况、服务满意度、财务绩效、组织能力建设、综合效益评价五个一级指标，用于评估所有服务招投标的中标项目，评估指标体系既是评定接受市福利彩票公益金资助与否的主要依据,又为提高项目品质提供技术指导。对中标项目的监管也主要依据上述指标体系,通过定期半年的分期评审会来进行。

思考题:

(1) 该直辖市购买社会服务的过程中存在哪些问题?该如何解决?
(2) 社会服务机构应该如何有效地参与政府购买社会服务?两者之间是怎样的一种关系?如何从监督管理的视角规范社会服务机构的参与?

第五章 社会服务机构的内部治理结构与过程

关于社会服务机构治理结构的研究,目前存在不同的观点。社会组织治理结构考虑的内容主要包括董事权利与义务、董事会的运作效率、董事会组织结构、独立董事制度的董事会治理,反映监事会能力、监事会运行有效性的监事会治理,反映经理层任免制度、执行保障、激励约束机制的经理层治理,组织治理结构评估结果可通过评估项目进行综合评估。① 可以说,治理结构分析的关键指标涉及公信力问题②,公信力与社会组织发展息息相关,但公信力的源泉却在于组织自身合理有效的治理结构。社会组织的治理结构首先是指对组织权力的分立和制衡;其次社会组织的治理离不开身处其中的环境,外部有效监督机制与内部治理结构的匹配共同构成社会组织的治理结构。

因此,本章将讨论社会服务机构治理结构及其治理的概念,并介绍其3个重要组成部分:理事会、行政管理层及监事会的定义、构成与主要职能。

第一节 社会服务机构内部治理的概念与理论

在讨论社会服务机构治理的概念之前,首先必须回答3个问题:(1)治

---

① 唐广:《论公司治理结构》,《企业管理》2006年第11期。
② 唐跃军:《中国社会组织的评估指标体系》,《改革》2005年第3期。

理是什么?(2)治理是否存在于社会组织?(3)公司治理能否向社会组织延伸?在对上述3个问题做出回答的基础上,才能提出适合社会服务机构内部治理结构的基本框架。

一、公司治理

治理结构理论最早被应用于研究公司治理。1932年,美国学者伯利(Berle)和米恩(Means)提出了公司治理结构(corporate governance)的概念,指出现代公司中已经发生了所有权和经营权的分离,即所有与控制的分离(separation of ownership and control),要求在所有者和经营者之间形成一种相互制衡的机制,由此产生了治理结构这一概念。①

从狭义看,公司治理结构指理事会的功能、结构、股东的权力等方面的制度安排。② 吴敬琏从公司治理制度功能的角度指出,所谓公司治理结构,是指由所有者、理事会和高级执行人员即高级经理人员三者组成的一种组织结构。③ 在这种结构中,上述三者之间形成一定的制衡关系。有学者总结了公司治理的相关概念,认为其应当是由以下4个判断所构成的知识体系:(1)公司治理的本质是一种合同关系;(2)公司治理的功能是配置权、责、利;(3)公司治理的起因在产权分离;(4)公司治理的形式多种多样。④

广义的公司治理是指有关公司控制权和剩余索取权分配的一系列法律、文化和制度性安排,这些安排决定了公司的目标、谁在什么状态下实施控制、如何控制等一系列问题。⑤ 在这一层面上,公司治理结构的概念基本可以等同于企业所有权概念,因而可以推广至非公司企业。

---

① 参见[美]阿道夫·A. 伯利、加德纳·C. 米恩斯:《现代公司与私有财产》,甘华鸣、罗锐韧、蔡如海译,商务印书馆,2007年。
② 张维迎:《所有制、治理结构及委托—代理关系——兼评崔之元和周其仁的一些观点》,《经济研究》1996年第9期。
③ 参见吴敬琏:《现代公司与企业改革》,天津人民出版社,1994年。
④ 费方域:《什么是公司治理?》,《上海经济研究》1996年第5期。
⑤ See Blair M. *Ownership and Control: Rethinking Corporate Governance for the 21 Century*. The Brooking Institution,1995.

公司治理的主要理论基础包含前文所提及的两权分离理论和超产权理论、委托代理理论以及利益相关者等理论。超产权理论认为只有在市场竞争的前提下,企业产权变革、利润激励等措施才能刺激经营者增加努力和投入。① 委托代理理论则建立在两权分离理论(所有权和经营权的分离)的基础上,认为公司股东是公司的所有者,即委托人,而经营者则是代理人,代理人的行为是理性且自我利益导向的,因此需要制衡机制来对抗潜在的权力滥用,需要使用激励机制让其为委托人谋求利益。② 利益相关者理论则认为公司本质上是一种受产品市场影响的企业实体,股东的利益需要依靠管理者和公司雇员等特殊资源者,即依靠其他利益相关者来维护。③ 由此可见,从理论视角来看,公司治理被看作企业各方之间的关系。

需要注意的是,公司治理和公司管理之间存在区别,不能等同起来。组织治理被看作与机构的内在性质、目的和整体形象有关,与该组织的重要性、持久性和受托责任等内容有关,与机构的战略方向、社会经济和文化背景、外部性和组成要素的监督有关。而组织管理则更多地与活动有关,在它的传统意义上,管理是进行或监督采取明智的手段完成某些目标的行为。管理层主要关心在一具体的时间和既定的组织内实现具体目标。也就是说,治理的中心是外部的,管理的中心是内部的;治理是一个开放系统,管理是一个封闭系统;治理是战略导向的,管理是任务导向的。

二、公共治理

从政治的角度出发,罗西瑙(Rosenau)将治理定义为一系列活动领域里的管理机制,它们虽未得到正式授权,却能有效发挥作用。与统治不同,治理指的是一种由共同目标支持的活动,这些活动的主体未必是政府,也无

---

① 刘芍佳、李骥:《超产权论与企业绩效》,《经济研究》1998年第8期。
② 任勇、李晓光:《委托代理理论:模型、对策及评析》,《经济问题》2007年第7期。
③ 沈艺峰、林志扬:《相关利益者理论评析》,《经济管理》2001年第8期。

须依靠国家的强制力量来实现。① 格里·斯托克(Gerry Stoker)在对各类治理概念进行梳理后,将治理观点概括为以下5点:(1)治理意味着一系列来自政府,但又不限于政府的社会公共机构和行为者;(2)治理意味着在为社会和经济问题寻求解决方案的过程中,存在着界线和责任方面的模糊;(3)治理明确肯定了在涉及集体行为的各个社会公共机构之间存在着权力依赖;(4)治理意味着参与者最终将形成一个自主的网络;(5)治理意味着办好事情的能力并不仅限于政府的权力。②

全球治理委员会对治理做出了更进一步的界定,认为其是各种公共的或私人的机构管理其共同事务的诸多方式的总和。它是使相互冲突的或不同的利益得以调和并且采取联合行动的持续过程。它既包括有权迫使人们服从的正式制度和规则,也包括各种人们同意或认为符合其利益的非正式的制度安排。它有四个特征:治理不是一整套规则,也不是一种活动,而是一个过程;治理的基础不是控制,而是协调;治理既涉及公共部门,也包括私人部门;治理不是一种正式的制度,而是持续的互动。③ 由此可以发现,治理这一概念并不局限于公司或政府,而是可广泛应用于一切组织领域。将上文所提及的公司治理理论和概念引入政府组织和其他组织领域,即可将政府组织的治理结构定义为政府组织内部各个机构、部门、上下级之间的权力责任、利益分配、互动关系的一系列制度安排。

从社会角度看,治理是一个面向社会问题与公共事务的行动过程,参与者包括公共部门、私人部门和公民在内的多个主体,通过正式制度或非正式制度进行协调及持续互动。治理现代化意味着国家对现代化建设各领域的"有力""有效""有序"管理,同各种范畴、各种层次和各种形式的自主网络、自治权威相结合。④ 在这一过程中,社会服务机构的重要性不断增加,因此

---

① See Jmaes N. Rosenau and Ernst-Otto Czempiel. *Governance without Government: Order and Change in World Politics*. Cambridge University Press,1992.
② [英]格里·斯托克:《作为理论的治理:五个论点》,华夏风译,《国际社会科学杂志》(中文版)1999年第1期。
③ 参见全球治理委员会研究报告:《我们的全球伙伴关系》,牛津大学出版社,1995。
④ 许耀桐、刘祺:《当代中国国家治理体系分析》,《理论探索》2014年第1期。

将治理概念引入其中是必然的。

三、社会服务机构治理

社会服务机构是指自然人、法人或其他组织为了公益目的,利用非国有资产捐助举办,按照其章程提供社会服务的非营利法人。[1] 从这一定义可以看出,社会服务机构作为社会组织的一种类型,其治理的概念可参照社会组织治理的概念。

吉斯(Gies)等学者从社会组织治理功能的角度指出:治理是一种监督与管理的功能,当一群人为了非营利的目的共同筹建社团法人团体时,治理的功能便已产生。治理的含义一般指理事会为了治理免税组织所采取的集体行动。身为理事会之成员,理事们应针对组织的有关事务表达自己的态度、信念及价值。治理就是治理,不是管理,社会组织的诸多治理功能与营利组织是相似的。[2] 赛德尔(Saidel)认为在志愿部门,治理一般是指理事会成员和执行官发挥关键作用的行动领域,它与组织的目标、基本活动、决策、参与者以及环境有关。[3] 也有观点认为社会组织的治理一般等同于理事会职能与角色的发挥与运用,"理事会的活动有时可称为治理。相对而言,执行长的角色则称为行政或管理。但这种区别在理论上与实务上是无法令人满意的"。[4] 此外,米里安(Mirian)等将治理的概念扩展为高级管理层、理事会与各利益相关者的协同治理(governance-by-stakeholders)。[5]

赛德尔认为社会组织的治理模式常用来指理事会与执行长在履行治理职能或协助履行职能过程中所表现出来的关系,并根据其履行职能程度的

---

[1] 《民政部关于〈社会组织登记管理条例(草案征求意见稿)〉公开征求意见的通知》(2018年8月3日),民政部官网,https://www.mca.gov.cn/article/hd/zqyj/201901/20190100014697.shtml,最后浏览日期:2022年9月13日。

[2] 参见陈林:《社会组织法人治理》,洪叶出版社,2004年。

[3] Saidel, J. R. "Contracting and Patterns of Nonprofit Governance," *Nonprofit Management and Leadership*, 1989, 8(3), pp.248-259.

[4] See Houle, C. O. "Governing Boards: Their Nature and Nurture," *The Journal of Arts Management and Law*, 20(4), 1991.

[5] See Miriam, W. *Nonprofit Boards and Leadership*. Jossey-Bass A Wiley Company, 1997.

高低将其分为四种模式(见表5-1)。① 克莱默则根据决策权力的分布情况,以谱系分类的方式将社会组织的治理模式粗分为图5-1所示的两大类:"个人主导的治理模式"与"理事会主导的治理模式"。

表5-1 社会组织治理模式的四个象限

模式		理事长在治理角色上的层次	
		高	低
执行长在治理角色上的层次	高	共享式治理	执行长主导治理
	低	理事长主导治理	旁观者式治理

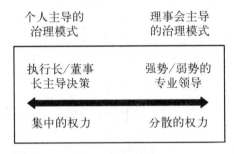

图5-1 基于权力分布的社会组织治理模式

需要注意的是,虽然一般意义上治理和治理结构的概念相近,但两者仍存在一些区别。社会服务机构的治理,更强调动态制衡的过程。而其治理结构则更倾向于从静态角度规范组织内部的权力配置机制,强调组织内部的分权与制衡关系。更进一步说,由于社会服务机构的治理权力可分解为决策权、执行权和监督权,其分别由理事会、行政管理层和监事会分享,其内部治理结构即为理事会、行政管理层和监事会之间的分权与制衡关系。② 一般而言,社会服务机构的内部治理架构通常包括如图5-2

---

① 许耀桐、刘祺:《当代中国国家治理体系分析》,《理论探索》2014年第1期。
② 参见金锦萍:《非营利法人治理结构研究》,北京大学出版社,2005年。

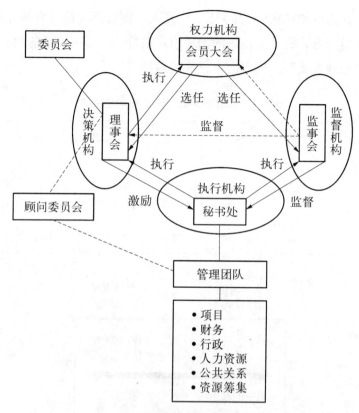

图 5-2 社会服务机构的内部治理架构示意图

所示的几个部分。①

在此基础上,结合公司治理结构的相关概念,社会服务机构的内部治理涉及理事会、行政管理层和监事会三个部分,其内部治理结构是指三者之间职责配置与权力的分割与制衡,其中的关键是理事会与监事会功能的有效发挥。

第二节 理事会的结构与职能

理事会是社会服务机构治理结构的核心组成部分,承担着确保组织服

---

① 参见廖鸿、石国亮、朱晓红:《国外非营利组织管理创新与启示》,中国言实出版社,2011年。

务于其使命且实现组织整体福利的责任。理事会负责界定组织使命、监督组织运行、制订组织战略规划等职能,对组织绩效负有最终的责任。为什么理事会是社会服务机构治理结构的核心和关键所在?理事会的一般和核心职能是什么,在社会服务机构治理的实际运作中是否发挥了角色功能?本小节将在回答上述问题的基础上进一步探讨理事会的角色定位、运行机制等内容。

一、理事会的概念界定

理事会是在法律上对一个组织负有监管责任的一群人,通常由选举产生,是该组织的最高权力机构。对于社会服务机构而言,应当在组织章程中规定理事会在组织中的作用,并通过理事会细则规定理事会成员的组成、权利、义务和责任。

理事会的治理权力来源于分权制衡理论,依据上文关于公司治理结构中所提及的两权分离理论和委托代理理论,结合社会服务机构的特殊性,理事会作为制衡机制的一部分,需要对管理层可能的因追求自身利益而导致权力滥用的行为进行限制,以维护组织使命,将非营利义务坚持到底。

迈克尔(Michael J. Worth)将理事会分为4种不同的类型:(1)选举产生型理事会,即由组织成员选举产生的理事会。这类理事会能够确保组织及首席执行官对成员的需要和优先处理事项及时回应,但容易产生分歧和变动;(2)自我延续型理事会,其新成员是由当前理事会成员选举产生,他们根据理事会所指定的标准来确定和招募人员。这种方式能够保持一致性,同时保证理事会成员的技能和能力,但可能变得无法代表社区和选民的利益,也可能由于过度稳定而无法回应环境变化;(3)指定型理事会及混合型理事会,即成员由某个理事会外部的权威指定,或通过选举和指定两种方式混合产生。这种类型能够有机结合其他类型的优点,但可能由于成员间利益差异和忠诚度不同而无法推进;(4)顾问理事会和委员会,这种类型与一般意义上的理事会不同,它们并不对组织负法律责任或不具备管理组织的权力。①

田凯对中国社会组织理事会的发展历程进行梳理后指出,中国社会组织理事会制度的基本框架具有以下4个特点:(1)把理事会作为内部治理的核心机制,即与组织发展相关的重大事务的最终决定权以及重要的法律权力都集中在理事会;(2)理事会与执行层的权力分立,即理事会负责聘任、评估和解雇执行层,执行层受理事会委托负责组织的日常运营,对理事会负责;(3)民主的集体决策模式,即理事会议实行一人一票的投票决策权,须有一定比例的理事出席方能召开;(4)把监事会作为内部监督机制。②

二、理事会的结构

一般而言理事会包含理事长和理事成员两层结构,可根据具体需要设立副理事长、秘书长等协助人员,理事会会议由理事长召集和主持。

理事成员的构成是理事会的一个重要特征,具体由理事的专业、职业、性别以及年龄等构成。理事的专业技能是理事会的重要资源,一个以技术类理事为主体的理事会,会将更多精力投放到与技术相关的议题上,而以财务擅长的理事为主体的理事会,可能更关注与组织财务活动相关的问题。不同职业构成的理事会,其资源网络结构是相异的。如来自政府部门的理事往往具有丰富的政治资源,而来自商业领域的理事则拥有丰富的商业资源。③ 对于理事成员的其他限定,如理事资格、理事人数、理事选举、理事任期、理事退任、理事解任、理事空缺、理事报酬等,各国有不同的限定,在不同组织之间也有进一步的不同落实细则。

中国现行的针对社会服务机构的管理条例仍以1998年出台的《民办非企业单位登记管理暂行条例(国务院令第251号)》为主,由于该条例出台时

---

① 参见[美]迈克尔·J. 沃斯:《非营利管理:原理与实务》(第3版),韩莹莹、张强、王峥译,华南理工大学出版社,2016年。
② 田凯:《中国非营利组织理事会制度的发展与运作》,《经济社会体制比较》2009年第2期。
③ 参见颜克高:《非营利组织的理事会治理》,湖南大学出版社,2018年。

间较早,许多内容与当前社会服务机构发展状况不相适应。因此,民政部在2016年就《社会服务机构登记管理条例》[《民办非企业单位登记管理暂行条例(修订草案征求意见稿)》(简称《意见稿》)]公开征求意见。《意见稿》将民办非企业单位更名为社会服务机构,这一更名一方面是认为该命名更能准确反映此类组织的社会组织性质和社会服务功能,另一方面也是为了与同年9月起实施的《中华人民共和国慈善法》保持一致。

该条例规定社会服务机构设立理事会的理事数为3至25人。第一届理事由申请人、捐赠人共同提名、协商确定。继任理事由理事会提名并选举产生。理事任期由章程规定,每届任期不得超过5年。理事任期届满,可以连选连任。理事会设理事长1人,可以设副理事长。有近亲属关系的理事人数不得超过理事总人数的三分之一。在社会服务机构领取薪水的理事数量不得超过理事总人数的三分之一。①

理事会的负责人为理事长,负责召集和主持理事会议,检查各项会议决议的落实情况;领导理事会(常务理事会)工作以及代表本会签署重要文件等。理事长的限定条件相较于普通理事成员更为严格。除了上述两类成员外,理事会可根据具体需要设立副理事长和秘书长等其他职位。副理事长的主要职责为协助理事长开展工作,如有特殊情况,在报经登记管理机关批准后也可担任机构法定代表人。秘书长则一般为专职,在理事会领导下开展工作。

在实际运作过程中,理事会可能体现为以下5种形态:(1)首席执政官主导理事会。在此类型的理事会中,实际的决策权往往落于具有专业知识和经验的首席执行官中。(2)理事长主导理事会。理事长依其特有的魅力和亲和力,对其他理事产生强烈影响,组织的计划及行事程序以其个人的意向为主导。(3)权力分割的理事会。理事会成员分别具有不同的信念与意识形态,且各自代表着不同的利益,冲突是此类理事会的一大特征。(4)权

---

① 《民政部就〈民办非企业单位登记管理暂行条例(修订草案征求意见稿)〉公开征求意见》(2016年5月26日),民政部官网,http://www.gov.cn/xinwen/2016-05/26/content_5077073.htm,最后浏览日期:2022年9月13日。

力分享的理事会。强调权力分享,并积极寻求共识的治理形态,亦是规范观点下的理想决策模式。(5)无权力的理事会。毫无目标及充满不确定性是此类理事会的主要特征。①

三、理事会的职能

目前,理论界和实务界对于社会组织理事会的职能尚未有一个一致的答案。许多学者从不同角度归纳了理事会的职责,如阿克塞尔罗德(Axelrod)将理事会职能分为:确定任务和宗旨、选择和支持高层管理者、管理者工作评价、组织规划、审批和监管组织的项目和服务、财务管理、争取财政资源、树立组织的公众形象、理事会建设等方面。② 美国非营利董事会中心(Board source)也提出了社会组织理事会的 10 项基本职能:制订组织的使命和目标、任命首席执行官、财务监督、筹集资源、维系组织的公信力、保证有效的组织规划、评估理事会的绩效、提高组织的公众形象、审批监测组织的项目和服务以及支持首席执行官并评估其绩效等。③ 英格利斯(Inglis)将社会组织理事会的职能总结为应该承担回应社会需求、确保组织使命与愿景、制定和评估中长程计划及总体战略、制定政策、发展合作伙伴、评价执行理事、年度预算、筹集资金、制定具体计划和服务等 14 个方面。④

沃斯(Worth)在此基础上认为理事会的职责可被分为法定职责和功能性职责。其中法定职责是由法律所规定的明确职责。以美国为例,格赛尔(Gesell)法官在"西布利医院案"(Sibly Hospital Case)中将社会组织理事会

---

① Bradshaw, P., Murray, V. and Wolpin, J. "Do Nonprofit Boards Make a Difference? An Exploration of the Relationships among Board Structure, Process, and Effectiveness," *Nonprofit and Voluntary Sector Quarterly*, 1992, 21(3), pp.227-249.
② Axelrod, N. "Board Leadership and Board Development," in Herman, R. (eds.), *The Jossey-Bass Handbook of Nonprofit Leadership and Management*. Jossey-Bass, 1994, pp.119-136.
③ See Sandra R. Hughes, Berit M. Lahey and Marla J. Bobowich. *The Board Building Cycle: Nine Steps of Finding, Recruiting, and Engaging Nonprofit Board Members*. National Center for Nonprofit Boards, 2000.
④ Inglis, S. and Weaver, L. "Designing Agendas to Reflect Board Roles and Responsibilities: Results of a Study," *Nonprofit Management and Leadership*, 2000, 11(1), pp.65-77.

的法定职责阐述为：关注、忠诚和服从。关注，即为尽职地监管组织的财政和关注其管理行为。忠诚，指理事会成员必须将组织的利益置于个人经济利益之上，也要置于可能与他有关联的其他组织的利益之上。服从，则是指理事会必须确保组织遵守国家法律理事会的任何决策或采取的任何行为必须要与组织的使命及政府文件相符。功能性职责则被概括为任命、支持和评估首席执行官，明确组织的目标和使命，批准组织的项目，确保良好的财务管理和财政稳定性，建立组织绩效标准并确保组织负责。①

刘春湘在总结了国内外学者的观点后指出，社会组织理事会具有广泛的职能体系，但其具有三大主要职能：（1）确定使命，使命涉及社会组织奋斗所要实现的目标，组织的事业将如何影响周围的世界，实际上展示了组织存在的理由，也是组织维系人员奉献的主要源泉；（2）战略规划，这是使命制定过程的自然延伸，以确定以使命为导向的立足长远的远景规划；（3）监督控制，即对社会组织业务行为的合法性以及目的性等方面进行必要的监督。其中确定组织的使命是理事会职能的核心，以使命为指针，对组织的发展实施战略性指导，积极开展战略规划，并代表公众利益和公益使命对组织实施监督控制，如图 5-3 所示。②

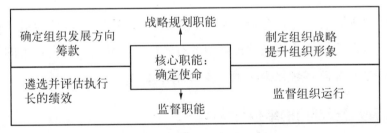

图 5-3 社会组织理事会职能体系图

《社会服务机构登记管理条例》指出，"理事会是社会服务机构的决策部门，履行以下职责：（一）修改章程；（二）决定分立、合并或者终止；

---

① 参见[美]迈克尔·J. 沃斯：《非营利管理：原理与实务》（第3版），韩莹莹、张强、王峥译，华南理工大学出版社，2016年。

② 参见刘春湘：《非营利组织治理结构研究》，中南大学出版社，2007年。

（三）决定理事长、副理事长、理事任免事项；（四）确定法定代表人人选，任免执行机构负责人；（五）制定内部管理制度；（六）审议年度工作计划、财务预算、决算报告；（七）审议重大业务活动、大额财产处置以及重要涉外活动；（八）审议年度工作报告和财务会计报告；（九）章程规定的其他职权"。同时"理事会应当对所议事项的决定制作会议记录、会议决议，出席会议的理事应当在会议记录、会议决议上签名。理事会违反本条例或者章程规定作出的决议无效。理事长召集和主持理事会会议；理事长不履行职务的，由半数以上理事共同推举 1 名副理事长或理事召集和主持"。①

第三节 行政管理层

在规模和复杂性方面达到一定程度之后，在单靠兼职志愿者不能解决日常管理的情况下，执行层就会转向职业化。德鲁克（Peter F. Drucker，也译作"杜拉克"）认为，职业化的执行层是提高非营利组织效率和执行力的重要制度安排。执行是决策和计划具体的实施过程，执行决定了发展，执行是对理事会决策的分解、落实与执行，否则，理事会的决策就毫无意义。随着执行层的职业化和专业化成为社会组织管理发展的趋势，社会组织建立高效率的执行层已成为提高治理效率的有效途径。社会组织管理者的任务是将组织的使命陈述转化为明确具体的行动目标。②

一、行政管理部门的结构与特征

行政管理层即社会服务机构中的执行层，负责决策和计划具体的实施过程。早期社会组织缺乏真正意义上的管理者或执行层，随着组织规模的

---

① 《民政部就〈民办非企业单位登记管理暂行条例（修订草案征求意见稿）〉公开征求意见》（2016年5月26日），民政部官网，http://www.gov.cn/xinwen/2016-05/26/content_5077073.htm，最后浏览日期：2022年9月13日。
② 参见［美］彼得·德鲁克：《非营利组织的管理》，吴振阳等译，机械工业出版社，2009年。

不断扩大,职业经理人制度被引入中高层管理中,统筹管理组织中的人力资源管理、志愿者管理和财务管理等方面。

在社会服务机构的整体结构中,行政管理层主要由雇员构成,受聘于理事会,在其授权范围内拥有对组织事务的管理权和代理权。通过行政管理的职业化,社会服务机构能够建立一个分工明确、专业运作和资源优化组合的组织体系,通过组织内部执行机构的专业协作,提高组织的治理效率。① 对于一般的社会服务机构而言,其行政管理层大致分为办公室、项目部、联络部、财务部等常设部门,其中办公室负责机构的行政、人事、后勤等工作;项目部负责社会服务项目的设立、实施和管理等工作;联络部负责外事接待、对外合作以及联络等工作;财务部负责机构的财务工作以及社会捐款的财务管理。部分社会服务机构根据发展需要,可能还会设置募款和宣传等部门,负责筹集慈善捐款和对外新闻宣传等工作。正是通过这种组织结构上的职能分工和部门合作,确保了社会服务机构作为一个整体运行有序。

行政管理层的任职人员应具备专业才能,以自己的知识、智力和经验投入组织运作当中,同时作为社会服务机构的工作人员,其言行同样需要适合机构业务的公益性质和社会性目标。以上海市自强社会服务总社为例,其现任理事长张勇安为上海大学教授,其为上海市禁毒委员会与上海大学共建的毒品与国家安全研究中心主任、上海市第三届禁毒专家委员会委员,对该领域社会事务有较深的参与,如图5-4所示。

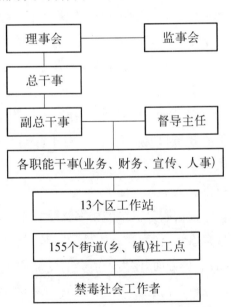

图5-4 上海自强社会服务总社组织架构

在任职资格方面,社会服务机

---

① 参见张明:《社会组织的治理机制研究》,暨南大学出版社,2008年。

构的行政管理层并没有统一规定,各机构因其性质和主要服务范围不同而有不同的限定。如上文提及的上海自强社会服务总社,其理事会成员包括禁毒领域的专家学者、政法委禁毒室工作人员、社会工作站站长等。

二、秘书长的角色与职责

首先需要明确的是,行政管理层中存在两种相似但有所区别的概念:领导和管理。有学者在对各个学派的观点进行归纳后认为领导者和管理者的主要区别体现在以下5个方面:(1)从职责划分来看,领导者重在保证"做正确的事情"(do the right thing),即制定正确的战略,做出正确的决策,确定正确的事情,选择正确的道路,创造正确的环境和条件等。管理者则重在"正确地做事情"(do the thing right),即在明确了应干的"正确的事情"后,要想方设法以最少的消耗、最高的效率保证取得最大的效果。(2)从角色定位来看,任何一级的管理人员都应该具有双重角色,即对上是管理者而对下是领导者。(3)从本质来看,管理是建立在合法的、有报酬的和强制性权力的基础上的,而领导更多是建立在个人影响力、专业特长以及模范作用的基础上的。(4)从两者处理问题的层面分析,领导主要处理变化的问题,而管理主要处理复杂的问题。(5)从目标来看,管理者关心效率,而领导者关心效果和创造不同。[①] 对于社会服务机构而言,作为行政执行部门负责人的秘书长或总干事应当首先是领导者,而管理者的角色可以由其兼任,也可以由其他人担任。

社会服务机构的秘书长受聘于理事会,负责贯彻理事会决议,主持机构日常事务,作为受雇职员的行政主管领导整个组织。执行官具有两种重要角色,一方面,作为理事会的受雇职员,基于委托代理关系,向理事会负责,应理解并彻底贯彻理事会的决议,并对理事长的工作有协助的义务;另一方面,作为执行层的行政主管,还须改善工作环境,提高员工的工作效率与士

---

① 参见张霞、张智河、李恒光主编:《非营利组织管理》,山东人民出版社,2005年。

气,组织和激励员工实现组织的目标。①

首席执行官是社会服务机构最主要的管理者,其主要工作内容受到各种因素的影响,如服务机构的主要服务领域、服务机构的性质、理事会的种类等,因此对于其职责亦缺乏明确的界定。美国非营利董事会中心列举了社会组织首席执行官应承担的10项基本职责:(1)致力于任务;(2)领导职员和管理组织;(3)稳健的财务管理工作;(4)领导和管理募集资金;(5)遵循最高的道德标准;(6)参与理事会的计划;(7)培养未来领导者;(8)建立外部关系并作为关系建构的倡导者;(9)确保项目程序的质量和有效性;(10)支持理事会。②

迈克尔在对社会组织成功领导者的相关研究进行梳理后指出,有效的首席执行官应当专注于以下7个方面。(1)专注于使命:使命是非正式组织存在的理由,对于首席执行官来说,每一个决定都应该以使命为导向;(2)专注于理事会;(3)专注于外部关系:致力于加强组织的外部影响力;(4)共享领导权力和授权他人:通常包括让两个拥有互补技能的人同时处在最高职务;(5)专注于关键角色和优先事项:不断呈示简短的目标列表以确保其他成员能够拥有相同的信息和视角;(6)运用"政治框架":认知到组织中的重要赞助之间不可避免地互相影响;(7)恰当的人、恰当的时间、恰当的地点:在恰当的时间让领导者和组织的需求之间有一个很好的契合。③

三、激励与变革

组织治理中的委托代理理论认为,经营者(执行者)的激励与约束是治理结构中的重点和难点。尤其在社会服务机构中,其委托代理关系更为复

---

① See Wolf T. *Managing a Nonprofit Organization in the Twenty-First Century*. Simon & Schuster Inc, 1999.
② 参见颜克高:《非营利组织的理事会治理》,湖南大学出版社,2018年。
③ See Houle, C. O. "Governance Boards: Their Nature and Nuture," *The Journal of Arts Management and Law*, 20(1), 1991.

杂,但行政管理层的工作对组织绩效又有着重要影响。一方面,需要注意社会服务机构中的"内部人控制"问题,即社会组织的管理者为追求个人名利,产生偏离组织宗旨目标的行为,会导致组织运营的价值取向扭曲,滋生公益腐败,影响组织公信力。① 有观点认为应当从组织章程上明确行政管理层对理事会的职责来处理这一问题,首席执行官(秘书长或总干事)应当致力于促进理事间的互动关系,提醒理事们注意组织的变革与创新,向理事会提供有效信息②,同时强调理事会和首席执行官协同工作,互相商议理事会会议,共同制定组织战略和决策等。③ 另一方面,由于社会组织的社会性和公益性,精神激励扮演着重要的角色,主要表现为声誉激励和荣誉激励。前者是指通过宣传、教育和培训等途径,使行政管理者转变观点,认识到自己所担当的组织使命,树立对职业的正确追求,激励他们通过提高组织绩效来改善自己的声誉;后者指对品德高尚、事业有成的执行者授予荣誉,并大力宣传,提高其社会知名度。④

为了更好地推动社会组织发展,带领社会组织前进,行政管理层中的领导者通常也需要推动组织进行变革。科特(Kotter)提出了变革的 8 个步骤,以避免潜在的错误。为了确保变革动力不被当前的组织文化和规章阻碍,以及为了保证变革真实而持久,领导者需要循序渐进地执行这些步骤,在前一个步骤没有完全完成之前,不可以冒进到下一个任务:(1)要有紧迫感;(2)创建领导联盟;(3)打造愿景和策略;(4)充分沟通变革愿景;(5)实施有广泛基础的行动;(6)创造短期成果;(7)巩固成果并进行更多变革;(8)将新做法根植于文化之中。在这一过程中,领导者可能会因为没

---

① 王向南:《中国非营利组织发展的制度设计研究》,东北师范大学出版社,2014 年。
② Herman, R. D. and Heimovics R. D. *Executive Leadership and Management*. Jossey-Bass Publishers, 1994, p.1.
③ Taylor, B. E., Chait, R. P. and Holland, T. P. "The New Work of the Nonprofit Board," *Harvard Business Review*, 1996, 74(5), pp.53-75.
④ See Sandra R. Hughes, Berit M. Lahey and Marla J. Bobowich, *The Board Building Cycle: Nine Steps of Finding, Recruiting, and Engaging Nonprofit Board Members*. National Center for Nonprofit Boards, 2000.

有实现"短期赢利"而失败。因此,设立容易达成的中短期目标,并向员工确保最终的长期变革可以成功实现是非常重要的。①

第四节 监事会的监督权

我国是大陆法系国家,为强化社会组织自治能力,社会服务机构尤其是公益民间组织应该设立监事会,以实现决策权、执行权、监督权的合理配置。

一、监事会的概念

在一般的组织治理结构中,监事会是指由股东会选举、全体监事组成的对公司义务活动进行监督和检查的常设机构。与理事会类似,其设立来源于分权与制衡的概念,由监事会行使监督权,以形成对理事会决策权以及行政管理层执行权的制约。在两权分离的组织治理结构中,理事和执行官在代理过程中拥有权力,也有自己的利益考量,很难像所有者一样追求公司资产的有效使用,甚至可能以牺牲所有者利益为代价来追求自己的最大利益,由此就可能产生决策不当、滥用权力等行为,进而产生"代理成本"。② 而监事会制度存在的意义就是为了强化监督约束,以减少代理成本和控制代理风险。在社会服务机构中,由于委托代理关系同样存在,且更加复杂,设立监事会就显得尤为必要。

在监事机构的设立方式上,因政治、经济、文化背景的不同而产生了两种不同的设置方式。英美法系国家采用一元制,公司等组织除设立股东大会外,只设理事会而无监事会,理事会既是公司的决策与执行机关,也是公司的监督机关;大陆法系国家则采用二元制,除理事会外,大多有专司监察的机关即监事会的设置。二元制治理模式下又存在上下级型和平行型两种,

---

① See Kotter, J. P. *Leading Change*. Harvard Business School Press, 1996.
② Jesen, M. "Agency Costs of Free Cash Flow, Corporate Finance , and Takeover," *American Economic Review*, 1986, 76(2), pp.323-329.

前者监事会和理事会相互分离，一般由地位较高的监事会（the supervisory board）监管理事会，具有强有力的监督职能；后者理事会（经营决策机关）和监事会（监督机关）并列存在，各司其职。但需要注意的是，对于非营利法人来说，监事会并不是必设的监督机构。这一方面是由于各国法律对于非营利财团法人进行了比较严格的监控，通过法院、主管机关或利益相关者对理事会活动及组织的运营进行监管，在外部监督比较严密的情况下，内部监督机构所获得的权限往往比较有限；另一方面，社会组织的异质性也决定了难以对其进行整齐划一的关于内部监督机构的刚性规定。①

在中国，监事会是包括社会服务机构在内的社会组织的内部自律性机构，它代表了处于虚拟状态的捐赠人、受赠人和社会公众的利益，并以理事会和行政管理层为监督对象，监督社会组织的一切经营活动，减少理事会和管理层可能存在的违反社会组织章程和内部规定的机会主义行为。

二、监事会的构成

《社会服务机构登记管理条例》指出，社会服务机构可以设立监事或监事会，监事会由3人以上组成。登记或者认定为慈善组织的社会服务机构应当设立监事。监事由主要捐赠人、业务主管单位、登记管理机关选派。监事任期与理事任期相同，可以连任，但不得超过2届。理事、负责人、财会人员以及上述人员的近亲属不得兼任监事。② 此外，还有观点认为利益作为监督的重要方面，也应吸收服务对象代表参加监事会。③

在监事的任职资格方面，该条例规定"有下列情形之一的，不得担任社

---

① Bradshaw, P., Murray, V. and Wolpin, J. "Do Nonprofit Boards Make a Difference? An Exploration of the Relationships among Board Structure, Process, and Effectiveness," *Nonprofit and Voluntary Sector Quarterly*, 1992, 21(3), pp.227-249.
② 《民政部就〈民办非企业单位登记管理暂行条例（修订草案征求意见稿）〉公开征求意见》（2016年5月26日），民政部官网，http://www.gov.cn/xinwen/2016-05/26/content_5077073.htm，最后浏览日期：2022年9月13日。
③ 周芙蓉、戴小燕、姜章：《论慈善基金会的内部治理结构》，《法制博览》（中旬刊）2012年第6期。

会服务机构的负责人、理事、监事：（一）无民事行为能力或者限制民事行为能力的；（二）因故意犯罪被判处刑罚，自刑罚执行完毕之日起未逾五年的；（三）担任因违法被吊销登记证书的社会组织的法定代表人，并负有个人责任的，自被吊销之日起未逾五年的；（四）有法律、行政法规规定不适合任职的其他情形。违反前款规定选举或者任命的负责人、理事、监事无效。负责人、理事、监事在任职期间出现前款所列情形的，社会服务机构应当依照章程的规定解除其职务"。

在监事的数目方面，各国通常没有明确限制，我国各条例章程中也未做明确规定。以上海自强社会服务总社为例，其本届监事会设置一名监事长，为市委政法委禁毒指导处的工作人员；2名监事，分别为政府工作人员和社会工作者。

另外，当前我国社会组织监事会制度的执行也存在如下问题：（1）任命不规范，我国社会组织的监事会成员基本由政府直接任命或由组织中的首席执行官任命，成员来源单一；（2）缺乏专业技术人才，许多社会组织的监事会成员多为一般社会人员，缺乏法律、财务等方面的专业技术人才；（3）监事会职权行使有限，由于其所需经费受理事会控制，监事会往往不能有效行使监督权。[①]

三、监事会的职能

一般而言，监事会是社会组织的专职监督机构，基本职能是以财务活动为重点，监督理事和管理者的经营活动，确保理事及管理者正确有效地行使职权，而不是滥用职权；对于违反法律法规、组织章程及损害组织利益的行为，监事会有权要求纠正。[②]

民政部在2018年将《社会服务机构登记管理条例》与社会团体、基金会的条例合并形成《社会组织登记管理条例（征求意见稿）》，该意见稿指出监事或者监事会按照章程规定的程序检查基金会、社会服务机构财务和会计

---

① 徐雪梅：《非营利组织管理——组织视角的探讨》，东北财经大学出版社，2005年。
② 曾维和：《社会组织治理中的综合监督机制探讨》，《兰州学刊》2004年第3期。

资料,监督理事会遵守法律、法规、规章和章程的情况。监事列席理事会会议,有权向理事会提出质询和建议,并应当向登记管理机关、业务主管单位以及税务、会计主管部门反映情况。

意见稿依据社会组织监事会设置的不同指出,在上下级型治理结构下,监事会是监督法人业务管理活动并可以参与决策管理的部门,有权任命理事会成员,决定理事报酬。而在平行型治理结构下,监事会是对法人业务管理实施监督的机关,其主要职能包括监察法人的财产状况,行使内部监督权,监察理事的业务执行情况;发现财产状况或业务执行中有可疑事实时,向主管部门报告。同时,社会组织监事会行使职能时应贯彻以下原则:(1)独立性原则,即从制度上保证监事会完全独立于组织决策者和业务执行者,使监事会能站在客观、独立、公正的立场对两者进行监督;(2)合理原则,即监事会与其他内部机关的合理结构关系、监事会职权的合理配置、监督方式的合理运用是发挥监事会监督职能的重要条件;(3)适度原则,即监事会监督权的行使,以不放纵监督对象的违法和滥用职权又不干扰其合法活动为适度,这是组织正常运转的客观要求;(4)民主原则,即监事会成员、监事会活动程序、监事会工作作风都应符合民主程序和过程。[1]

案例思考与讨论:

上海市 CT 社会服务中心的内部治理

上海市 CT 社会服务中心于 2000 年 8 月形成并开始活动,于 2004 年正式注册为民办非企业单位,主管部门为上海市团委,CT 社会服务中心是上海市最早自发形成的民间公益组织之一。目前,该组织也发展成为上海市比较有影响力的民间公益组织之一。CT 社会服务中心主要于上海市各社

---

[1] Bradshaw, P., Murray, V. and Wolpin, J. "Do Nonprofit Boards Make a Difference? An Exploration of the Relationships among Board Structure, Process, and Effectiveness," *Nonprofit and Voluntary Sector Quarterly*, 1992, 21(3), pp.227-249.

区开展法律咨询和法律援助、社区环保宣传、外来务工子女教育、社区弱势人群电脑教育等社区服务项目。

CT社会服务中心组织包括理事会、监事会等(见图5-5),组织日常行政工作由理事会带领下的秘书长团队完成。组织目前运行的项目包括社区法律服务项目、绿色家园社区环保宣传项目、太阳花进城务工人员子弟助学项目、城市社区学习中心项目、"美丽新家园"四川灾后重建项目。

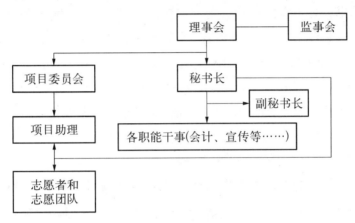

图5-5　CT社会服务中心内部组织机构示意图

理事会是CT社会服务中心的决策机构,通过无记名投票选举产生。目前,由5名理事组成管理机构,扮演着组织管理中的多重角色,如依靠集体决策形式履行领导统驭职能,对组织负起治理和政策制定的职责,并在秘书长、项目委员会及可能的利益相关者之间,充当维系决策机制顺利运行的角色。表现为:第一,理事会根据集体责任的形式履行领导决策职能,对组织负有战略制定和执行监督的职责;第二,在项目委员会、秘书长、职员及志愿者之间进行沟通,充当维持决策机制顺利运作的角色;第三,在资源有限的背景下,寻求与资助者、受益者及各类利益相关者之间的平衡,以促成公益服务的顺利完成。理事会是CT社会服务中心的战略决策机构,也是履行筹资、分配等职能的承载者,是社会组织与外界进行资源流动和观念互动的枢纽,在内部起着运筹全局并监控风险的职能。

监事会是CT社会服务中心内部监督与审计机构,通过无记名投票选举产生,同时规定监事会成员不少于3人,监事会应当不受任何个人、组织机构的影响,独立、真实、准确地进行财务审计和监督。CT社会服务中心监事会由4名监事组成,监事会成员分别来自法律、财务、新闻领域,具有专业知识背景,同时,在社会组织领域有丰富的工作经验。

但CT社会服务中心在运行过程中却遭遇了一些问题。其一,秘书长遴选和评估制度的缺失,2005年组织招聘了首位(一直担任至今)秘书长,由于该秘书长是组织的创始人之一,这在很大程度上影响了理事会对秘书长工作的客观评估。时至2010年,筹款困境使组织机构管理中的诸多问题集中暴露,秘书长能力受到质疑。但此时,理事会对秘书长的评估也仅仅停留在对日常管理的效率上,秘书长评估并未形成完善制度。2012年,秘书长能力再次受到质疑,但理事会仍停留在呼吁阶段,希望大家推荐适合的秘书长人选,并未采取实际措施进行新任秘书长的选聘。其二,在监管组织运行上,缺乏完善的制度保障。在内部控制方面,缺乏完善的财务管理制度。2011年CT社会服务中心实施内部审计工作,发现组织存在诸多问题,譬如现行会计制度不完善、执行和监管不力,报销制度问题尤为突出;财务管理制度不健全,现金流管理混乱;无存货盘点制度,事务捐赠存在较大随意性;缺乏固定资产盘点制度;缺乏完善的审计制度等。其三,在筹款上缺乏资金的危机意识。由于传统项目都得到长期和较大额度的资金支持,组织在一段时期内不需要考虑筹款问题。直至2010年,法律项目资助者终止合作,太阳花项目资助人不再捐助,社区学习中心款项用完,组织项目运行陷入困境,理事会才意识到筹款工作的紧迫性和严峻性。

思考题:

(1) CT社会服务中心在运营过程中遭遇的问题可以用什么理论进行解释?

(2) 如何评价CT社会服务中心的内部治理结构?还有哪些需要改进完善的方面?

第六章 社会服务机构的人力资源管理

人力是社会服务机构的重要资源,对人力资源进行管理是社会服务机构良好运行的必要条件。从本质而言,人力资源管理就是如何运作、运用人力资源的过程,具体包括人力资源规划,甄选、任用和再配置,培训和发展,薪酬机制,绩效评估,员工关系的建立与维持六方面。此外,志愿者队伍也是社会服务机构的重要人力资源,招募合适的志愿者,对其进行培训从而推动机构项目的运作,这个过程称为志愿者招募与管理。无论是机构内部还是外部的人力资源,在管理过程中还需接受督导管理,即邀请一些资深的前辈对其他人进行培训、监督、指导的复杂动态过程。随着社会的发展,督导的形式、功能等都在不断变化之中,社会服务机构需注意结合社会特点完善自身的督导机制。

第一节 人力资源的构成

一、人力资源管理的概念界定

社会服务机构需要通过福利从业人员,包括专业社会工作者、其他专业的服务人员、辅助工作人员等来为特定的、有需要的他人提供服务。"如何管理社会服务机构中的人"是一个重要问题,因此人力资源管理对于社会服务机构来说是一门必修课。

20世纪80年代初,人力资源管理在美国逐渐盛行。但当时的中国仍实行计划经济体制下的行政命令式管理,仅仅将"人"作为生产力的要素之一,对人力资源管理知之甚少,将其与人事管理混同起来。所谓的人事管理起源于第一次世界大战,对于大量的战时工人需要进行统一的招聘和培训,因此对这些人、事的杂糅处理称为人事管理。① 事实上,人事管理和人力资源管理存在本质上的区别②,具体表现如表6-1所示。

表6-1 人力资源与人事管理的区别

区分维度	人力资源管理	人事管理
管理模式	以成员为主,把组织成员当作资源加以规划、管理、分析和设计,发挥其潜能和专长	以组织为主,使成员在组织中运作,协助组织发展,达到组织的目标
管理趋向	偏重协助成员的发展	偏重执行组织的既定政策
管理态度	把人力当作生产和投资	把人事当作消耗
管理特点	强调训练	重视控制

随着人力资源管理理论的发展以及国内一些优秀学者的探索,我国理论界和实务界开始认识到人力资源管理是对"员工"这一特殊的资源进行的有效开发、合理利用和科学管理。从开发的角度看,人力资源管理不仅包括对人的智力开发,也包括对人的思想文化素质和道德觉悟的提高;不仅包括人的现有能力的充分发挥,也包括人的潜力的有效挖掘。从利用的角度看,人力资源管理包括对员工的预测与规划,也包括对员工的组织和培训。③ 20世纪90年代中期以来,我国开始探索人力资源管理在实践中的运用,逐渐对人力资源管理进行改革和创新,人力资源管理实践在国内普遍开展起来。进入21世纪以来,人力资源管理在实践中得到深化改革,朝着职业化、

---

① 参见范志海、阎更法编著:《社会工作行政》,华东理工大学出版社,2004年。
② 参见李增禄主编:《社会工作概论》,台湾巨流图书公司,2002年。
③ 赵曙明:《中国人力资源管理三十年的转变历程与展望》,《南京社会科学》2009年第1期。

专业化和国际化发展。

在此背景下,社会服务机构作为回应社会公众尤其是困境人群需要的专业性社会组织,人力资源管理是其实现机构目标的重要环节。社会服务机构应正确使用人力资源管理的相关理论、原则和策略,对机构的工作人员队伍(包括志愿者)进行专业的规划、培训和开发,从而有效发挥其作用,实现个人的成长和组织的发展。

二、人力资源管理的主体内容

简言之,人力资源管理既指持续性地发现、甄别和选择人力资源,也包括如何更好地合理利用人力资源,更包括对人力资源有规划的组织、培训的过程。社会服务机构一直致力于为大众谋求社会福利和福祉,逐渐发展形成了一整套完整的价值体系。因此该类组织被赋予了强烈的使命感,从事社会服务的机构人员也有着相似的价值观和责任感。因而,社会服务机构的人力资源管理是与其本身独特的价值观相匹配的,具有如下特点:第一,注重人力资源管理与机构特点相结合。不孤立地看待机构人力资源管理,从机构性质和特征出发,匹配管理策略。第二,强化社会服务机构的福利宗旨和价值观。社会服务机构并不是以市场化、营利化为目标,而是重点将机构的意愿根植于员工的观念之中,这是机构存在和发展的基础。第三,关注机构成员的个人发展情况,给予提升机会和发展环境,个人素质的提升会为机构人力资源的管理提供培植土壤和环境。

斯蒂芬·P. 罗宾斯(Stephen P. Robbins)在《管理学》中列出了人力资源管理过程(见图6-1),该过程所包含的每个步骤对于社会服务机构同样具有适用性[①],对于如何优化机构人力资源管理的流程,提升其效能具有参考借鉴价值。

---

① 参见[美]斯蒂芬·P. 罗宾斯、玛丽·库尔特:《管理学》(第7版),孙健敏、黄卫伟、王凤彬等译,中国人民大学出版社,2004年。

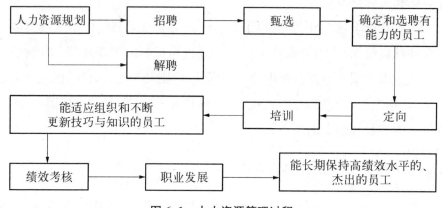

图 6-1　人力资源管理过程

一般而言，社会服务机构的人力资源管理可分为两大部分，一部分是开发人力资源，培养与运用人力资产，激发员工的工作潜能，更高质量地完成任务与目标；另一部分则是对岗位和工作进行分析，选派适合的员工，使其可发挥功能、完美适配工作。从本质而言，人力资源管理就是如何将人力资源进行开发和运用的过程，具体包括以下内容。[①]

第一，人力资源规划。指社会服务机构根据发展的需要，预测、估计和评价组织对人力资源的需求的过程。

第二，甄选、任用、再配置。根据机构经营战略规划的要求甄选和引进适合机构发展的人才，任用为组织成员，并且按照人员的个人特点，配置适合这些人才的工作岗位。

第三，培训和发展。通过教育、训练等方式，协助员工学习新技术，提高员工技能水平和工作能力，使员工的个人素质符合实际工作的要求。同时，尽最大可能将员工个人长期发展的目标和组织目标连接，从而提高员工现在和将来的工作绩效。

第四，薪酬机制。在机构内部设立薪酬机制，这些薪酬是机构以现金或任何等值物品付给员工的合理报酬。这些报酬包括组织成员从事劳动所得

---

① 参见全国社会工作者职业水平考试教材编写组编：《社会工作综合能力（中级）》，中国社会出版社，2007年。

到的工资、奖金、提成、津贴以及其他形式的利益回报。

第五,绩效评估。指通过考察、评价组织成员的工作能力、工作态度、工作业绩等方面,从而体现员工在组织中的相对贡献价值,目的是判断培训需求、改进机构工作、决定奖惩标准。

第六,员工关系的建立与维持。指用人单位和员工在工作过程中需要建立良好的关系并维持下去,如改善管理层与执行层的关系、建立有效的福利政策、保证员工的沟通申诉渠道等。

三、社会服务机构对人力资源管理的使用

社会服务机构属于人力资源密集型组织,最主要的是依靠员工自身的能力来为服务对象提供服务、满足需求,员工是机构极其重要的资源。一个机构的服务能否成功,往往也取决于机构的人力资源管理情况是否良好,人员素质是否满足机构和服务对象的要求,等等。

管理大师彼得·德鲁克曾提过,在所有资源中,人力资源是最有生产力、最多才多艺、最丰富的资源,人可以充分地发挥自我条件,自主地协调、整合工作,不自觉地和其他资源区分开来。[1] 随着老龄化、少子化等新的社会问题不断涌现,社会总体情况日益复杂,社会服务机构在人力资源管理方面临更高的要求。因此,提高社会服务机构的人力资源管理能力和成效,为机构谋取长远的发展利益具有必要性和必然性。

从现实角度来看,社会服务机构会面临一些人力资源的困境,从而影响机构的发展路径。一是社会服务机构的发展平台有限,制度性管理缺失,导致缺乏明确的岗位,这在某种程度上会降低机构对员工的吸引力和忠诚度;二是社会大环境的认可度较低,社会服务机构中的人员从业水平和质量缺乏保证,没有规范的前提下就无法建立社会服务机构的社会威望;三是社会服务机构自身管理往往存在缺陷,机构对员工的管理缺乏长远规划和科学考核,久而久之影响服务质量,人力资源尚未得到利用和培训;四是机构人

---

[1] 参见[美]彼得·杜拉克:《杜拉克论管理》,孙忠译,海南出版社,2000年。

员流动性较高、机构员工福利水平较低,影响员工队伍的稳定性。针对上述问题,社会服务机构需要针对社工等专业人才设立培训机制,关心员工职业生涯目标,和员工建立良好的关系,稳定员工薪资水平待遇,激发组织内部活力,使得人力资源管理的不良影响因素减少,影响程度降低,员工更好地服务于机构组织。

有效的人力资源管理可辅助社会服务机构更好地完成自身使命,确保组织能够拥有适时适当的用人程序,经由此种程序而使人力获致最经济有效的运用。[1] 具体而言,人力资源管理可以在以下四个方面帮助社会服务机构管理人力资源。

第一,规划人力发展。既包括对现有人力资源状况的分析,推动现有的人力制度建设;同时也可以对未来人力资源进行适当的评估,对人力运用的增减情况作补充说明。

第二,合理分配人力。在管理人力资源时可分析当下机构的人力配置情况以及职位的空缺状况,还可以窥探一些员工的任务量与能力的匹配程度,及时调整人力分配不均衡的情况。

第三,适应业务需要。社会服务机构以满足服务对象的服务需求为宗旨。这些需求与社会的发展密不可分,为满足不断变化的需求与社会发展,机构内部员工也必须不断提升自我能力,增进业务水平。机构可适时地为员工提供培训机会,规培员工、提升员工的同时也保障员工的工作水平和稳定度。

第四,降低用人成本。人力运用需要不小的成本,不匹配的人力会造成浪费现象。做好社会服务机构的人力资源管理,排除无效的或效率较低的人力,可以降低机构的人力运用成本。

总之,社会服务机构在管理人力资源时要分析自身的特点,将人员的优缺点和现状相结合,建立起符合自身需要的人力资源开发模式。具体而言,可以从社会服务机构的员工管理、志愿者管理、督导管理等几个方面来理解

---

[1] 参见林钦荣:《人力资源管理》,台湾洋智文化事业股份有限公司,2002年。

如何发展社会服务机构的人力资源管理。

第二节 员 工 管 理

一、甄选、任用、再配置

社会服务机构需要根据经营战略规划的要求甄选各类精英、引进适合机构发展的人才,任用其为机构成员,并且再按照个人特点,配置适合这些人才的工作岗位。

(一) 甄选员工,广纳人才

甄选是在可筛选的范围内挑选出适合的员工,尽最大可能吸收优秀人才,这是社会服务机构开发人才资源的初始步骤。

在甄选员工时,一般遵循公平、公开、公正的原则,确保每一位候选人可以得到应有的尊重。此外,在甄选时,机构必须明确两点:一是机构要找寻的是合适人才,并不是最优人才,适合的才是最重要的;二是将"适合"这个条件具体化,所甄选的员工究竟需要拥有何种素质,何种技能。

通常甄选的渠道包括社会招聘、学校合作招聘、职业人才中心、现任员工介绍、组织内部推荐、自我推荐等方式。总之,社会服务机构甄选员工的方式甚多,通过各种渠道,可以达到机构甄选人才的目的。

甄选一般程序包括以下7个步骤:(1) 开放甄选报名渠道。通过线上线下各种方式宣传组织的甄选消息,吸引符合条件的人才前来报名。(2) 确认报名人选。与所有参与报名的人选进行联系,确认前来面试的时间、地点等相关事宜。(3) 审查报名资料。提前审查报名人选,了解他们的情况,挑选一些符合机构特征的人才。(4) 考试检验报名人员的能力。视具体情况而定,机构可按照自身需求和方式选择举行测验,有些机构甚至会进行心理测验。(5) 与考试合格人员面谈,进一步了解情况。在面谈过程中尽量保证面试官的客观判断,注重和被面试者的交流、对话与被面试者性格的体现,特别是社会服务机构所需要的责任感、使命感。(6)考察,包括体格考察和人格考察。在任用前对面试人员进行体格检查,确认其身体是否健康,是否可以胜任工作;在被面试者身体健康的前提下,通过正面或侧面,了解面试人员的人格、品质。(7)发放任用通知。对所有参与面试的人员进行通知,既要通知录用人员,告知入职事宜,也要通知未录用人员,及时告知面试结果。

(二)任用员工,施展才能

在招聘完员工、吸纳人才后,紧接着任用员工,让这些合格、合适的人才担任某项工作职能。任用的程序一般包括以下4项。

(1)签订劳动关系合同。确认任用员工就是和其确认建立劳动关系,根据《中华人民共和国劳动法》的规定,机构必须和员工签署合同,保证双方权益。

(2)岗前培训。为更好地帮助新员工适应工作环境和内容,机构可在引进新员工时对其进行岗前培训。培训内容包括机构的背景、发展、未来规划,甚至是各个部门的详细情况介绍,减少新员工对新环境的陌生感,加快建立关系。

(3)试用员工。通常员工在新进入一家单位时都会有一段试用期,机构可以在试用期内确认新员工的工作状态、能力等,新员工也可以在此期间观察该机构和自身发展是否契合。试用期是双方的最终确认时间。

(4)正式任用。当新员工的试用期结束,双方通过最终确认,机构需以派发正式通知或证书等形式通知新员工已经正式任用,成为机构的一分子。

(三)配置员工,取才用人

每件事情不需要追求完美,但一定要合适,该原则也适用于员工配置。当员工通过甄选,拿到任用资格,机构并不是对员工不管不顾,随意安排工作岗位,而需要根据员工的才能,寻找相匹配的职位,使得每位员工可以在适当的位置做适当的工作。在对员工安排工作,配置岗位时可根据以下3项原则进行。

第一,业务需要原则。机构通常以项目为工作单位,若该项目所涉及的领域与某位员工相符合,那么遵循业务需要原则,该员工可以更好地胜任此项目。

第二,能力匹配原则。每个人的才能有高有低,侧重点不同,机构需要不同人才时可根据能力匹配原则,选用适合个人学识才能的工作,发挥员工的个人才智,对组织作贡献。

第三,经验适度原则。有些员工属于全面人才,在每个岗位都有自己所擅长的部分,针对此类人才,可采取经验适度原则,选用流动的方式使其熟悉各项业务,积攒适度的经验,从而培养出机构的复合型人才。

二、培训和发展

社会服务机构需要通过教育、训练等方式,协助员工学习新技术,提高员工技能水平和工作能力,使员工的个人素质符合实际工作的要求。同时,社会服务机构需要尽最大可能将员工个人长期发展的目标和组织目标连接,从而改善员工现在和将来的工作绩效。

培训主要是社会服务机构对员工的知识输出,输出的目的是提高员工的个人能力和专业技能,同时向员工传递机构使命和宗旨,形成良好的组织氛围。培训的核心是日常的工作内容,通常是短期的、大量的、有针对性的,是一种特定的培训,目的在于改善工作绩效。

培训的目的划分可以有 4 个层次:一是反应,员工对培训产生积极反应;二是学习,员工对培训产生学习兴趣,愿意接受培训;三是工作行为,员工接受培训后工作行为发生正向变化;四是组织绩效,员工正向的工作行为变化使得组织绩效改善。基于此四个层次形成"四段训练成效评估法"(见图 6-2)。[①]

具体而言,培训可以包括岗前培训、在职培训以及其他培训等类型。

岗前培训。新入职上岗的员工对于机构内部缺乏统一的、体系的了解,为方便他们进入工作状态,顺利理清工作内容,岗前培训是极其必要的一

[①] 参见陈明汉:《人力资源管理》,台湾管理科学学会,1989 年。

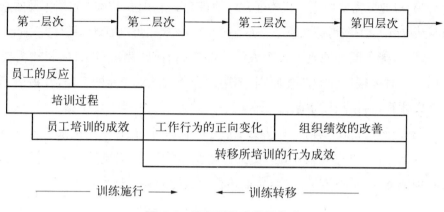

图 6-2 四段训练成效评估法

步。岗前培训的主要内容包括：(1) 本机构的工作概况、相关内容、整体工作理念等；(2) 新员工的各自工作内容，以及相互之间的关联性，便于合作；(3) 引荐前辈员工和新员工相互介绍认识，给予新员工可靠的工作支持和工作指导；(4) 展示具体的工作环境和工作内容，告知工作流程；(5) 接受新员工提出的问题并尝试解决。

在职培训。在员工就职期间，针对员工的工作特性展开训练，称作在职培训。按场域划分，通常包括组织内部学习和组织外部学习。组织内部学习主要指服务于机构的项目和人群，在社会服务机构内部举行一些定期或非定期的训练课程，由专业的督导或辅导人员补充员工的技能知识，增加知识储备量。这种学习往往是针对短、中、长期的发展目标开展针对性培训，使得员工将培训内容与实际情境快速结合，得到实际锻炼。组织外部的学习主要指将一些员工外派至合适的学习场域，如行业内特定的训练班、正规的大学课堂、当地政府的统一规培等等。若员工参与组织外部的学习，无论是短暂的学习训练班还是系统的规培课程，大多数情况需要员工暂时保留工作状态，暂停工作内容和工作岗位。此时员工更多的是将参与培训作为工作的第一要务，投入学习中，如此自身暂停的工作内容会有一定的延迟完成度。但在外部学习完成后，员工的工作效率和工作能力大概率会得到稳定提升，对后续的工作进展会有极大的帮助。

其他培训。除社会服务机构主动为员工所提供的岗前培训、在职培训外,还有一些其他的培训作为补充。如,员工参与一些网络课程、职业培训课程等自我培训。再如,在工作过程中,员工除了学习工作自身相关的培训外,也需要学习一些保护自身的安全知识,这种安全培训是对员工人身负责,也是社会服务机构"以人为本"价值理念的体现,是组织人文关怀的一部分。

三、薪酬机制

社会服务机构的薪酬机制是人力资源管理的核心内容之一,需要通过科学系统的设计、规划和管理体现其对人力资源的激励作用。薪酬是社会服务机构以现金或任何等值品付给员工的合理报酬,主要包括组织成员从事劳动所得到的工资、奖金、提成、津贴以及其他形式的利益回报。薪酬机制是对员工工作予以肯定的一种极其重要的形式。它必须考虑多种因素,从而为每位员工提供平等的、适合的薪酬和福利,给予他们应有的利益回报,使员工可以满足基本的生活所需,维护其尊严。

社会服务机构在建立薪酬机制时通常须参考外部和内部因素。

外在因素包括:(1)劳动力市场的供需情况。人才的供求关系会影响员工的薪酬,人才越多,供大于求,员工薪酬越低,反之亦然。(2)当地环境特点。国内城市的发展不同,一线城市与三线城市的工资存在一定的差别,在制定员工薪酬时必须考虑当地的环境特点,进而决定工资水平。(3)基本的生活物价水平。物价随着经济社会的发展不断上涨,每个人的生活消费标准不一。通过参考平均生活水平,制定满足员工日常开销的薪酬标准,能够激励员工更好地生活和工作。(4)风俗习惯。各地有各地特定的惯例,这种风俗习惯会影响当地的薪酬水平,也会引起机构内部员工的心理波动,因此制定薪酬也需要因地制宜。

内部因素包括:(1)机构自身的能力和发展水平。员工隶属于整个机构,机构的发展与员工的薪酬水平息息相关,组织管理得当,发展越好,员工的薪酬相应地越丰厚。(2)员工的工作质量。员工工作任务完成如何会有相应的指标考核,考核指向表明工作完成度较高时,高薪酬水平匹配高工作质量,在某些情况下,可适量地在原薪酬水平上给予更多的福利回报。(3)职务水平的高低。机构内部设立众多岗位,有不同职级之分,高技能员工拥有高职级岗位,薪酬待遇需在组织员工平均工资水平之上。不同岗位的职务和工作内容决定了他们薪酬制度的不同。

薪酬是合理报酬,是对员工既有工作内容和能力的肯定,既包括实际的每月工资、奖金等的发放,也有一些其他形式的福利回报,如医疗福利、教育福利、带薪休假、交通福利等等,这些福利是满足员工生活多元化需求的保障,同时也是一种激励员工的手段。通过多种方式的薪酬设计和组合激励员工,让员工感受到工作的成就感,增加员工对工作的责任感,甚至可以扩大员工对工作的自由安排度,自行决定工作的任务和工作量,使其对工作有操控感。这是薪酬机制建立的作用,也是为良好的机构工作氛围和文化打下基础,让团队充满自由、民主的氛围,形成团队精神,大家齐心协力完成团队工作。

四、绩效评估

绩效评估是社会服务机构通过考察、评价员工的工作能力、工作态度、工作业绩等不同方面,从而来体现员工在组织中的相对贡献价值,目的是判断培训需求、改进机构工作、决定奖惩标准。

在进行绩效评估时,应注意三项原则:(1)公平、公正、公开。绩效是每个人在工作中的扎实表现,机构内的其他员工都可以看到,评估绩效的过程越公平越清楚,对每个人的评估就能越真实有效。(2)评估标准的设定必须民主。评估的主办方是机构内部成员,但评估的标准应是符合机构整体的规则,并不是唯一的,也不是主观臆断的,若有不同意见需予以考虑,必要时设立监督和申诉机制。(3)评估内容多元化。考核员工的工作,评估绩效时并不是只查看总的工作内容和任务,日常性的工作也属于考核的一部分;若有其他方面的优异表现,也可作为员工的绩效考核之一。

关于绩效评估的具体方法,学界已有诸多研究,可以参考使用的方法有如下5种。

1. 排序法

排序法是一种根据员工的工作绩效情况进行优劣排序,最终确定员工相对等级或名次的绩效评估方法。这种方法是将一个机构中员工的工作绩效以及和工作绩效有关的品质作为评价标准,由此得出每位员工的总体绩效,再进行优劣排序,确定员工的绩效等级。

2. 两两比较法

两两比较法是指把每一个员工同其他员工分别进行比较,记录每一个员工与他人比较时优胜的,也就是"好的"次数,标记"＋","不好的"次数标记为"－",最后统计所有员工获得"＋"的次数,根据次数的高低给员工排序。

3. 等级评价法

等级评价法是先列出本机构员工等级评价的具体准则,再根据该标准计算出员工的绩效价值,最后将员工分配至不同的绩效等级。具体的等级评价标准描述[①]如表6-2所示。

表6-2　等级评价方法

指标	很不理想	有待改善	一般	很好	优异
组织能力	缺乏组织能力	间或出现欠缺组织能力的表现	有组织能力,但不突出	有良好的组织能力,为他人所尊重	有很好的组织能力,非常令人钦佩
可靠性	需要经常督导,经常不听从指示	需要较多的督导,间或不听从指示	需要正常的督导	通常是可靠的	很少需要督导,很可靠

---

① 参见梁伟康:《社会服务机构行政管理与实践》,香港集贤社,1990年。

续 表

指 标	很不理想	有待改善	一 般	很 好	优 异
对工作的兴趣	对工作不热忱	间歇性的兴趣，往往缺乏热忱	对工作有适当的兴趣和热忱	工作投入，很热忱	工作很投入，非常热忱
对督导的态度	经常抗拒	经常不接纳有建议性的督导	持一般的态度，不抗拒也不积极	愿意接纳建议及有建设性的批评	感激督导者给予的协助
对同事的态度	自私、嫉妒、挑剔、不合作	与同事的关系差，常有争吵	与其他同事没分别	合作友善	非常合作及友善，常给同事提供帮助
仪 表	经常穿着不干净的衣服，不修边幅	常忽视仪表及整洁	穿着整洁，仪表平庸	穿着整洁，仪表得体	穿着整洁，仪表大方，修饰得体

4. 关键事件法

关键事件法是通过确定对员工绩效评估有关键性影响的工作任务或者是工作上成功的表现，来确定其绩效。关键事件需要大量的记录，也需要在社会服务机构内部由直系上司对其下属做出足够客观的判断。这些实际的记录可以为关键事件法提供可靠的证据，也可以向其他员工证明该员工的真实工作绩效水平。

5. 全方位评估法

顾名思义，全方位评估法是从全视角、多方位来评估员工的工作表现，其中参与评估的人选涉及面较广，包括上级、同事、下属和员工自己。全方位评估法可以兼顾员工的多个层面，也可以收集不同人群对该员工工作表现的声音，但在实际操作中存在一些主观性和客观性难以保持平衡的问题。

除了以上几种绩效评估的方法，其他诸如基准人物比较法、目标管理法、强制选择评价等方法也会在不同的情境下被使用。每种方法都在为更好地评估员工工作绩效而努力,各有各的优势和劣势,实际评估过程中最好是采取不同方法进行交叉评估。总体而言,绩效考核的制度越良好,机构内员工的工作努力就越能被发现,工作动力也会更充足。

第三节 志愿者招募与管理

一、志愿者

(一) 定义

志愿者,最初起源于拉丁文中的"Voluntas",意为"意愿",我国香港称作"义工",台湾称作"志工",内地称为"志愿者"。联合国曾对志愿者作出定义:志愿者,即不以利益、金钱、扬名为目的,为改善社会服务、促进社会进步而不断贡献的活动者。学界通常认为志愿者是不因为任何物质报酬,主动承担社会责任而不要求报酬、奉献个人的时间及精神的人。无论志愿者被称作什么,被定义为什么,各界对其内涵已逐渐达成一个广泛共识:(1)志愿者有一定的志愿服务精神,愿意奉献自我;(2)志愿者的服务是自愿行为,发自内心地从事志愿活动;(3)志愿者的服务是无偿的、无私的,有部分志愿活动会提供一些酬劳,但志愿者并非以盈利作为参与目的。

(二) 类型

按照社会服务机构志愿者的工作性质划分,志愿者可分为三种类型。

1. 管理型志愿者

社会服务机构有自身的理事会和管理层,负责机构的统筹规划和事务管理。管理型志愿者则是帮助这些机构领导层参与组织的运行和管理,这类志愿者是机构中的核心成员。

2. 日常型志愿者

社会服务机构的日常运转需要各部门工作人员的配合,日常型志愿者主要参与日常工作事务,独立负责或是辅助内部薪酬人员一起工作,处理工作问题。

3. 项目型志愿者

项目是社会服务机构的主要运作模式。项目开展期间招募一部分志愿者作为该项目的后备人员,支持项目的运作和发展。当项目结束后,这些志愿者的任务也告一段落。有些项目型志愿者会跟随机构的后续项目持续参与,有些志愿者则随着项目结束而结束服务。

(三) 参与动机

动机被学界定义为:在自我调节的作用下,个体使自我的内在需求(如本能、需要、驱动力等)与外在诱因(目标、奖惩等)相协调,从而激发、维持行为的动力因素。① 在关于志愿者的参与动机方面,他们所参与志愿活动的动机是个体综合内在需求和外在诱因后主观构建出来的,但是每个个体的情况又是不一样的,内在和外在的融合度不同,动机来源不同,具有较强的复杂性。

参考一些学者对于志愿者动机的研究,参与动机大概包括以下7个方面。② (1) 亲社会价值:在帮助他人过程中获得价值感,带有利他倾向;(2) 理解洞察:获得对事物的知识及理解;(3) 职能拓展:给学习或工作带来更好的机会;(4) 幸福感:获得积极体验和规避消极体验;(5) 社会交往:促进同伴交往;(6) 公民责任:通过志愿参与,创建良好社区;(7) 回馈期望:通过今天的投入,期待日后的回报。

动机是志愿者参与志愿服务的一种契机,也是一种志愿精神,实践这种精神可以满足志愿者的高层次精神需求。根据马斯洛的需求层次理论,人在满足低层次需要后会寻求更高层次需要的满足,直至实现自我的价值。参与志愿服务的动机很大程度上是志愿精神的体现,志愿精神驱使着志愿

---

① 张爱卿:《论人类行为的动机——一种新的动机理论构想》,《华东师范大学学报》(教育科学版)1996年第1期。
② 吕晓俊:《非营利组织志愿者动机的考察——基于文化价值取向的视角》,《上海交通大学学报》(哲学社会科学版)2012年第1期。

者参与志愿服务,从事社会公益活动。

二、机构志愿者概述

随着社会的发展,社会服务机构得到国家政策、资金等各方面的支持,社会服务机构呈现出蓬勃发展的趋势,但同时也面临着人力资源管理方面的问题。在专业人才的数量和质量相对欠缺的情况下,志愿者为社会服务机构打开了一扇门,提供了人力资源上的有力补充。在社会服务机构的人力资源构成中,除了薪酬机制下的员工,提供志愿服务的志愿者是另一个重要部分。志愿者的加入,一方面可以使其在社会服务机构平台中施展自我才能、展示自我价值,另一方面也满足了社会服务机构需要志愿者承担部分辅助性、协助性工作,必要时甚至参与一些核心业务活动的需要。因此,志愿者是社会服务机构人力资源的重要补充,体现了社会服务机构的利他主义特性,是社会组织部门区别于其他部门人力资源管理的独特之处。

在考虑志愿者为社会服务机构提供志愿服务时,往往存在以下四方面的问题。

第一,志愿者对组织缺乏归属感。社会服务机构基于服务的需要而进行志愿者招募时,有时带有很强的临时性和任务性,这就使得所招募到的志愿者是"一次性的",很难进行相应的管理。志愿者要在这样的环境中实现真正地融入和留存有一定的难度,机构和志愿者之间的联系较弱,志愿者无法实现个人志愿服务精神,缺乏对组织的归属感,大多数志愿者最终会离开组织。

第二,志愿者参与群体受到限制。志愿者往往是无薪酬或者低薪酬参与活动,这就要求志愿者参与群体拥有极强的志愿精神和自我意愿。考虑到现实因素的限制和个人实际情况,我国的志愿者大多数是年轻的在校大学生群体,中青年群体的参与度较低,这点和西方的志愿群体反差较大。在西方国家,志愿者中已经工作的成年人和退休的老年人占相当大比例,许多志愿者终身从事志愿服务,且志愿服务的质量较高。[1]

---

[1] 郭泽保:《非营利组织志愿者的管理与人力资源开发》,《学习论坛》2009年第6期。

第三,志愿者相关培训不足。由于志愿者参与群体的限制,大部分参与的群体都较为年轻,经验不足,自身知识储备不足,在活动中会出现"心有余而力不足"的问题。[1] 青年志愿者的热情尚足,但专业化程度无法满足志愿服务的需求,甚至会给该群体带来挫败感,影响后续的志愿者服务。

第四,志愿者的稳定性较差。当社会服务机构志愿者活动安排的固定性较低时,志愿者的流动率会增大,留存率也会降低。研究表明,参与志愿服务时的随意性和不确定性随着时间而逐渐增大,较大比例的志愿者会在几次志愿活动后中断,再也不参与志愿服务。志愿者的主观因素占比太大,这使得机构较难留住一些经验充足的志愿者。

为进一步推进志愿者队伍的建设、志愿服务的制度化和志愿者管理的规范化,民政部近年来深入贯彻党的十八大、十八届三中全会精神和中央文明办部署,先后出台制定了《志愿服务记录办法》《中国社会服务志愿者队伍建设指导纲要(2013—2020年)》等纲领性文件,初步完成今后一个时期社会服务志愿者队伍建设的顶层设计,越来越多的社会服务机构将志愿者服务作为机构的重点关注服务模式。[2]

社会服务机构需要志愿者发挥志愿服务精神,然而志愿者在社会服务机构组织中还需不断磨合以发挥效能,进而与机构良好配合。因此,社会服务机构需要对志愿者进行有效的招募和管理,打造高效能的联动服务模式,减少志愿者在机构中招募与管理存在的问题,加强志愿者体系建设,实现志愿服务的可持续发展。

三、志愿者招募

(一)工作分析

社会服务机构需要志愿者,一些志愿者是自发地、主动地在机构进行志愿服务,另一些志愿者是由机构招募而来。机构在招募前必须对志愿者的

---

[1] 刘博、赵娜:《非营利组织志愿者管理问题优化》,《现代交际》2011年第7期。
[2] 中华人民共和国民政部:《民政部关于进一步加快推进民办社会工作服务机构发展的意见》(民发〔2014〕80号)。

招募细则进行工作分析。

志愿者在开展志愿服务时存在多方面问题,导致志愿者整体的流动性较大。在机构尚未和志愿者建立稳定的、和谐的联系的情况下,志愿者可能不再为机构提供志愿服务。因此,志愿者招募的条件是机构必须认真考量的关键点。机构首先应该对自己组织的宗旨、体制以及所需要的志愿者类型做一个合理的评估,建立一套志愿者招募体系。有些志愿者只是三分钟热度,跟随他人或者是一时兴起才参与志愿服务,无法提供长期服务。同样,有些机构为临时招募一些紧急志愿者,并未对志愿者进行考量,只是为了完成当前的机构工作而胡乱"凑人数",这也会使志愿者对机构的印象大打折扣,从而影响机构信誉。曾有研究表明,具备3P志愿精神的志愿者,即拥有热情(Passion)、毅力(Perseverance)和专业(Professionalism)的志愿者,才是参与志愿服务的长期、稳定人员,他们可以为组织提供高质量的志愿服务。[①] 总而言之,社会服务机构应该在招募志愿者前做好志愿服务岗位的分析工作,确认机构所需要的志愿者人才标准和机构的项目内容,兼顾志愿者和机构自身两方面的需求,以不随意、不将就的态度做好志愿者的招募工作。

(二) 招募流程

志愿者招募在完成岗位分析后,便可有序地展开具体的招募工作,有计划地招募志愿者,增加志愿者的储备人选。招募志愿者一般具有固定的流程,主要包括:制定志愿者招募计划、发布志愿者招募信息、甄选并录用合格志愿者。

1. 制定志愿者招募计划

机构根据岗位和需求设定所要招募的志愿者条件,包括志愿者的任务内容、目标、数量、期限等等。招募计划中既要充分考虑志愿者的志愿需求,也要基于机构自身需求明确要求和限定,为志愿者的招募做好条件准备。

---

① 参见杨淦、傅钵编著:《漫话慈善》,新华出版社,2006年。

通常情况下，招募计划类似于企业招聘，属于一般的招募计划，在计划中提出条件，寻找合适人选。有时也有例外情况，如目标招募，根据岗位的特定需求直接向一些特定群体发出邀请，有针对性地进行招募。

2. 发布志愿者招募信息

确定招募计划后需要将招募信息公开，发布给更多的人知晓，宣传志愿者的招募计划，让公众了解志愿者的招募条件、招募内容等等。传统的发布方式包括借助网络、报纸、广播等，也包括在不同的场合进行直接宣传，如学校、社区、医院等地。在网络时代，新兴的宣传方式可以包括借助各种网络平台和社交媒体，倡导更多元化的招募方式，扩大机构志愿者的影响力，吸引更多的志愿者前来应聘。

3. 甄选并录用合格志愿者

正常情况下，社会服务机构发布完成招募信息后，会收到一部分的志愿者意愿信息，定期将所有的意愿信息收集完后，人力资源部门可以进行初步筛选，采取笔试、面试等形式对志愿者的素质有一定的判断。与机构宗旨、目标相符合的志愿者是机构更倾向的人选，这样的志愿者能更理解和配合组织的管理，积极地为机构和社会作出贡献。完成甄选后，机构应该通知志愿者录用信息，并相应地建立志愿者档案。

四、志愿者管理

志愿者管理是社会服务机构如何对所招募的志愿者进行培训、评估和激励等的管理过程，通过科学有效的管理，不仅可以提高志愿者的专业素养和能力水平，还能增强其对机构的归属感，从而降低机构的志愿者流失率。

（一）培训管理

社会服务机构需要对新晋志愿者进行统一的培训，使其获得必要的志愿服务技能，确保机构的活动任务保质保量完成。在开展具体的培训时，可从两方面提高志愿者的综合素质：一方面是志愿精神的传递，志愿者参与志愿服务的内在动力很大程度来自志愿精神的支撑，组织应该对志愿者加强志愿精神的指引,提高志愿者参与的积极性,增强机构对志愿者的凝聚力。另一方面是志愿技能的培训,志愿者大都来自社会的不同阶层,对志愿服务有不一样的理解,针对不同的志愿岗位应该分类进行技能培训,针对性地提高他们的志愿技能,从而使志愿者们的服务更加专业化和规范化,从整体上提高社会服务机构的服务绩效。

此外,在提高志愿者综合素质的同时,还需要注意培训方式:(1)有些志愿者具有一定的管理能力,可以团结和带领其他志愿者更有效地参与机构的工作或活动,对这些志愿者可以安排其承担一定的管理工作,真正做到"人尽其才,才尽其用";(2)后加入的志愿者可以向先加入的志愿者学习,上一级志愿者可对下一级志愿者进行单独的培训,层级式发展志愿者培训,帮助志愿者之间进行良好的沟通;(3)志愿者大多拥有自己的本职工作,在不方便线下集体培训时,可以采用线上培训的方式,通过网络授课和研讨的方式,让志愿者可以更灵活安排学习时间,达到事半功倍的效果。

(二)评估管理

志愿者参与志愿活动后需要接受评估,特别是志愿者开展自身的评估管理。评估包括对志愿者活动的准备、表现、积极性、结果和效果等方面的全面衡量。对志愿者的评估可以帮助组织了解志愿活动的开展情况和志愿者的专业水平,便于总结活动成效和服务满足度。

常见的志愿者评估分为正式评估和非正式评估。正式评估一般是指年度评估,考核一年以来志愿者参与的志愿活动的情况,评估志愿者的优势劣势,评估的方式和形式都较为正式,评估方法和人力资源管理中的绩效评估较为类似;非正式评估的间隔时间较短,可以按天、周或月的频率对志愿者进行考核评估,通过评估可以在志愿者参与活动的过程中持续修正其偏差行为。

评估是监督志愿者志愿服务的一种形式,志愿者评估可以帮助社会服务机构甄别出优秀的志愿者,也可以督促志愿者保持志愿服务的精神和专业能力。如果志愿者在评估过程中表现出不适当的行为,影响机构服务项目的质量和水平,需要组织人员进行及时的沟通,这一般是由机构督导负责处理。若志愿者无视建议,和机构无法达成改善问题的共识,则要重新考虑对志愿者的招聘和录用,避免对其他志愿者甚至整个组织造成不良影响。因此,为保证志愿者的服务质量和效果,树立良好的社会服务机构形象,对志愿者实施评估管理是十分必要的。

(三) 激励管理

人们选择成为社会服务机构志愿者的动机大都源于内心的利他、奉献等志愿精神,志愿者正在成为社会服务机构人力资源越来越重要的构成。与此同时,社会服务机构也面临着志愿者流失问题的困扰。研究表明志愿者中断或退出志愿服务的理由主要包括以下 5 种情况:(1) 志愿活动的安排与志愿者内心期待不符;(2) 志愿者未感受到机构任何形式的回报;(3) 志愿者没有得到机构的专业培训和激励等方面的机会;(4) 志愿者的工作成就感很低,认为自己只是作为机构的临时援助力量,辅助活动任务的完成;(5) 对机构的时间、内容安排存在质疑。[1] 因此,为提高志愿者对服务机构的满意度,留住他们继续进行志愿服务,激励志愿者是比较适宜采取的一种方式。社会服务机构通过激励管理可以激发志愿者持续参与志愿活动的热情,增加其参与积极性,在志愿服务中获得个人成就感,对组织产生归属感,从而让社会服务机构和志愿者双方的默契度、合作度和持久度不断提高。

那么如何进行有效激励来回应志愿者的诉求,从而留下志愿者呢?

首先,激励的前提是和志愿者有及时、畅通和充足的沟通。在每次活动的前期准备阶段,机构和志愿者可以沟通本次活动的各项事宜,在既有的流程框架下提出有效意见,双方再进行商讨;在活动开展时,志愿者和机构可以根据活动的现场情况进行临时反应,完成活动;在活动后期,如同对志愿者的评估管理,即对志愿者的表现进行评估那样,志愿者也可以提出对活动

---

[1] See Kotler Philip and Andreasen Alan R. *Strategic Marketing for Nonrprofit Organizations*. Prentice Hall, 1995.

的完善意见。在经过如此沟通后,志愿者对于活动安排、活动具体内容的意见会得到及时反馈,参与活动商议的过程也会使志愿者产生一定程度的工作成就感。

其次,志愿者激励的类型分为物质激励和非物质激励两种。(1)物质激励:志愿服务本身是非营利取向的一种活动,志愿者对志愿服务的物质期望通常较低,机构在对志愿者进行物质奖励时也并不倾向于以市场上的工时薪资作为基准,更多采用的是志愿津贴发放、志愿物品补给、志愿福利赠予、交通补贴等形式。适宜的物质激励是机构对志愿者服务活动的肯定,也会对志愿者的工作热情、工作信心产生影响。(2)非物质激励:志愿服务的特殊性决定了志愿者对于志愿服务的激励需求并不主要是为了钱和报酬,更多是希望获得自我内在的满足。非物质激励主要是对志愿者精神方面的激励,如公开场合的表扬、表彰,或是媒体报道上的优秀事迹宣扬,抑或定期举行机构内部的志愿者评选比赛,等等。这些精神激励会为志愿者参与志愿活动服务给予充足的动力,同时也实现了志愿者内心的自我价值感,满足了志愿者的精神需要。

物质激励和非物质激励都是留住志愿者的一种方式,出发点都是为了使志愿者在机构中提供志愿服务时具有成就感和荣誉感,使他们保持积极的志愿服务态度。

第四节 督导管理

一、督导的含义

督导最初的形式是福利组织协会中一些专职社工对当时负责贫民窟的义工工作进行查看和监督的活动,后来逐渐发展为一种专业的训练方法。当下学界对于督导的定义已基本达成共识,主要是指一些资深的、对社会工作知识和技术掌握熟练的人员对其他员工进行培训、监督、指导的复杂动态过程,督导内容包括督导工作的规定,督导人员的学习、培养、任用等。通常承担督导职能的人员是机构内从事本领域本行业工作较久的社工、大学专业教授、一线工作人员等,而其他员工包括机构内部员工、需定期培训的志愿者,甚至是进入机构实习的学生。督导是以社会工作的核心价值为基础的提高过程,能促进机构内部形成一种良好的工作氛围,使被督导者的专业水平提升,增进他们的专业服务技能,促进机构活动的顺利进行以及高层次的发展需求。① 实质上,督导也是社会服务机构更好地满足服务对象需求的一种方式,属于间接服务工作方法,对于社会服务机构的发展也十分重要。

督导的类型包括内部和外部两种:(1)内部督导是指督导由社会服务机构内部的资深人员承担,这是常见的一种形式。内部资深人员对新进员工进行定期和持续的督导,为其传授专业知识和技术,以提升工作人员的专业技能,确保服务质量。② (2)外部督导是一种由机构外部的专业人士提供督导的形式,外部人员主要包括高校教师、优秀的机构高层管理人员、资历深厚的专业人士等。机构会与外部人士签订督导协议,确保提供优质的、适当的督导服务,用督导大量的实务经验为机构新进员工或有需要的员工提供一线辅导,以维持社会服务机构的专业服务品质。

二、督导的功能

传统的督导功能包括行政、教育和支持三大功能。而随着社会和机构的发展,督导的功能逐渐拓展,后续产生了领导和管理的功能,完善了督导的功能机制。社会服务机构的督导机制在各项功能上虽有一定程度的重叠,但每项功能的针对性和目标指向性都有所不同,具体如下。

(一)行政功能

督导的行政功能主要体现在机构的工作安排上,包括为员工的招募、甄

---

① 参见陈为雷编著:《社会工作行政》,中国社会出版社,2010年。
② 参见林茂生:《社会工作管理》,台湾高点文化事业有限公司,2002年。

选流程、培训发展等提供指导。进一步的督导管理甚至包含工作计划的制定、工作任务的分配、最终对工作成效进行监督等等。在整个过程中,督导并不是单方面"管控"被督导者,而是会为被督导者的利益考虑,给他们提供组织的服务信息和服务资源,安置被督导者的相关行政事宜,使组织体系完善地运行。

(二) 教育功能

督导的教育功能主要体现在对人才的专业知识、技能和技巧等方面的提升上。督导需要时刻保持学习的状态,确保自身对社会服务机构的熟悉度和专业度,再以授课、面谈以及讨论等形式对被督导者的工作能力予以指导,教导关于机构、社会问题和工作过程的一些特殊知识,培养被督导者的专业能力,提高其工作技能。教育功能的发挥实际上是督导主动输出,被督导者被动接受的过程,教育功能体现在工作过程所带来的反馈中。

(三) 支持功能

督导的支持功能主要体现在支持机构员工、志愿者等人员的服务心态上。社会服务机构的宗旨是满足服务对象的需求,以便增进更多的社会福祉,但事实上并非每个社会服务项目都可以获得圆满结局。从事"失败"项目的机构员工会产生失落情绪和挫败感,督导的支持在这时就显得格外重要。督导可以帮助被督导者从问题本身出发,循证分析问题的矛盾点,帮助被督导者释放内疚感,获得充足的安全感,完善自我技能,增加自信心,提高对工作和环境的适应能力。

(四) 领导功能

督导的支持功能主要体现在督导者对被督导者的领导过程上。被督导者是独立的个体,因此一些个体在付诸行动于服务项目时会有个人的想法和策略,这些属于个体化行为,并未从全局考虑。督导者在这时应采取适当的策略,号召被督导者参与督导,督导和被督导者共同为项目出谋划策,减少被督导者个体化的行为,使服务质量得到进一步的提升。但领导不可决断性地实施硬领导,实施不当会引起反效果,"软硬兼施"的领导是督导和被督导者更舒服的相处方式。

(五)管理功能

督导的管理功能主要体现在督导对机构内部资源的管理上。督导是机构的常驻人员和核心力量,机构内部的资源情况理应得到督导的支持和建议,特别是在关于机构人力资源的管理方面,从员工的招募到培训,甚至是最后的录用上岗,督导可全过程提供建设性的意见,帮助机构选取符合机构宗旨、愿为机构贡献力量的积极人选,进而实现机构对项目的需求和抱负。

三、督导的发展策略

随着社会变迁和公众需求的变化,督导的功能已经呈现新的发展趋势,即需要在更大程度上达到社会服务机构督导管理的需求。但同时,社会服务机构的督导管理也需要克服一些问题,找寻新的发展策略,建立高专业性的督导机制,保证机构的服务品质。

第一,不好大喜功,反思专业督导的经验和方法。督导管理在机构中确实对被督导者、对机构都产生了较为明显的作用,发挥着一定的效果。可督导的过程并不是完美的,要善于总结督导过程中的优秀经验,反思督导过程中的疑点和难点,逐步完善专业督导的经验和方法,推动督导管理的创新和发展。

第二,不故步自封,坚持专业督导的学习和探索。督导的方法在不断更新,督导也需要不断地学习新的督导技巧,提高自身督导素养,以保证为被督导者提供更优质的、更专业的指导。督导可以进一步学习了解国内外专业督导的最新成果,探索专业督导的内在特性和发展规律。

第三,不止于眼前,完善专业督导的模式和技术。目前督导的内容、功能等都处于变化发展中,眼前的督导体系并不是最终版,机构和督导要适应社会发展,灵活运用现有的督导手法,结合时代变化不断完善专业督导的模式和技术。

四、国内外社工督导制度的实践

在社会工作比较发达的国家,社会服务督导的主要任务就是对本地区的社会工作服务机构的行政领导、管理体制、工作方法、经费来源及收支情况,社会工作人员的业务水平、职业道德、执行和贯彻各项社会工作的规章制度、工作作风等进行监督、指导和评估。[①] 20 世纪 30 年代以来,美国最先将心理学的心理动力视角尤其是精神分析引入社工督导领域。随着社会心理学的兴起,小组—团队的视角也被加入进来。近年来,督导也逐渐融入系统性观点和组织/机构知识。在美国,督导仍然以传统形式与社会福利组织紧密相连(也经常以"上司督导"的形式出现)。此外,督导理论的心理治疗化程度有所增加。在欧洲已形成一个督导领域的联合会——欧洲国家督导组织联合会,由其发行相关信息杂志、组织专业研讨会并监督管理督导的培训标准。很多研究所和大学开设了硕士专业,专门培养(硕士学位的)督导员,但参加培训者必须是有过多年工作经验的社会工作者或心理工作者。[②] 欧美国家的这些理论、方法和技术一定程度上对我国社工机构督导制度的建立和发展起到了启示借鉴作用。

另外,在本土化项目制与场景化背景下,我国社工机构的督导具有相应的服务输送、社工成长和机构发展的任务。因而需要对应地设置三个层次的本土社工机构督导,即项目主管的督导、机构主管的督导和机构负责人的督导。这三个层面的督导是相互紧密关联、不可分割的。

我国各地已经先后开始了社会工作专业督导人才培养的工作。南方地区如深圳市在全国最先设立了督导体制,出现了第一批中国本土的督导员。除此以外,其他地区和城市也陆续设立了督导体系。深圳采取的是从社工

---

① 文军:《当代中国社会工作发展面临的十大挑战》,《社会科学》2009 年第 7 期。
② 张威:《社会工作督导的理论与实践分析:国际发展与国内现状》,《社会工作》2015 年第 3 期。

机构一线优秀社会工作者中选拔的方法,分级设置督导助理、初级督导和中级督导三个层次。[1] 广州市社会工作协会2015年颁布了《广州市社会工作行业督导人员资质备案、认证实施办法(试行)》,该办法包含了社工督导的备案、认证服务、职责和权利、工作要求以及激励和惩罚等,为社工督导队伍的规范化、专业化和持续化发展提供了制度保障。2009年至2020年,广州市社会工作协会成功举办了10届社会工作督导人才培训项目,累计培养了504名本土督导人才。其流程逐渐规范化、培训内容也在不断优化。[2] 目前广州市主要有外聘的大学老师、外聘的本土督导、机构内本土督导和外聘的香港督导4种类型。部分机构呈现减少香港督导使用频率、由香港督导担任专家顾问或机构内本土督导的使能者的角色。广州、深圳等地的先行探索和经验对我国其他省份和地方培养本土化的社会服务机构督导与评估队伍具有启发性意义。

案例思考与讨论:

辽宁省W社会服务机构的志愿者管理

W社会服务机构成立于2004年,注册于2015年。该机构2013年8月正式成为壹基金的辽宁合作伙伴,2016年被当地民政局评为4A级社会组织。W社会服务机构自身一直秉承"平等参与、相互扶持;助人自助、共求幸福"的宗旨,运用专业社工方法开展农村社区发展及流动儿童的城市融入,搭建辽宁省内公益平台,运营壹基金辽宁救灾网络以回应辽宁省中小型灾害工作,联合社会爱心人士参与社会服务,促进民间组织的发展。机构近年来的运行状态良好,发展了众多项目,涉及的范围也比较广,其目前服务

---

[1] 童敏、周燚:《"半专业"的专业性:本土社会工作督导清单及知识观考察》,《社会工作》2020年第3期。
[2] 参见崔夏琼:《社会工作督导发展现状、问题及对策研究——以广州市为例》,硕士学位论文,江西财经大学社会工作专业,2016年。

的领域有：(1)辽西部地区留守儿童、留守老人社区发展工作；(2)城市流动儿童社区融入项目；(3)搭建公益活动开放式平台，促进辽沈地区公益组织之间的协同合作、资源分享；(4)应急执行(壹基金)辽宁公益联盟，作为壹基金辽宁协调机构，与地州伙伴一同推进辽宁地区灾害应急救助行动。

该机构不断发展，迫切需要更多优秀人才的加入。除专职员工外，志愿者团队的建立是W社会服务机构一个重要的支撑，W社会服务机构的平稳发展离不开志愿者成员的加入与大力支持。W社会服务机构有自己的志愿者联盟群，并一直采用"社工＋志愿者"联动的模式，共同完成各类服务活动。机构自成立以来，始终非常重视志愿者团队的建立。其志愿者分为三个类型：高校志愿者、社会志愿者、"益二代"家庭志愿者。

1. 高校志愿者

高校志愿者人数最多，大多来自沈阳师范大学、沈阳工业大学、沈阳理工大学、沈阳城市建设学院等高校的志愿服务团队，也有其他高校志愿者以个人为单位参与活动。高校志愿者是志愿者队伍的主力军，很多服务的开展是借助高校志愿者的力量完成的，他们具有素质高、配合度高、时间充分等特点，在服务开展中发挥着举足轻重的作用。

2. 社会志愿者

社会志愿者数量其次，包括爱心企业志愿者和以个人为单位参与的志愿者。社会志愿者具有较高的持续性，一些社会志愿者自W社会服务机构成立以来就参与机构的志愿服务活动。他们不仅能参与服务，而且能为一些活动的开展提供资金、物资、场地等支持，人力与物力一同投入，帮助机构缓解资金和人力不足的现状。社会志愿者相对而言具备较强的组织能力，尤其是一直参与服务的老志愿者，他们在志愿活动中发挥着骨干作用，能主动带头组织志愿者有序完成任务，提高服务的效率。

3. "益二代"家庭志愿者

登记的"益二代"家庭志愿者有120名，他们通过让未成年儿童获得机构登记注册的"公益小天使"身份成为志愿者，并带动自己的父母参加志愿活动。"益二代"家庭志愿者是W社会服务机构在志愿者类型上的一个创新，主要通过家长带动孩子一起参与志愿者服务，除了可以帮助他人以外，更有利于丰富小朋友的生活体验。家长和孩子共同积累公益服务时长，既用爱心回馈了社会，又为家长和孩子创造了一个共同成长的机会。家庭志愿者在一些社区大型活动、义卖活动中发挥着不可替代的作用。

以上是关于W社会服务机构志愿者的类型，可以看出，在志愿者管理方面，W社会服务机构已经有了一些成文的志愿者管理办法，在借鉴其他社工机构经验的同时，也有一些自己的创新之处。科学的管理办法促使其志愿者队伍越来越强大。在一般的活动中，从招募到后期服务的评估，有一套清晰的流程。如在活动开始前两天，工作人员会在志愿者联盟群发布招募信息，人员招募结束后，工作人员会在群里发布具体活动的时间地点以及活动要求和注意事项；在一些比较大型的活动中，工作人员还会对志愿者进行分工，保证活动有效进行。当活动进行时，工作人员会以平等的态度与志愿者沟通，给予其充分的尊重。活动结束后，工作人员会将志愿者参与活动的照片发到群里，并引导志愿者掌握如何积累本次服务时长的方法，对志愿者的付出表示感谢。类似高校志愿团队下乡支教这样较长期的志愿服务，机构在结束后会通过电话回访和集中总结的方式对服务质量进行评估，及时总结经验教训，便于提高后续服务质量。

但W社会服务机构的志愿者管理也存在一些问题。机构曾对志愿者进行统一的问卷调查，调查结果表明，有93%的志愿者认为在参与志愿活动前进行相关培训是有必要的，甚至是非常有必要的。在最后一道开放问答题中，有多位志愿者提到，希望机构在活动开始前提供更为规范和专业的岗前培训、加强新人的培训、为志愿者提供活动手册方便了解活动流程等等。由此可见，W社会服务机构的志愿者的服务热情比较高，主动提出接受活动前的指导，希望得到相关的培训。

志愿者的服务精神对于W社会服务机构的发展是一件好事，但W社会服务机构的工作任务重，工作人员数量少，没有专职人员负责机构的志愿者管理，在管理上存在职能交叉的范围。志愿者的专职培训仅仅只针对中长期的、在项目中服务的志愿者，对短期服务的志愿者通常不会专门进行培训,只是在活动前简单说一下服务中的注意事项。机构渐渐意识到这种状态不利于保证服务质量,需要改进。那么有什么办法可以完善 W 社会服务机构的志愿者管理工作呢?

++

思考题:

(1) W 社会服务机构的人力资源管理有哪些特点?面临哪些挑战?

(2) W 社会服务机构的志愿者对机构管理存在哪些不满意的地方?该机构应如何应对解决?

第七章 社会服务项目管理

项目制现象是我国近十年来社会治理体制机制运行中的一个极为独特的现象,想要牵一发而策动全身,发现社会总体运行的内在规则,就需要寻找能够将社会经济诸领域的结构要素统合起来,并形成具体运行机制的线索,项目制便具有类似意义。项目制不单指某种项目的运行过程,也非单指项目管理的各类制度,而更是一种能够将国家从中央到地方的各层级关系以及社会各领域统合起来的治理模式。项目制不仅是一种体制,也是一种能够使体制积极运转起来的机制;同时,它更是一种思维模式,决定着国家、社会集团乃至具体的个人如何构建决策和行动的战略和策略。① 社会工作服务作为公共服务的重要组成部分,是社会工作专业人才运用专业方法为有需要的人群提供的包括困难救助、矛盾调处、人文关怀、心理疏导、行为矫治、关系调适、资源协调、社会功能修复和促进个人与环境适应等在内的专业服务类型。② 那么,社会工作服务如何能与项目制有效结合,社会服务项目何以有效管理发挥其作用,正是本章要讨论的问题。

第一节 社会服务项目管理的定义与原则

一、社会服务项目管理的定义

顾名思义,社会服务项目管理的定义应当建立于社会服务项目制基础

---

① 渠敬东:《项目制:一种新的国家治理体制》,《中国社会科学》2012年第5期。
② 中华人民共和国民政部、财政部:《民政部、财政部关于政府购买社会工作服务的指导意见》(民发〔2012〕196号)。

之上,因而有必要对我国社会服务项目制所涉基本概念有所明确。

(一) 社会服务项目及社会服务项目制

美国项目管理协会(Project Management Institute,简称 PMI)将"项目"定义为:提供某特别的产品、服务或者达成某样成果而进行的暂时性的努力。① 邓国胜认为,项目是在一定时间内为达到某种特定目标而调集在一起的资源组合,是为了取得某一特定成果而开展的一系列相关活动。② 简单来说,社会服务项目就是一个有明确目标、有服务主体与对象和有生命周期的一系列相关活动。

社会服务项目制则是一种社会服务机制,其伴随着近些年来我国社会组织的发展与我国社会服务需求的日益增加。此社会服务机制体现为:社会服务机构等社会组织向政府、基金会或企业等申请并承接某社会服务项目,经过项目设计与开发、执行与评估等一系列过程,达到预期效果。

(二) 我国社会服务项目制的基础

首先,随着我国经济的快速发展与人民生活水平的提高,国民对于社会服务的需求日益增加,但是社会服务供给不能有效满足快速提高的需求水平。其中,老龄化问题尤为突出。据我国第六次人口普查数据显示,我国60岁及以上人口达1.78亿,占总人口的13.26%。据中国发展研究基金会发布的《中国发展报告2020:中国人口老龄化的发展趋势和政策》预测,2035年到2050年是中国人口老龄化的高峰阶段,到2050年中国65岁及以上的老年人口将达3.8亿,占总人口比例近30%;60岁及以上的老年人口将接近5亿,占总人口比例超三分之一。③ 伴随着计划生育及经济社会转

---

① [美]项目管理协会:《项目管理知识体系指南》(第3版)(PMBOK ®指南),卢有杰、王勇译,电子工业出版社,2005年,第5页。
② 参见邓国胜:《非营利组织评估》,社会科学文献出版社,2001年。
③ 《中国发展报告2020:中国人口老龄化的发展趋势和政策》(2020年6月19日),新浪财经,https://tech.sina.com.cn/roll/2020-06-19/doc-iirczymk7921071.shtml,最后浏览日期:2022年9月13日。

型而带来的家庭结构的变化,当下家庭结构以"4-2-1""4-2-2"为主,日趋小型化的家庭结构无疑弱化了家庭的养老功能,据预测老人独居增长趋势显著(见图7-1),社会养老服务需求快速增长。

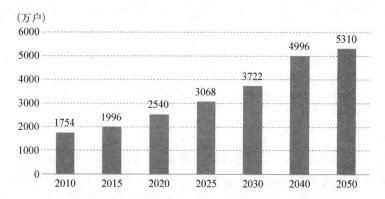

数据来源:《中国发展报告2020 中国人口老龄化的发展趋势和政策》。

图7-1　65岁及以上独居老人户数变动趋势

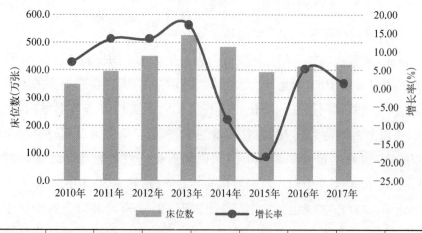

指标	2010年	2011年	2012年	2013年	2014年	2015年	2016年	2017年
床位数	349.6	396.4	449.3	526.7	482.3	393.2	414.0	419.6
增长率	7.1	13.4	13.4	17.2	-8.4	-18.5	5.3	1.4

图7-2　社会服务机构床位数[1]

---

[1] 《2017年社会服务发展统计公报》,http://www.mca.gov.cn/article/sj/tjgb/2017/201708021607.pdf,最后浏览日期:2022年9月13日。

同时，单一依靠政府提供社会服务的效率不足、成本较高已是共识①，且社会福利机构的服务数量还不足以满足社会需求。据民政部《2017年社会服务发展统计公报》数据，截至2017年，注册登记的养老服务机构2.9万个，社区养老机构和设施4.3万个，社区互助型养老设施8.3万个；各类养老床位合计744.8万张（每千名老年人拥有养老床位30.9张），其中社区留宿和日间照料床位338.5万张②，为满足持续增长的老龄人口对养老服务的需求，政府购买养老等社会服务应运而生。

其次，政府购买服务为我国社会服务项目制奠定制度基础，社会服务机构等社会组织的快速发展为我国社会服务项目制的建构提供了组织基础。③ 早在1995年，上海浦东新区就开始探索政府购买的新型公共服务提供模式，浦东新区社会发展局委托上海基督教青年会管理浦东新区罗山市民会馆，"罗山会馆"模式被认为是中国最早的政府向社会组织购买公共服务的探索，它打破了以往依靠政府单方面投入和运作的机制，采取了委托社会组织进行运作的形式。④ 随着近年社会组织的快速发展，政府购买服务规模也在持续扩大（见表7-1）。

表7-1　政府采购规模概况表

年份	文件名	发布时间	相关内容表述
2005	《2005年全国政府采购规模近3 000亿元》⑤	2006-8-9	2005年，服务类政府采购增长迅速，服务类政府采购195.8亿元，比上年增长41.4%，占政府采购总规模的6.7%

---

① 陈为雷：《政府和非营利组织项目运作机制、策略和逻辑——对政府购买社会工作服务项目的社会学分析》，《公共管理学报》2014年第3期。
② 《2017年社会服务发展统计公报》，http://www.mca.gov.cn/article/sj/tjgb/2017/201708021607.pdf，最后浏览日期：2022年9月13日。
③ 陈为雷：《社会服务项目制的建构及其影响研究》，社会科学文献出版社，2015年，第13页。
④ 贾西、苏明：《中国政府购买公共服务研究终期报告》，亚洲开发银行，2009年，第9页。
⑤ 《2005年全国政府采购规模近3 000亿元》（2006年8月9日），财政部官网，http://www.mof.gov.cn/zhengwuxinxi/caizhengxinwen/200805/t20080519_24161.htm，最后浏览日期：2022年9月13日。

续 表

年份	文 件 名	发布时间	相关内容表述
2008	《2008年全国政府采购规模达5 990.9亿元》①	2009-8-7	2008年全国政府采购规模5 990.9亿元,比上年增加1 330亿元,增长28.5%,占当年财政支出的9.6%,占当年全国GDP的2%,资金节约率11.2%。服务类采购453.3亿元,比上年同期增长27%
2009	《2009年全国政府采购规模达7 413.2亿元》②	2010-7-21	2009年全国政府采购规模7 413.2亿元,比上年增加1 422.3亿元,增长23.7%,占当年财政支出的9.8%,占当年全国GDP的2.2%,资金节约率11.5%。服务类采购544.2亿元,比上年同期增长20%
2013	《2013年全国政府采购规模达16 381.1亿元》③	2014-7-15	2013年,全国政府采购金额为16 381.1亿元,比2012年增加2 403.4亿元,增长了17.2%。随着国民经济结构的调整,政府采购规模的内部结构不断发生变化 2013年,服务类政府采购实现1 534.4亿元,较上年同期分别增长26.4%。2013年工程类、服务类采购继续保持快速增长态势,占采购总规模的比重也逐渐增加。服务类采购继续保持快速增长态势,得益于党和国家将推广政府购买服务作为当前全面深化改革的一项重要举措

---

① 《2009年全国政府采购规模达7 413.2亿元》(2010年8月24日),中国产业经济信息网,http://www.cinic.org.cn/xw/tjsj/241872.html,最后浏览日期:2022年8月3日。
② 同上。
③ 《2013年全国政府采购规模达16 381.1亿元》(2014年7月15日),财政部官网,http://www.mof.gov.cn/zhengwuxinxi/caizhengxinwen/201407/t20140715_1112991.htm,最后浏览日期:2022年9月13日。

续　表

年份	文件名	发布时间	相关内容表述
			党的十八大强调要加强和创新社会管理,改进政府提供公共服务方式。国务院印发了《关于政府向社会力量购买服务的指导意见》(国办发〔2013〕96号),明确要求加大政府购买服务力度,各地也研究制定了相关工作意见。政府采购服务类项目已从传统的专业服务快速向新型的商业服务和公共服务领域扩展。同时,各级财政部门也围绕当地经济社会发展目标,多方拓展政府采购服务范围
2014	《2014年全国政府采购简要情况》①	2015-7-30	2014年全国政府采购规模为17 305.34亿元,比上年增加924.24亿元,增长5.6%,增幅下降11.6个百分点,占全国财政支出和GDP的比重分别为11.4%和2.7%。政府采购规模呈现增速放缓、结构优化的特点,推进政府购买服务改革、落实支持中小企业发展政策等效应逐步显现。随着政府购买服务改革的推进,政府向社会力量购买服务项目大幅增加,服务类采购增长迅速。服务类采购金额1 934.25亿元,比上年增长26.1%,占采购总规模的11.2%,比上年提高1.8个百分点。其中,环境服务、文化体育服务为106.59亿元、17.24亿元,比上年增长114.0%、25.1%
2017	《2017年全国政府采购简要情况》②	2018-9-30	2017年全国政府采购规模持续快速增长,采购规模达32 114.3亿元,比上年同口径增加6 382.9亿元,增长24.8%,占全国财政支出和GDP的比重分别为12.2%和3.9%

---

① 《2014年全国政府采购简要情况》(2015年7月30日),财政部官网,http://gks.mof.gov.cn/ztztz/zhengfucaigouguanli/201507/t20150730_1387257.htm,最后浏览日期:2022年9月13日。

② 《2017年全国政府采购简要情况》(2018年9月30日),财政部官网,http://gks.mof.gov.cn/ztztz/zhengfucaigouguanli/201809/t20180930_3033022.htm,最后浏览日期:2022年9月30日。

续 表

年份	文 件 名	发布时间	相 关 内 容 表 述
			2017年政府采购结构发生较大变化,服务类采购规模增长迅速。货物类采购规模为8 001.8亿元,比上年增长10.5%;工程类采购规模为15 210.9亿元,比上年增长11.6%;服务类采购规模为8 901.6亿元,比上年增长83.1%。货物、工程、服务采购规模占全国政府采购规模的比重分别为24.9%、47.4%和27.7%,**服务类采购规模占比首次超过货物类**,主要是政府购买服务改革深入推进,促进服务类采购需求增加,带来采购规模大幅增长,服务采购范围由保障自身需要的服务不断向社会公众提供的服务快速拓展
2018	《2018年全国政府采购简要情况》①	2019-9-6	2018年全国政府采购规模增幅趋缓,采购规模达35 861.4亿元,较上年增长11.7%,占全国财政支出和GDP的比重分别为10.5%和4%。货物、工程类采购规模增长平稳,服务类采购规模增长迅速。服务采购规模为12 081.9亿元,占全国政府采购规模的33.7%,增幅为35.7%。在服务类采购中,保障政府自身需要的服务和政府向社会公众提供的公共服务分别为5 705.5亿元和6 376.4亿元,占服务类采购规模的47.2%和52.8%
2019	《2019年全国政府采购简要情况》②	2020-8-27	2019年全国政府采购规模为33 067.0亿元,较上年减少2 794.4亿元,下降7.8%,占全国财政支出和GDP的比重分别为10.0%和3.3%。服务类采购规模降幅明显,服务采购规模为9 455.6亿元,占全国政府采购规模的28.6%,增幅为-21.7%

---

① 《2018年全国政府采购简要情况》(2019年9月6日),中国政府网,http://www.gov.cn/xinwen/2019-09/06/content_5427829.htm,最后浏览日期:2022年10月25日。
② 《2019年全国政府采购简要情况》(2020年8月27日),财政部官网,http://gks.mof.gov.cn/gongzuodongtai/202008/t20200826_3575224.htm,最后浏览日期:2022年9月13日。

综上所述,我国对社会服务有大量需求的事实是明确的,且社会服务项目制是需要以社会组织的存在与发展以及政府购买服务为基础的,并经过一个"申请—承接—执行"的项目服务过程的。在此,综合学术界和实务界对社会组织项目管理的理解①,结合社会服务机构本身的特点,可以将社会服务项目管理定义为:以社会服务机构等为代表的社会组织为了实现其宗旨,通过项目申请的形式获取资金、人力等社会资源,优化配置所获得的资源,有效地组织、计划、控制项目的运作过程。

二、社会服务项目管理的原则

美国是最早将项目管理作为学科的国家,以满足建设和管理大型项目的需要。美国项目管理协会在20世纪70年代就提出了项目管理的知识体系(Project Management Body of Knowledge,简称PMBOK)的概念,并将其编辑成指南。截至今日,PMBOK已发展至第六版,该版把项目管理划分为十大知识领域,即:项目整合管理、项目范围管理、项目时间管理、项目成本管理、项目质量管理、项目人力资源管理、项目沟通管理、项目风险管理、项目采购管理、项目干系人管理。② 中国的项目管理知识体系也于2003年到2012年之间由中项技工程技术研究院等单位开发,建成一套四维项目管理体系(4DPM)。③

根据社会服务项目的定义,社会服务类项目大多需要向项目发包方申请,因此项目申请的环节成为管理的重点之一。同时,社会服务项目不以营利为目的,且经由社会服务机构执行,因而社会服务机构的宗旨也在社会服务项目管理的过程中占有重要分量。

根据社会服务项目管理的特殊性,在实施项目管理的时候,需要遵循下列原则。

(1)紧扣组织宗旨。宗旨是一个社会服务机构的最高行动纲领,考虑项

---

① 参见王名编著:《非营利组织管理概论》(修订版),中国人民大学出版社,2010年。
② 参见[美]项目管理协会:《项目管理知识体系指南(第6版)疑难解答》,高屹译,电子工业出版社,2019年。
③ 参见栗子、关山云、瑞丰:《项目管理知识体系(大纲)》,经济日报出版社,2012年。

目立项及运作时,必须紧密结合宗旨。一般来说,在众多的可行项目中,应当优先选择与机构宗旨相吻合的那部分。而在实际操作中,只要和当前的战略规划目标吻合即可。但是,如果机构尚有运作项目的余力,对于企业或其他组织主动要求合作的项目,即使和宗旨无关,出于机构发展的考虑,也可以适当参与。

(2) 重视申请环节。社会服务项目通常需要社会服务机构向其他部门或组织进行申请。例如,各种基金会、支持机构、中介机构、国际组织、政府部门、企业等。机构应该做好项目选择、可行性分析、项目建议书撰写等申请环节,有利于提高申请的成功率。

(3) 注重项目运作效率。虽然社会服务机构开展项目不以营利为目的,但这并不表示项目管理不需要顾及效率。社会服务项目管理也需要控制成本,优化资源,提高效率。

(4) 规范化。项目管理的规范化对于提高社会服务项目管理的成效有着重要意义,社会服务机构的领导层通常按届选举产生,加之经常要吸收机构外部的人士加盟,因而人员更换比较频繁。一套简单而高效的规范化项目管理程序,有利于项目管理的可持续性。

第二节 社会服务项目的开发与设计

一个好的社会服务项目,项目的开发与设计环节至关重要。简单来说,社会服务项目的开发与设计应当遵循这样一个流程:首先,社会服务机构要在秉持机构宗旨的基础上,明确机构的服务承载力,确定机构能够开展多大规模或是多少数量的服务项目。其次,应当进行包括(1) 认识问题,(2) 确定解决问题的资源,(3) 根据问题的严重性排列优先次序,(4) 开展方案策划与提供服务等在内的需求评估。再次,确定服务项目的目标、策略、方案计划等。目标可从总目标(项目服务的效果,对目标人群带来的影响)和具体目标(根据总的服务目标,细化为具体量化的目标、遵循 SMART 原则)两方面入手,并基于目标提出策略、评估策略和筛选策略(SWOT 分析）。方案计划可依照制订可行性方案、选择理想可行的方案、确定资源、制订行动计划的路径进行。最后，社会服务项目开发与设计的过程中还应当考量可能涉及的伦理问题。

一、社会服务项目设计思路

事实上，社会服务项目因其资源、对象、目标的不同而千差万别，社会服务项目的具体设计思路也大有不同，但总体而言存在一个大致的基本逻辑。

（一）从社会服务项目的目标出发

从社会服务项目的目标出发，主要有两种不同的专业服务设计的思路：一种以类型化的思维为主要的思考方式，采用"需求—满足"的服务设计逻辑，以问题的消除为中心；另一种以差异化的思维为主要的思考方式，采取"能力—提升"的服务设计逻辑，以人的成长为中心。两种设计思路具有不同的设计逻辑，如表7-2所示。

表7-2　以需求为导向和以成长为导向的项目设计逻辑对比

比较内容	以需求为导向	以成长为导向
项目起点	类型化的服务需求	生活困境的应对能力
项目焦点	类型化的困难 （具有类型化、割裂化、静态化的特征）	生活困境的应对方式 （具有差异化、变动性、关联性的特征）
项目安排	服务规范性 （具有标准化、程序化、正式化的特征）	服务个别化 （具有个性化、弹性化、日常化的特征）
项目目标	问题消除（过去指向）	能力提升（未来指向）
服务关系	专业指导	平等协助
逻辑基础	因果逻辑	选择能力

尽管这两种项目设计的思路不同,但它们都是针对服务对象提出的问题而采取的服务应对策略,目的都是帮助服务对象消除或者减轻日常生活中遭遇的困扰,改善服务对象的生活状况。

相较而言,以需求为导向的项目设计更明确、更简洁,但是这样的项目设计思路也有明显的不足,就是类型化地看待服务对象的劣势和服务的实施过程,容易忽视服务对象的真实要求,也容易僵化服务的流程。特别值得注意的是,这样的项目设计思路需要依赖"专家"的标准,以专业身份和专业资源为依托。否则,社会工作者与服务对象之间的专业合作关系是无法建立起来的,专业服务的开展更是无从谈起。对于中国的社会工作者而言,其工作场所通常是在家庭、社区等服务对象日常生活的场所,在那样的工作场景中他们既没有专业的身份,拥有的专业资源也非常有限。以这样的条件运用以需求为导向的项目设计思路,难度可想而知,因此很容易走向行政化和形式化。①

另外,以成长为导向的项目设计需要社会工作者走进服务对象的日常生活,跟随服务对象的成长步伐寻找专业服务开展的空间,它可以避开对社会工作者的专业身份和专业资源的要求,真正瞄准服务对象的成长改变的要求,实现社会工作"助人自助"的目标。但它对社会工作者提出了完全不同于以需求为导向的项目设计的要求,需要社会工作者学会在日常生活中建立专业关系,并且运用一种差异化的思维方式,设计个性化的服务方案。②

通过上述梳理可以发现,以需求为导向的项目设计和以成长为导向的项目设计在项目服务的起点、焦点、安排、目标以及专业服务关系上都存在明显的差别。两者的不同是逻辑基础的不同,前者把社会工作者视为服务对象生活的专家,通过对服务对象过往经历的分析找到服务对象改变的普遍规律,指导服务对象解决问题,它遵循了类型化思维的实证主义哲

---

① 陆德泉:《社会发展视角探索社会工作的本土化策略——以南非建构发展性社会工作体系的路径为例》,《中国农业大学学报》(社会科学版)2017年第3期。
② 童敏、史天琪:《社会工作专业服务的本土框架和理论依据——一项本土专业服务场域的动态分析》,《中国农业大学学报》(社会科学版)2017年第3期。

学逻辑①；后者把服务对象作为自己生活的专家，通过挖掘服务对象的现实生活困境的应对能力，提升服务对象的生活自决能力，从而协助服务对象找到更有改变希望的生活，它相信每个人都有选择的能力，秉持的是一种人本和存在主义的哲学逻辑。② 正是在这样的哲学逻辑指导下，以成长为导向的项目设计让社会工作者有了在服务开展的动态过程中的专业身份和专业资源，因为通过日常生活中实际问题的解决，服务对象及其周围他人就能看到服务的成效，由此确认社会工作者的专业身份和专业资源。基于此，社会工作者也体现了与心理治疗师和社区工作者在专业身份上明显的差别。③

从中国社会工作服务开展的实务处境来看，以成长为导向的项目设计思路，要比以需求为导向的项目设计思路具有更好的适应性和更高的学习推广价值，它也更值得本土社会服务机构去探索、总结和提炼。

(二) 从社会服务项目发展的逻辑模式出发

项目发展的逻辑模式(Program Development Logic Models，简称PDLM)是贯穿社会服务项目设计、实施和评估的全过程，并强调项目的资源投放与成效之间逻辑关系的项目管理模式。它不仅为项目管理者提供了可视化的图像和清晰的逻辑框架，也为项目工作人员、资助方和利益相关者提供了沟通的桥梁。

项目发展的逻辑模式可追溯至20世纪70年代。1976年，本内特(Bennett)在《七个层次的证据》(*Seven Levels of Evidence*)④一书中提出的"合作扩展圈"(Cooperative Extension Circles)的概念，是现今逻辑模式的雏形。而"逻辑模式"(Logic Model)这个词最早出现在约瑟夫·S. 侯雷(Joseph S. Wholey)于1979年所著的《评估：承诺与绩效》(*Evaluation: Promise*

---

① See Fook, Jan. *Social Work: Critical Theory and Practice*. Sage Publication Ltd., 2002.
② See Krill, D.F.*Existential Social Work*. The Free Press, 2014.
③ 童敏：《中国本土社会工作发展的专业困境及其解决路径———项历史和社会结构的考察》，《社会科学辑刊》2016年第4期。
④ See Claude F. Bennett. *Teaching Materials on "Seven Levels of Evidence": A Guide for Extension Workers*. U. S. Department of Agriculture, 1998.

and Performance)一书中。①

本章所讨论的项目发展的逻辑模式是由美国威斯康星大学的学者在借鉴众多前人的经验研究基础上于1995年提出的。如今,威斯康星大学已经开发出完备的课程、教材,并为美国众多非营利组织和管理者提供培训。

在20世纪70年代,评估专家们(如本内特、约瑟夫·S. 侯雷等)为使项目的目标和成效能够更加清晰与可评估,制定了一系列评估指标并发展出一系列技术。这在推动逻辑模式的发展中起到了重要的作用,因此逻辑模式有时也被称作"评估的框架"。

项目发展的逻辑模式一共包括四大部分(共八个环节)(见图7-3):处境分析(Situational Analysis)、优先处理的问题(Priority Setting Problems)、项目发展的逻辑模式(Program Development Logic Model)以及评估(Evaluation)。而项目发展的逻辑模式部分又可细分为资源投入(Inputs)、产出(Outputs)、成效(Outcomes-Impact)、假设/理论基础(Assumptions)、外在环境因素(External Factors)。

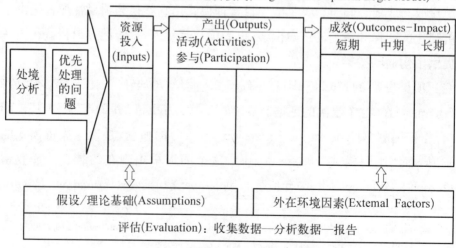

图7-3 项目发展的逻辑模式图

---

① See Wholey, J. S. *Evaluation: Promise and Performance*. Bureau of Justice Statistics, 1979.

二、社会服务项目设计的维度

人们在日常生活中遭遇的困扰以及寻求解决的过程往往在空间关系、时间发展和意义解释这三个维度上展开,表现为生活安排的变化、成长计划的调整以及心理感受的调适等。因此,通过对这三个维度的综合把握,项目的服务内容和服务安排才能够与服务对象的日常生活安排对接起来,使项目的服务逻辑能够符合服务对象日常生活的逻辑,社会服务项目的设计亦可从这三个维度考虑。

(一) 空间关系维度

社会服务项目的最直接目标是在日常生活的困境中协助服务对象找到问题解决的方法和途径。然而,这些问题是嵌入服务对象的日常生活场景的,不仅与服务对象的其他生活安排相关联,而且与服务对象身边的重要他人相联系。因此,项目设计的空间关系维度考察就要求社会工作者在了解服务对象的困扰时,注意观察与困扰相关联的服务对象的日常生活安排和人际关系。

从服务对象的生活安排的角度考虑项目设计时就需要了解以下这些方面的内容:服务对象想解决的问题出现在他的日常生活安排中的什么环节?问题所在的生活场景是什么样的?服务对象有哪些其他生活方面也受到这个问题的影响?针对这一问题的服务介入会如何影响服务对象日常生活中的什么安排?服务介入所带来的问题状况的改变又会对服务对象的生活有哪些连带的影响?这些项目设计时的考察不仅将服务对象的问题还原到他的生活场景中,看到服务对象日常生活安排的不同环节之间的关联,而且把服务项目本身放到了服务对象的日常生活中。如此,当服务对象分出一部分时间和精力参与服务项目时,他的其他生活安排也便于作出相应的调整。

从服务对象的人际交往角度考虑项目设计时需要了解:服务对象困扰的出现、变化以及解决过程会影响服务对象身边哪些重要他人?服务对象与他们之间是如何进行沟通交流的？其中，哪些对于服务对象来说是重要的社会支持？哪些阻碍服务对象的成长改变？每个人都生活在人际交往中，人际交往状况的变化直接影响着人们对生活的安排。值得注意的是，在考察服务对象的人际交往时可以从两个层面来理解：第一，人与人之间的直接互动，像服务对象与身边的重要他人之间的相互影响就属于这一层面，它是两个个体之间的交往；第二，角色与角色之间的直接互动，因为每个人在社会生活中都承担着一定的角色，人与人之间的相互影响就会带动角色与角色之间的相互作用。例如，母子之间的沟通，如果发生在家里，就受到家庭角色分工的影响；如果发生在学校，则受到家庭环境之外角色扮演要求的影响。可见，人不是生物意义上的个体，他需要承担社会角色，而且只有通过社会角色的承担，人与社会之间的关系才能更好地呈现出来。经由这样的设计思路，社会服务项目就不会局限于个人或者人际这样微观的层面，它同时拥有了更为宏观的社会层面的考察，展现社会服务的"社会"本质。

(二) 时间发展维度

社会服务项目设计对时间发展维度的考察目的是将空间关系置于时间发展的脉络中，理解服务对象成长改变的进程以及服务项目可能给服务对象的未来生活安排带来的改变。这也意味着，社会项目服务有一个很重要的特征，就是时间跨度比较大，通常需要一年或者更长的时间才能完成。因此，在设计社会工作专业服务项目时，时间发展维度的考察就显得非常重要，它能够帮助社会工作者了解服务对象成长变化的规律，配合服务对象成长改变的步伐，设计有针对性的服务活动安排，让社会工作专业服务项目能够随着服务对象成长改变步伐的变化有不同的侧重点。

(三) 意义解释维度

空间关系维度和时间发展维度的考察是为了帮助在设计社会服务项目时能了解服务对象遭遇困扰的时空特点，以便能够看清楚服务对象的困扰在时空方面的关联性。然而,服务对象不只是被观察的对象,他和社会工作者一样也有自己不同的观察视角和生活体验,也需要为自己的生活安排做出决定,承担起自己需要承担的责任。

因此,社会工作者在设计专业服务项目时还需要另一种从服务对象主观感受角度出发考察的维度,这就是意义解释维度,即考察服务对象在日常生活的困境中是如何理解自己遭遇的问题和生活处境的。就此维度而言,服务对象在生活困境中对问题的认识(心理的认知因素)、感受(心理的情绪因素)和行动(心理的行为因素)等反映了服务对象的基本心理状况,是设计社会服务项目时需要考察的内容。值得注意的是,在实际生活中这三个心理因素是围绕问题的确定和解决的过程而展开的,既涉及解决问题的行动规划,也涉及解决问题的行动实施和经验总结。正是在这样"规划—行动—反思"的循环往复的过程中,服务对象的生活才可能发生改变。

三、社会服务项目设计流程

(一) 需求评估

在需求评估方面,针对哪些对象开展什么方面的评估,是开发和设计社会服务项目需求评估时首先需要解决的难题。

提及需求评估,首先就会想到"需求""问题""能力"和"资源"等相关概念。到底在需求评估工作中评估什么?是"需求""问题""能力",还是"资源"? 不同的学者有不同的答案,有的认为是"需求",相信项目的服务人群需要什么,就应该提供什么服务[1];有的强调是"问题",认为只有解决了服务人群的问题,他们的生活才能发生实际的改变[2];有的注重"能力",坚信每个人都是有能力的,只有发掘了服务人群的能力,才能做到"助人自助";

---

[1] See Woods, M.E. and Hollis, F. *Casework: A Psychosocial Theory* (4th ed.). McGraw-Hill Publishing Company, 1990.
[2] Perlman H. H. "Social Casework as Problem Solving Process," *Deutsche Krankenpflegezeitschrift*, 1975, 28(4), pp.193-194.

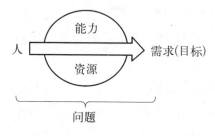

图 7-4 服务项目需求评估框架

有的则认为"资源"的运用很重要,只有借助一定"资源"的运用,才能促使服务人群发生改变。实际上,问题、需求、能力和资源这四个概念在实际生活中是紧密关联的,很难拆分开来,它们一起构成需求评估的基本框架(见图 7-4)。社会服务项目的需求评估也正是从问题需求和能力资源这两个维度对人们在问题困境中的应对能力进行分析和考察。其中,问题需求主要侧重于考察需要改变的焦点,即服务人群在应对环境挑战的什么行动焦点上需要他人的帮助;能力资源主要考察需要改变的方式,即服务人群在应对环境挑战的什么行动方式上需要他人的帮助。通过服务项目的需求评估,在进行社会服务项目的开发和设计时才能明确服务人群到底需要在什么行动焦点上以及什么行动方式上做出改变和调整。

（二）形成逻辑框架

在设计与开发社会服务项目时,需要注重项目的结构性,项目的结构性是就项目的服务对象而言的,它指项目的服务对象在日常生活中遭遇问题时所呈现的影响问题变化的各种因素的内在关联,包括影响的基本要素以及各要素之间的关系。

通过对社会服务项目的结构性考察,有助于在项目进行时帮助服务对象将日常生活经历中各种零碎、散乱的相关信息联系起来,厘清影响问题变化的各种主要因素以及它们之间的相互关系,从而摆脱日常生活直接经验的限制,运用整体、系统的视角处理好日常生活中的冲突,扩展服务对象自身在日常生活中的成长改变空间。因此,在社会服务项目设计与开发时关注社会服务项目的结构性,能帮助设计者梳理服务对象的日常生活经验、理解日常生活的基本逻辑框架,也是设计者拓展对服务对象日常生活理解,进而设计适合服务对象的社会服务项目的关键。

（三）设计服务关联

社会工作即福利部门和服务机构针对个人、团体（家庭或小组）、组织、社区等因为与其外在环境的不当互动而形成的弱势情况，利用专门的方法和技术，协助当事人改变或推动环境的改变，促进两者的适应性平衡。[1] 因此，在进行社会服务项目的设计和开发时，社会服务项目中的服务活动安排常常涉及两大类服务：一类是偏向微观心理辅导的服务，关注服务的心理深度，侧重心理层面的改变；另一类是注重宏观社会支持的服务，注重服务的社会广度，强调社会层面的改善。

在设计社会服务项目时，可能会有整合不同类型的服务项目的需求，即综合性的社会服务项目。这样的整合绝不是个案工作、小组工作和社区工作服务的简单叠加，而是两种不同类型的服务能够相互促进，共同带动服务项目目标人群的成长改变。这样，进行社会服务项目的设计时也就需要仔细考察服务项目目标人群在日常生活中的成长改变的要求，根据他们自身的不同成长改变要求有针对性地设计不同类型的服务，使服务项目目标人群在心理层面的改变与社会层面的改善自然衔接起来，相互促进、相互转化，保证项目服务的转接性。实际上，社会工作专业服务项目的关联体现的恰恰是社会工作"人在情境中"这一基本原则的运用要求。对于社会弱势人群来说，个人的改变与环境的改善只是社会工作者开展专业服务的不同着手点，它们本身是不能被人为地拆分开来的，而是需要社会工作者借助人际结构动态，具备把握服务项目目标人群心理结构改变和社会结构改善的心理社会双重视角。

（四）巩固服务成效

通常社会服务项目的设计不同于社会服务活动设计。一般来说，社会服务项目的时间跨度比较大，且由多个服务活动组合而成。对于社会服务项目而言，它的服务成效不是各个活动成效的简单相加，而是逐次、逐层累

---

[1] 参见顾东辉主编：《社会工作概论》，复旦大学出版社，2008年。

加的。这种成效的累加意味着,社会服务项目需要从项目的服务人群(主要包括目标人群和潜在人群)出发,通过协助他们解决面临的实际问题,真正实现生活的改变,而服务活动只是作为促进服务项目目标人群成长改变的工具。特别是在针对社区的日常生活场景中开展那类服务项目,项目服务人群的任何改变都与他们日常生活的变化紧密联系在一起,因而日常生活中实际问题的解决也就显得更为重要。

服务项目目标人群到底在日常生活中遇到什么困难,这些困难如何能够得到解决以及困难解决过程到底给目标人群带来何种成长改变等,这些方面成为社会工作者关注的焦点。这样的社会服务活动设计是以整个社会服务项目为单位,根据项目的时间跨度和空间维度有意识地安排服务活动,以有效促进目标人群的改变和成长。

第三节　社会服务项目的执行

在实践中,各个组织都有不同的项目管理方法和程序,但其目的是一致的,即优化项目资源的使用,加强项目活动的管理,以便利用有限的资源实现目标。在项目获得批准进入实施过程后,需要组织启动管理程序。社会服务项目的执行主要包括项目启动、实施计划与原则、项目的组织整合、项目的控制等环节。

一、项目的启动

社会服务机构应该重视启动项目。有的机构在启动项目时常常会忽略可能遇到的问题和困难,容易盲目启动、仓促上马,导致项目实施中的混乱,无法按照计划进行,给后期的项目实施带来极大的风险,甚至最终遭受损失。因此,越来越多的社会服务机构对于执行项目的决策已经趋于理性,严格要求做好项目启动前的论证工作。在满足当前紧迫的业务需求和长远的战略需求之间做好平衡,确保项目建设的成功。

项目启动的准备工作比较烦琐,具体事宜取决于项目所在的管理环境要求。在项目启动准备期,可以准备一个项目启动检查清单,以确保项目启动工作的有序,避免疏漏。一般人员对于社会服务项目申请工作涉入不深,对于项目的具体细节并不是很了解,因此需要有一个类似动员会性质的项目启动环节,这样可以帮助大家了解情况,强化意识,增进和调动组织整体的积极性。

二、实施计划与原则

项目计划是一种使具体目标和战略明确的过程,是一个关于如何启动、维持和保证项目顺利实施并完成的过程。社会服务项目计划是围绕社会服务机构项目目标展开的,它系统地确定项目的任务、编制预算、项目进度等,从而保证项目能够在合理的期限内,尽可能以少的投入和高的质量完成。

制订项目计划的目的在于把项目的主要设想和战略落实为具体明确的行动,并确定各项活动所需的投入,以及有关部门、人员的职责。项目计划一般可分为:收集和整理有关信息,确认项目目标,任务分解,确定相关人员责任、权力、进度和预算等几个过程。

社会服务项目计划要遵循一些原则。项目计划的原则主要有:第一,目的性。任何项目都有一个或几个确定的目标,以实现特定的功能和任务。任何项目计划的制订正是围绕项目目标的实现而展开的。第二,系统性。项目计划本身是一个系统,由一系列子计划组成,各个子计划彼此相对独立,又紧密相关。第三,动态性。在项目的执行周期内,项目环境常处于变化之中,使计划的实施偏离项目的基准。因此项目计划要随着环境和条件的变化而不断调整和修改。第四,相关性。项目计划是一个系统的整体,构成项目计划的任何子计划的变化都会影响到其他子计划的制订和执行,进而最终影响整个计划的正常实施。第五,职能性。项目计划的制订和实施不是以某个组织或部门内的机构设置为依据,也不是以自身的利益及要求为出发点,而是以项目和项目管理的总体及职能为出发点,涉及项目管理的各个部门和机构。

三、项目实施中的组织整合

项目有了实施计划后,随之而来的就是组织实施。在这个环节,需要通过组织文化诱导和实施系统的组织建设,实现相关力量的整合。

首先,项目文化建设。文化属于项目的社会环境之一,任何项目必然在一个文化背景下进行。项目组织在项目管理中会形成自己独特的文化,反映组织共同的价值观、信念、作风等。良好的组织文化对项目管理具有积极的作用,具有凝聚、导向、激励、约束和协调等功能。塑造组织文化是一项复杂而艰巨的工作,需要领导者有意识、有目的、有组织地进行诱导和强化。一般应从项目意义宣传开始,并通过会议的方式,使项目的文化氛围逐渐形成,将组织成员的注意力集中到项目的实施和调动方面。

其次,项目组织设计。项目组织结构是项目系统内的各个组成部分及其相互关系的框架,是项目组织根据系统的目标、任务和规模所采用的管理框架形式的统称。由于项目投资一次性与独特性的特点,在决定一个项目后,就需根据该项目的具体情况,建立项目管理目录,按项目的目标设计组织结构,负责项目的实施。项目的组织结构一般可分为线性组织结构、职能组织结构、团队组织结构和矩阵组织结构等若干形式。不同的项目组织形式有不同的效果,社会服务在项目执行中应根据具体情况选择合适的组织结构。

再次,项目团队建立。项目团队是保障社会组织项目实施过程正常运转的有生力量。一个成功的项目团队应具备四种能力,即决策制定能力、问题解决能力、冲突管理能力和专业技术能力。建立有效的项目团队,需经历评估、形成、开发和部署等阶段。

最后,聘用项目负责人。在项目团队建成后,需要有人来担当此项目团队的负责人。在组织实施的过程中,项目负责人是一个至关重要的角色,需要具有丰富的项目运作经验和组织能力。

四、项目实施中的控制

社会组织项目控制是指在项目实施过程中,项目管理者跟踪、检测项目的实际进展,对比项目计划目标,找出偏差,分析成因,研究纠偏对策,实施纠偏措施的过程。项目的控制与管理的内容主要有:项目进度控制、项目财务管理、项目内部评估、有效沟通、风险管理等。

(1)项目进度控制。项目进度控制是指对项目实施阶段的工作内容、工作顺序、持续时间及工作之间的相互衔接关系等做出计划并付诸实施,然后在计划实施过程中经常检查实际进度是否按目录计划进行。一旦出现偏差,应在分析偏差产生原因的基础上采取有效措施排除障碍或调整原进度计划,如此循环往复,直至项目交付使用。进度控制的最终目的是确保项目按预定的时间启用。项目单位在进度控制方面所做的工作有:编制项目管理规划、研究项目的总进度、对项目实施过程中可能出现的问题做好预案、制订制度规范管理、提高工作效率。

(2)项目财务管理。通常情况下,资助方并不是一次性地把所有的项目经费都拨给社会服务机构,而是根据项目的进展情况和财务情况,逐笔汇到机构。因此,做好财务管理是运作项目必需的工作。强化资金管理是项目管理工作的中心任务。为了发挥资金的最佳效能,应减少财务管理和核算层次,提高效率。项目要按照"便于管理,适度控制,从严审批"的原则,规范项目财务管理办法和制度。

(3)项目内部评估。项目内部评估是指项目管理机构对项目内容和战略所做的评估,旨在发现预见到和未预见到的项目活动的结果,找出问题所在,并提出修正意见。社会服务机构在进行项目管理时,科学地进行内部评估,可以合理地确定项目的目标成本,据此进行有效的成本控制,从而实现项目效益的最大化。在控制成本的过程中,及时进行经济分析,调整目标成本,达到更好地指导控制成本的目的。需要强调的是,作为社会服务项目的管理控制要求,内部评估应该是经常性的行为,是项目管理中的一个重要环节。这有助于发现问题和解决问题。

(4)有效沟通。在项目管理中,经常会出现一些问题和矛盾,需要通过项目管理人员的有效沟通加以化解。有效沟通是指沟通的效果,取决于沟通能力。沟通是信息交流的重要途径,使双方能彼此增进了解,项目管理活动中任何沟通的最终目的都在于更好地提供服务、提升服务品质。沟通的方式也是多种多样的，根据不同情况，应灵活采用沟通方式，如会面沟通、电话沟通、往来函件、会议沟通等，适当的方式将有助于提升沟通的有效性。

（5）风险管理。在项目的运作过程中，由于一些不可控因素和不确定性事件的存在，项目运作存在风险。在风险出现后，社会服务机构可采用的风险应对策略主要有：回避、转移、缓和与接受。风险回避是指改变项目计划以消除风险，风险转移是指通过应对措施将风险的影响转移到对自己不构成威胁的地方，风险缓和是将风险概率或其影响降至可接受的水平，风险接受是指项目团队决定不改变项目计划而是勇敢面对项目的挑战。在项目的开发过程中，风险防范十分重要，要采取措施对风险进行有效的控制。可以说，项目风险管理始终贯穿项目的整个过程。

案例思考与讨论：

金花街社区养老服务项目的需求调研与方案设计

一、背景及目标

2010年广州市率先在老龄化程度高、人口密度大的老城区开展社区居家养老综合示范中心试点项目。该项目是在国家"十二五"规划中加强"居家为基础、社区为依托、机构为支撑"的养老服务体系建设的政策背景下，由广东省、广州市两级政府出资，以政府购买专业社会工作服务的形式进行的新尝试。试点选取的街道为广州市荔湾区金花街。广州市启创社会工作服务中心作为承接机构，在通过招投标程序后，开始进驻社区开展社区居家养老服务试点工作。那么社工进入这样一个社区后，在购买服务指标的压力下，应开展什么服务？什么服务是老人需要的？不同类型的老人有哪些不同的需求？这些需求现在是如何满足的？社工机构能做哪些补充？有哪些潜在的资源可以挖掘？采用什么形式开展服务？怎么开展服务？团队间如何分工合作？为回答这些问题，社工团队尝试开展了为期两个月的参与式、综合性需求评估活动，即在开展服务的过程中观察、了解、收集居民对社区养老服务的需求，在与居民的接触中找出开展服务的需求点，从而为未来几年的服务设定一个有事实依据、实证为本的社会服务路线图。

二、实证为本的服务需求调研

考虑到项目的限制，包括人手、时间、财力等方面的限制，启创社会工作服务中心的需求调研并没有以学术意义上的社会调查形式开展，而是以文献研究、二手资料分析、关键人物访谈、参与式评估、问卷调查等多种社会研究方法相结合的方式灵活开展。

文献研究：通过专家、督导的介绍，收集与广州邻近的香港地区开展社区居家养老服务的经验和方式，回顾老年人发展理论、老年人需求理论等。

二手资料分析：通过与当地街道干部沟通，获取当地老年人口的人口信息，包括年龄、性别、社会经济地位、教育、居住环境、家庭结构等（主要源于第六次全国人口普查数据）。

关键人物访谈：对当地开展养老服务的人员（如居委会委员、居家养老服务员、老人院工作人员等）进行访谈，了解老年人的需求及服务现状。

参与式评估：社工深入社区开展服务活动，包括社区走访（特别是老人的聚会点，如正式的老人活动中心、非正式的街区公园等）、社区街站游园互动、到户探访慰问等多种活动形式，在活动中接触服务对象，从而观察、了解并收集服务对象的服务需求。

问卷调查：为更系统地收集信息，社工团队设计了一份简单的需求调查问卷，在需求评估过程中以方便抽样的方式派发，如街站活动时、到户慰问时邀请老年居民填写。

社区观察：社工走入社区大街小巷，观察了解社区老年居民的生活环境、硬件设施及生活习性。

金花街社区养老服务实证为本的需求调研框架如表7-3所示。

表7-3　金花街社区养老服务实证为本的需求调研框架

方　法	对　象	内　容	工具及方法	产　出
文献研究	学术期刊；专业书籍；官方网站	中国养老服务政策；国内外养老服务经验、做法；老人生命的发展阶段和各阶段的需求	搜索引擎；学术期刊网；专家、督导介绍书籍	有用的文献20篇；有用的网站2个；有用的书籍3本（已购买）
二手资料分析	官方网站；地方官员	当地人口统计资料	搜索引擎；人脉	金花街第六次全国人口普查数据
关键人物访谈	地方官员；养老服务从业人员；老人照顾者；老人团体领袖	当地老人服务资源（正式、非正式）；当地老人服务现状和经验、做法；当地老人服务改善建议，老人的需求、期望	滚雪球；访谈大纲；社工—研究者自身	街道主任1次；街道分管民政工作副主任1次；居家养老服务部负责人1次；街道养老院负责人1次；居家养老服务员2次；老人照顾者2次；社区老人协会副会长1次
参与式评估	老人；老人照顾者	当地老人生活习惯和方式；当地老人家庭关系；当地老人养老观念及选择；当地老人福利供应情况	社区街站长者中心宣传活动；社区节庆活动；慰问探访活动；社工—研究者自身	街站6次；节庆活动2次；探访慰问困难户老人40户
问卷调查	老人	老人基本人口信息（性别、年龄、教育、婚姻、家庭、工作、生育、居住）、身体状况（疾病、日常生活能力）、社交生活、社会支持、养老服务需求	调研问卷	随机街头问卷（40份）

续表

方　法	对　象	内　容	工具及方法	产　出
社区观察	社区周边设施；环境硬件；老人作息规律	老人聚会点（星光老人之家、文化站、老年大学、麻将室、保健品销售点、社区广场等）；公共服务设施（花园、公园、医院、诊所、公交站、地铁、无障碍设施、公厕、居委会、街道办、派出所等）；日常生活设施（菜肉市场、生活用品商店、餐厅、老人用品商店、药店、诊所）	地图；社工—研究者自身（选择不同时间穿梭于社区）	60人次，每次1小时

上述这些调研活动，并没有一定的时间顺序或重要性的排序。社工团队分工合作，一起开展需求调研，并每周开会讨论，分享自己的调研发现及分析结果，最终概括出社区老人的服务需求。

三、实证为本的社会服务方案的设计

在充分了解社区养老服务需求和社区情况后，如何整理、分析这么多零散的信息，使之成为支持服务方案设计的证据呢？在实践中，该社工服务机构采用"项目发展的逻辑模式"这一项目开发、管理和评估的工具来开展项目设计工作。项目发展的逻辑模式最重要的意义在于，在此模式的指引下，项目的设计会更符合实际应用的逻辑，充分考虑投入、处境分析、假设/理论基础、活动、产出与成效之间的因果逻辑关系，从而保证项目的可行性。由服务使用者的特征和理论假设，可以推断出介入服务的方式。

在金花街的案例中，该项目社工团队发现：现有的居家养老服务使用者多为低保、独居等老年弱势群体，他们与社区外界接触的机会少、能力不足。对这个现象的理论解释包括：一是社会排斥理论。这些老人可能被污名化,因此被主流群体区隔,难以融入社区。二是积极老年理论。这些老人身体健康状况较差,削弱了他们外出的能力和动机,积极的社交生活能缓解老人心理上的寂寞感、增强能力感,从而改善老人的心理和生理健康状况,使他们的生活质量得到提高。因此,社工认为应提供更多符合这些老人能力的社交活动,包括:(1)对于难以出门的老人,送康乐活动上门,如探访的时候和老人玩棋牌;(2)对于可以出门的老人,每月组织居家养老服务对象的生日会,增加老人的社交活动。在确定介入服务的方式后,考虑到机构社工人手和义工服务资源的情况,可以确定服务的具体产出和参与率。

经过反复的讨论,在考虑社工实际的能力、时间、活动场地、资源等情况后,最终确定金花街社区养老服务方案。

四、讨论

从上述案例中可以发现,现实中实证为本的需求调研和服务方案设计与实证为本的社会服务研究还是有很大差别的。具体表现为调研的严谨性、项目设计的科学性与依据的合理性,绝对无法如在学术研究中那般完美,诸如样本数不够、抽样框不确定、访谈结果达不到理论饱和等问题比比皆是。但可以肯定的是,当社工掌握了实证为本的社工服务的精神和方法后,就可以谨慎地分辨自己的工作计划、工作手法是不是合宜的、恰当的和有效的,从而最大限度地使有限的服务资源得到充分利用,转化为期望的服务成效。

思考题:

(1) 社会工作服务项目的需求评估应遵循怎样的框架?

(2) 进行社会工作服务项目设计时需要注意的核心要素是什么?

第八章 社会服务机构的筹资与财务管理

《中华人民共和国慈善法》的颁布推动了作为民办非企业单位性质的社会服务机构进一步转型。[①] 在这一过程中,除了从机构内部管理、服务专业性、服务项目化等方面加以提升外,扩大资金来源和完善财务管理体系是社会服务机构需要着重关注和着重用力的点。[②]

第一节 社会服务机构筹资的渠道与方式

筹资(或筹款)是社会服务机构的一个重要任务,是基于组织目标和需求,对政府、企业、社会大众或基金会发动募集金钱、物资或劳务的行动过程。[③]

一、社会服务机构筹资的渠道

资金来源的多元化,是社会服务机构健康、持续发展的重要保证。[④] 目

[①] 《新华社授权播发〈中华人民共和国慈善法〉》(2016年3月19日),新华网,http://www.xinhuanet.com/politics/2016-03/19/c_1118379726.htm,最后浏览日期:2020年9月19日。
[②] 根据全国人大常委会法制工作委员会相关释义,《中华人民共和国慈善法》和《中华人民共和国民法总则》中的"社会服务机构"就是目前根据《民办非企业单位登记管理暂行条例》登记的民办非企业单位。
[③] 参见全国社会工作者职业水平考试教材编委会编:《社会工作综合能力(初级)》,中国社会出版社,2020年。
[④] 徐本亮:《社会服务机构的筹资(一)》,《中国社会工作》2018年第15期。

前来讲,社会服务机构的资金来源渠道主要有:社会捐赠、政府购买服务和活动或服务收入等。①

(一)社会捐赠

捐赠可以来自个人、企业、基金会等,既可以是国内的,也可以是国外的,这些都属于社会捐赠的范畴。中国慈善联合会在第九届中国公益慈善项目交流展示会上发布了《2020年度中国慈善捐赠报告》。据统计,2020年我国共接受境内外慈善捐赠2 253.13亿元人民币。捐赠总额中,现金捐赠达1 473.97亿元,同比增长41.12%;已连续三年超过千亿元,占捐赠总额的70.66%;物资捐赠折合612.16亿元,同比增长31.66%,占比29.34%。2020年,企业和个人仍然是我国慈善捐赠的主要力量,分别贡献了1 218.11亿元、524.15亿元,两者年度增幅各为30.77%和31.55%,合计占捐赠总额的83.52%。② 无论是单笔超过10万元的大额捐赠,还是通过银行或者互联网募捐平台的小微捐赠,个人捐赠均呈现增长的势头。

此外,"互联网+慈善"成为公益慈善事业新的增长点。据统计,2019年全国20家互联网募捐平台汇集的慈善捐赠超过54亿元,同比增长68%。同年9月,腾讯公益平台开展"99公益日"活动,3天时间内吸引全国4 800多万人次捐款超过17.8亿元。③

(二)政府购买服务

政府向社会力量购买服务,就是通过发挥市场机制作用,把政府直接向

---

① 谢昕、侯俊东、丁燕:《非营利组织筹资多元化对社会捐赠的挤出效应》,《统计与决策》2020年第22期。
② 《〈2020年度中国慈善捐赠报告〉发布 去年我国接受境内外慈善捐赠超2 000亿元》(2021年11月29日),光明网,http://m.gmw.cn/baijia/2021-11/29/35344991.html,最后浏览日期:2022年10月20日。
③ 《中国慈善捐助报告:2019年全国接受款物捐赠超1 700亿元》(2020年9月19日),中国新闻网,https://www.chinanews.com.cn/sh/2020/09-19/9295066.shtml,最后浏览日期:2022年9月14日。

社会公众提供的一部分公共服务事项,按照一定的方式和程序,交由具备条件的社会力量承担,并由政府根据服务数量和质量向其支付费用。随着政府购买服务资金规模、购买范围和项目的不断拓展,政府购买服务已经逐渐成为社会服务机构筹资的一个重要来源,对社会服务机构的发展影响越来越大。

目前,我国政府购买社会服务的工作主要依据《国务院办公厅关于政府向社会力量购买服务的指导意见》、《民政部、财政部关于政府购买社会工作服务的指导意见》及财政部、民政部、国家工商行政管理总局印发的《政府购买服务管理办法(暂行)》等政策文件执行。[1]

(三) 活动或服务收入

根据《民间非营利组织会计制度》,"收入是指民间非营利组织开展业务活动取得的、导致本期净资产增加的经济利益或者服务潜力的流入,收入应当按照其来源分为捐赠收入、会费收入、提供服务收入、政府补助收入、投资收益、商品销售收入等主要业务活动收入和其他收入等"。对于社会服务机构,结合民政部《民办非企业单位(法人)章程示范文本》来看,"本单位经费来源:(一) 开办资金;(二) 政府资助;(三) 在业务范围内开展服务活动的收入;(四) 利息;(五) 捐赠;(六) 其他合法收入"。[2] 这里需要注意的是,捐赠收入是指民间非营利组织获得的非公开定向募款,并非上文所提到的公开募捐活动取得的社会捐赠,因为只有那部分已被依法认定为慈善组织、具有公开募捐资格的社会组织,才可以根据慈善法等有关法律法规规定,依法开展公开募捐活动。[3]

二、社会服务机构筹资的方式

社会服务机构可以运用的筹资方式很多,主要可以归纳为以下五种。

---

[1] 参见全国社会工作者职业水平考试教材编委会编:《社会工作综合能力(初级)》,中国社会出版社,2020年。
[2] 中华人民共和国财政部:《财政部关于印发〈民间非营利组织会计制度〉的通知》(财会〔2004〕7号)。
[3] 张凌霄:《浅谈社会服务机构的资金管理和使用》,《中国社会工作》2020年第24期。

(一) 项目申请

政府、基金会对社会服务机构的资助常常是以项目的形式出现,如果社会服务机构的大宗款项来自政府购买或基金会资助,一般都需要填写项目申请书。社会服务机构要想从政府和基金会获得经费支持,在项目申请书中须说明以下内容:向政府或基金会申请这笔经费支持的意义,或申请这笔经费(有时是实物)要做什么,其用途要符合社会福利或社会公益目标,符合政府或基金会的资助目标;要说明资助的重要性,即这笔资助对于项目对象的必要性;说明资助额及申请这一数量资助的原因,需要列出较细致的项目预算;要说明怎样使用这笔资助,即怎样将这笔资助运用于机构的服务;要说明使用这笔资助可能达到的预期效果;要说明使用这笔资助的社会交代的方法,即如何向资助者报告资助项目的结果。服务项目不同、资助方不同,项目申请书的写法也略有不同,但上述几个方面是基础且必要的组成部分。

(二) 私人恳请与电话劝募

私人恳请是社会服务机构领导者、员工和志愿者与他们的潜在捐款人面对面的会谈,表达需求、寻求帮助、请求捐款的筹款方式,属于较私密的、注重人际关系的筹款方式。

电话劝募是招募志愿者或者雇佣专门人员,在紧凑的期间(通常2—4周)内密集电话拜访,传达简单易懂的筹资信息,并在较短时间内快速筹款的方式。这种方法相对而言成本较低,尤其是让志愿者通话交谈使潜在捐款人感到心里舒适,并认为志愿者也是为公益事业付出时间参与筹资,而不是为了赚钱而打电话。

(三) 网络筹资

随着互联网和信息技术的快速发展,利用数字传媒工具进行宣传和筹资,已成为一种令很多社会服务机构青睐的新型筹资方式。可利用的网络筹资工具主要有:互联网,即利用民政部批准的互联网公开募捐信息平台发布社会服务机构的项目信息和筹资宣传广告,按照项目内容可以分为以资金筹集为主的筹款项目和以物资筹集为主的捐赠项目①;电子邮件,即向筹资对象发送电子邮件,请求对方资助;立体和平面传媒,通过在电台、电视台播放公益广告、宣传片以及在报纸杂志上发布筹资信息、刊登项目故事等,争取社会公众对社会服务机构进行资助。②

(四) 合作筹资

按照慈善法有关规定,不具有公开募捐资格的组织或者个人基于慈善目的,不能单独公开筹资,但可以与具有公开募捐资格的慈善组织合作,由该慈善组织开展公开募捐并管理募得款物。③ 目前中国式合作筹资已出现了多种类型:一是简单的公募分享型,是最常见与最普遍存在的形式。二是品牌网络型,由总部将主品牌赋予合作机构或分支机构,双方在项目端到品牌端都具有强绑定关系,通常体现为服务购买关系,总部拥有强势的话语权。三是互助社群型,和其他类型的筹款动机不同,因发起人同为受益人,有很强的自我驱动力与内向凝聚力,但同时会面对难以突破既有圈层的问题。四是联合议题型,属于正在从简单的公募分享型、中心化的品牌网络型往一个联合议题型的方向转变,是目前中国联合筹款模式中,比较有希望突破既有行业格局的类型。五是地推,主要出现在大病救助领域,通过标准化的救助流程,在各地招募合作伙伴形成类似商业地推团队的联合形式。④

---

① 《民政部关于发布慈善组织互联网公开募捐信息平台名录的公告》(2018 年 6 月 4 日),民政部官网,http://www.mca.gov.cn/article/xw/tzgg/201806/20180600009425.shtml,最后浏览日期:2022 年 9 月 14 日。
② 冯叶露:《"互联网+公益"的筹资模式探索——以 13 家慈善组织互联网公开募捐信息平台为例》,《西部学刊》2018 年第 12 期。
③ 徐本亮:《社会服务机构的筹资(三)》,《中国社会工作》2018 年第 24 期;中华人民共和国国民政部令第 59 号:《慈善组织公开募捐管理办法》(2016 年 8 月 31 日),中国政府网,http://www.gov.cn/gongbao/content/2017/content_5181091.htm,最后浏览日期:2021 年 12 月 3 日。
④ 《行业动态|报告:主流筹款模式将有大变化》(2022 年 3 月 1 日),腾讯网,http://new.qq.com/rain/a/2022030/A08QDT00,最后浏览日期:2022 年 10 月 20 日。

(五）特别事件筹资活动

特别事件活动是社会服务机构通过对特殊事件的服务，引起社会大众对机构和相关事件的关注。这些特别事件包括重大灾害发生、社会危机事件、机构纪念活动等。一般通过召开记者会、研讨会、展览会、义卖会、演唱会等活动，提高社会服务机构与目标民众的接触机会，增强组织的筹款效果。

三、影响社会服务机构筹资的因素

（一）内部因素

1. 社会服务机构的非营利性特征

社会服务机构的非营利性特征是影响其筹资的重要因素。社会服务机构不以营利为目的，并且其财产归公益法人所有，资金拥有者在投资、捐赠社会服务机构时，不得以获取投资回报为条件。这些非营利性的特征导致社会服务机构在筹资时经济利益驱动机制不足，不能通过实施投资报酬吸引投资者的关注，筹集资金的方式较少，筹资渠道相对于企业等营利性组织而言，相对单一，筹资比较困难。

2. 社会服务机构的主要业务类型

不同社会服务机构负有不同的社会使命。有些社会服务机构的社会使命较单一，且不被社会广泛关注，导致了一些机构筹资困难。而有些机构由于承担了广泛的社会使命，受关注度较高，筹资渠道通畅，筹资相对容易。

3. 社会服务机构的治理结构

合理的治理结构有利于社会服务机构筹资的实现。治理结构的优劣会影响组织的运行效率和透明度，会影响委托-代理成本的高低，也会对筹资渠道有深入的影响。一个拥有良好治理结构的社会服务机构，不仅具有高效的管理能力，而且筹资能力也较强。

4. 社会服务机构的社会公信力

接受捐赠是社会服务机构筹资的主要渠道之一。如果组织缺乏社会公信力，会导致组织向社会募款的能力下降，筹资效果变差，也不容易实现筹资渠道的多元化。相反,如果机构的社会公信力强,社会募捐能力会提高,筹资效果会更好。

当然,还有其他一些内部因素会影响社会服务机构的筹资,比如社会服务机构的历史背景、与政府和其他组织或个人联系的紧密程度、组织的透明度水平、组织的宣传力度等,都会对社会服务机构的筹资产生一定的影响。

(二) 外部因素

1. 国家有关法律法规和政策

国家有关法律法规和政策对社会服务机构筹资也有较大的影响,如工会的筹资、国家税收优惠政策等。这些法律法规和政策可能是针对社会服务机构自身的规定,也可能是面向社会捐赠者的规定。比如税法对于企业捐赠的免税比率的规定,直接影响企业对社会服务机构的捐赠水平。

2. 国家经济发展水平与人民的收入水平

国家经济发展水平与人民收入水平直接影响了人们的捐赠能力和投身公益事业的热情。目前而言,动员企业进行捐赠的机制比较强,而动员个人捐赠的机制较弱。

3. 文化和地域因素

我国大多数地区都有着自身的传统观念,在接受捐赠的问题上,只有为特定文化习惯所接受的筹资方式才能被社会服务机构使用。同时,地域因素也影响着筹资渠道。例如在发达地区的社会服务机构,能够较容易地寻求到国内社会和国际社会的捐助,而在一些不够发达的地区,社会服务机构筹资渠道则相对单一。

4. 资助者的动机

资助者的内在动机也是影响社会服务机构筹资结果的重要因素之一。比如,有的资助者希望能够有必要的宣传,以扩大其社会影响力,也有的资助者希望资助的项目能够为员工提供参加志愿服务的机会,促进企业文化建设。还有一部分资助者希望奉献爱心,帮助困境儿童等弱势群体获得更多资源,免于匮乏。

除此之外,还有一些其他内外部因素会影响社会服务机构的筹资情况,比如社会舆论、媒体曝光度等,均会在不同程度上影响社会服务机构的筹资。由此可见,良好的筹资方法应该充分考虑社会服务机构的公信力、特点、与捐款人的关系、筹资工作人员与志愿者的素质以及公益捐赠市场的竞争状况等,最重要的是为筹款活动注入重要性、紧迫性、相关性内涵。如果筹资活动的目标与社会关注的问题、个人的兴趣息息相关,筹款策略或活动的实施就能得到更积极的关注和回应。

第二节　社会服务机构的筹资管理与创新

一、筹资管理的含义与目的

筹资管理是指社会服务机构根据其持续经营和业务活动的需要,通过筹资渠道,运用筹资方式,依法经济有效地为组织筹集所需要的资金的财务行为。社会服务机构筹资管理可为组织的存在和发展提供可持续的资源,包括两个具体目标:第一,为保证组织的基本运作提供资源,这是社会服务机构筹资管理的基本目标。社会服务机构的设立、生存都需要资金来支撑,满足组织的基本运作是社会服务机构筹资需达到的第一个目标,也是实现社会服务机构使命的基础。第二,为可持续且有效地开展业务活动提供资源。

二、筹资管理的原则

(一) 时间的配比性原则

筹资管理需要考虑的时间包括资金需求时间、费用支付时间和还本时间。在筹集资金时,以资金的需要时间确定合理的筹集时间,保证资金及时到位,这样可以避免因资金过早取得而导致资金的闲置和浪费,或者由于筹资滞后影响资金的使用,从而影响业务活动的开展。同时还需要考虑费用支付时间和还本时间,避免还债高峰期对现金流量的影响。

(二) 筹资数目的合理性原则

社会服务机构应该合理确定需要筹集的资金,充分考虑筹资管理的两个目标,避免资金的浪费与不足,避免由于过分筹资而降低社会服务机构的公信度,丧失持续筹资能力。

(三) 筹资风险的适当性原则

社会服务机构在筹资的时候需要考虑风险的存在,以组织所能承担风险的程度作为组织筹措多少资金的依据,防止因债务过多而造成组织的财务风险过高。

(四) 筹资成本的最小化原则

社会服务机构在筹措资金的时候,要做到既满足资金预算的需要,又尽量降低资金总成本。因为在收入一定的情况下,筹资总成本支出越小,能提供给组织用于生存与发展的资金也就越多。因此在考虑不同来源的资金成本时,要尽可能选择经济、可行的筹资渠道与方式,并且不仅要考虑利率风险,还需要考虑汇率风险,权衡利弊,尽量使筹资成本最低。[①]

三、社会服务机构的筹资管理流程

筹资是一项非常复杂的行为过程,由一系列环节组成,为确保筹资取得最佳效果,确保筹资全过程得到有效控制,非常有必要制定筹资业务流程。

(一) 编制筹资预算

社会服务机构在进行筹资活动之前,必须根据自身的组织目标和长远战略规划,科学合理地确定每个年度的资金需要量,编制筹资预算,为筹措资金提供定量依据,以克服筹资的盲目性,既要广开财路,又要有一个合理界限。

---

① 参见谢晓霞主编:《民间非营利组织财务管理》,西南财经大学出版社,2019年。

(二)选择筹资来源

社会服务机构筹集资金的渠道和方式是多元化的,不同筹资渠道和方式的筹资难易程度、筹集成本和筹资风险各不相同,因此就要选择最佳的资金来源。要综合考虑各种筹资渠道和筹资方式,研究各种资金的来源构成,求得筹资方式的最优组合,以最低的成本筹措所需的资金和资源。

(三)拟订筹资方案

筹资方案是社会服务机构进行筹资的具体实施计划。筹资方案应当符合国家有关法规、政策和社会组织自身的性质和特点,主要包括筹资规模计划、资金渠道定位、筹资项目策划、筹资成本预算、潜在风险分析、筹资运作步骤、筹资时间安排以及资金筹集后的合理支出等内容。一个完善的切实可行的筹资方案可以节约时间、节省资金成本,也可以提高筹资活动的效率。

(四)筹资决策审批

为规范管理,社会服务机构的筹资方案经筹资办公室或者相关业务部门制定出来后还应提交理事会或者常务理事会进行集体决策。一般筹资方案可由授权的相关部门或人员在职责权限范围内批准,重大筹资方案应当实行理事会集体审议决策制度。

(五)依法实施筹资

根据审批通过的既定方案,细化各个筹资项目,在筹资办公室中设立筹资项目小组,责任落实到人,依法及时开展筹资活动。筹资活动的具体工作既要符合社会服务机构的相关管理规定,也要遵守国家有关法律法规,注重成本和风险控制。

(六)资金使用管理

在整个筹资过程中,要加强对与筹资业务有关的各种文件和凭据的管理。社会服务机构应当建立筹资决策、审批过程的书面记录制度以及有关合同或协议、收款凭证、验收证明、入库凭证、支付凭证等的存档、保管和调用制度,并对有关文件和凭证进行定期核对和检查。

(七)日常监督检查

社会服务机构还应当建立对筹资业务内部控制的监督检查制度,明确监督检查部门或人员的职责权限。例如可以聘请3—5位副理事长组成监督检查小组,定期或不定期地对整个筹资程序和进度进行检查,同时可以聘请专业的审计机构定期对其账务进行审计。内部监督检查的内容主要包括:(1)筹资办公室的人员配备情况,责任是否落实到人;(2)筹资业务授权批准制度的执行情况,审批是否越权;(3)筹资决策制度的执行情况,决策程序是否按照规定程序进行;(4)决策执行及资产的收取情况,是否严格按照理事会审议批准的筹资方案,逐步开展筹资业务及进度情况;(5)资金的使用和偿付,使用是否专款专用,是否将所筹集的资金在扣除法定或协议约定的办公经费外全部用于公益事业,需要偿付的资金是否符合合同或协议的规定;(6)会计处理和信息披露情况,账务是否真实正确地处理,信息是否及时、完整地向出资人和全社会公开披露。

社会服务机构的筹资流程是一个循环往复并且可能各个环节都有重叠交叉的综合性系统,并非精确依照年初制定筹资预算,然后选择筹资来源、拟订方案、实施筹资、使用资金等环节,逐一展开运行。有许多筹资项目的确定,带有很大的偶然性,这就需要随时启动筹资流程。①

四、筹资管理岗位设置与人员分工

为了提高筹资效率,降低筹资成本,增加筹资金额,社会服务机构应对筹资所涉及的岗位和人员,进行专门的岗位设置与人员分工,实行相应的筹资激励与约束机制。例如,可以设置筹资管理委员会,专门负责资金筹募、

---

① 沈新华:《社会组织筹资流程分析》,《中国民政》2010年第10期。

管理和项目实施。该筹资管理委员会的委员一般由社会服务机构的创始发起人、捐赠方代表等利益相关者组成,通常包括主任委员1人,执行主任委员1人,副主任委员和委员若干,由执行主任主持管理委员会的工作。管理委员会的职责具体如下。

(1) 对筹资方面有关章程进行制定和修改;

(2) 选举和罢免执行主任委员、副主任委员、一般委员;

(3) 对项目计划书和项目预算进行审核,提交社会服务机构相关管理部门审批;

(4) 拟定工作报告和财务报告,提交社会服务机构理事会等决策机构审议;

(5) 对拟开展项目活动的立项和相应的执行方案、项目预算进行审核,提交社会服务机构理事会等决策机构审批;

(6) 对资金的募集、资金使用情况和项目实施进行审核、监督与管理;

(7) 拟定筹资方案的终止及其他重大事项,报社会服务机构理事会等决策机构审议。

一般而言,管理委员会须有2/3以上委员出席方能召开,其决议须经到会委员2/3以上表决通过方能生效。[①]

五、筹资管理的会计核算

根据《民间非营利组织会计制度》(以下简称《民非制度》)第二条规定,同时具备《民非制度》第二条第二款所列三项特征的非营利性民办学校、医疗机构等社会服务机构,境外非政府组织在中国境内依法登记设立的代表机构等应当按照《民非制度》进行会计核算。

(一) 科目设置

为了核算社会服务机构的筹资费用,须按照筹资费用种类设置明细账,

---

① 参见谢晓霞主编:《民间非营利组织财务管理》,西南财经大学出版社,2019年。

进行明细核算,并设置"筹资费用"科目。发生筹资费用时,借记"筹资费用"科目,贷记"预提费用""银行存款""长期借款"等科目。发生应该冲减筹资费用的利息收入、汇兑收益时,借记"银行存款""长期借款"等科目,贷记"筹资费用"科目。期末,将本科目的余额转入非限定性净资产,借记"非限定性净资产"科目,贷记"筹资费用"科目。结转后,"筹资费用"科目应无余额。

(二)会计核算

1. 为获得捐赠资产而发生筹资费用的会计核算

社会服务机构发生的为获得捐赠资产的筹资费用,应当在发生时按其发生额计入当期筹资费用。发生捐赠费用时,借记"筹资费用"科目,贷记"现金""银行存款"等科目。

2. 借款费用的会计核算

社会服务机构发生的借款费用,应当在发生时按其发生额计入当期筹资费用。发生借款费用时,借记"筹资费用"科目,贷记"预提费用""银行存款""长期借款"等科目。发生的应冲减筹资费用的利息收入,借记"银行存款""长期借款"等科目,贷记"筹资费用"科目。

3. 汇兑损失的会计核算

社会服务机构在筹资过程中发生汇兑损失时,应借记"筹资费用"科目,贷记"银行存款""长期借款"等科目;发生的应冲减的汇兑收益,借记"银行存款""长期借款"等科目,贷记"筹资费用"科目。

4. 筹资费用科目的结转

期末,应将"筹资费用"科目余额转入"非限定性净资产"。结转后,"筹资费用"科目无余额。[①]

例如,某社会服务机构A,2019年6月5日因获得捐赠资产产生费用2 000元,通过现金支付。6月30日A通过银行存款支付借款费用5 000元。期末,筹资费用科目借方余额为10 000元。根据以上信息,编制相关

---

① 参见谢晓霞主编:《民间非营利组织财务管理》,西南财经大学出版社,2019年。

会计分录。

1. 因获得捐赠资产产生费用时，

    借：筹资费用 2 000

     贷：现金 2 000

2. 支付借款费用时，

    借：筹资费用 5 000

     贷：银行存款 5 000

3. 期末结转筹资费用时，

    借：非限定性净资产 10 000

     贷：筹资费用 10 000

六、当前我国社会服务机构筹资管理存在的问题

我国社会服务机构在急速发展的同时，不可避免地存在很多问题。其中，筹资问题可以说是其最为突出的问题之一。

一方面，社会服务机构的资金来源主要依赖政府的财政拨款与补助，筹资渠道单一，没有充分利用多元化筹资主体；由于过度依赖政府，且很多社会服务机构思维相对固化，行政化思维较强，没有充分把握市场与公众需求，产品的服务性与针对性较差，自创性收入低，无法维持组织正常运转；社会服务机构的财务信息公开度大部分都较低，监督制度形式大于实质，导致监管不到位；民间社会服务机构在形象建设与服务能力方面普遍不足，缺乏足够的社会公信力，常常导致社会服务机构筹款成功率不高。[1]

这些问题的存在愈发使社会服务机构的筹资能力不足，筹资不足又影响到社会服务机构活动的开展与目标的实现，社会服务机构发展力不从心。综合来看，筹资问题成为社会服务机构当前面临的迫切问题。[2]

---

[1] 参见陈钊、王雪红、刘悦欣、李金盛：《浅析我国非营利组织的筹资问题》，《现代商业》2019年第16期。

[2] 花雨欣：《我国非营利组织财务管理中的问题及对策》，《现代营销》(信息版)2020年第4期。

七、筹资管理方式创新

(一) 拓宽筹资渠道,实现多元化筹资

拓宽投资渠道有利于提高社会服务机构的发展能力,更好地适应社会的发展。既要争取政府的支持,同时也要利用多种形式筹集资金。在这一过程中,既要与政府建立起良好的公共关系,保证机构与政府部门的合作性,又要保持社会服务机构自身的独立性。在把握好政府这一主要资金渠道的同时,可利用"互联网＋公益""体育＋公益""艺术设计＋公益"等的跨领域合作与融合的筹资模式,为社会服务机构的筹集提供更多的机会空间,开创和拓展新的筹资渠道。

(二) 提升机构形象,增加自创性收入

社会服务机构可通过以下方式提高自身的形象与影响力,以促进社会公众的认可和信任,增加自创性收入。一是利用媒体和网络的作用。利用新兴媒体传播范围广、传播速度快、时效性强的作用,通过举办公益性和具有影响性的活动,充分宣传,在公众眼中建立初步的组织形象和影响力。二是确立组织发展宗旨和明确市场定位,努力满足公众对于产品和服务的需求,建立机构的品牌。社会服务机构可以设立具有鲜明特色、引发公众共鸣的项目和活动,针对不同的公众个性化地设计活动与服务方案。三是发掘潜在公众,通过精细化的服务将潜在公众转变为机构的实际支持者。基于此,可以探索增加社会服务机构尤其是草根社会服务机构自创性收入的可能性,以提高组织的可持续发展。

(三) 完善监督体系,提高机构公信力

社会服务机构的公信力可以通过制度约束、内外部共同监管来实现。

首先,社会服务机构可通过国家颁布的《中华人民共和国慈善法》《中华人民共和国预算法》、政府颁布的《行政单位财务规则》《事业单位财务规则》以及社会服务机构行业内部的监管来实现。完善社会服务机构体系,形成从国家到地方、从行业内部到社会公众的全方位法律与监管体系。

其次,针对组织内部,应完善社会服务机构内部监督制度。社会服务机构的内部监督制度是确保其宗旨的基础,主要包括理事会的监督和组织规章制度的监督。理事会是社会服务机构的最高决策机构和监督机构,它的职能是管理高级人力资源、维护组织内外部关系、制定组织相关政策和管理组织财务。① 此外,为了确保组织有条不紊地运行,制定一系列规章制度至关重要。社会服务机构可以通过制定款项管理、财务公开和办事程序等制度来预防组织内部的违法行为。②

再次,实行多元监管,将组织内部相关人员与社会公众及利益相关者、行业委员会以及政府相结合,不断健全安全监管制度,不断完善监管体系以保证社会服务机构资金的合理合法使用,保证社会利益的最大化。其一,独立的第三方评估。政府对社会服务机构的监督能力有限,为弥补政府监督的不足,第三方评估制度应运而生。第三方是指依法成立、独立于政府与社会服务机构的公司,主要职能是定期对社会服务机构的财务报告和社会公益活动进行审查,该部门出具的审计报告具有权威性,可以使捐款人掌握社会服务机构的信息,以便做出正确的决策。其二,捐款者和社会公众的监督。社会服务机构的资金来源决定了它必须受到捐赠者和公众的监督,捐赠者可以是机构也可以是个人。对于社会公众的监督,首先必须树立其监督意识,只有让公众意识到对社会服务机构监督的重要性,公众才会采取措施进行监督。然后必须拓宽公众监督的渠道,包括设立专门的举报热线、建立网络平台、定期召开发布会汇报社会服务机构资金运作及发展情况等。其三,媒体监督。媒体报道的内容范围广,具有时效性、迅猛性和广泛的影响力,因此对社会服务机构的监督更加具有震慑力。为了加强社会服务机构的媒体监督,媒体应当注重有效发挥以下功能:一是要发挥监督功能。

---

① 彭军:《完善社会组织监管机制 促进社会治理创新》,《中国民政》2015 年第 5 期。
② 孙蓓:《我国非营利组织监督不力的原因及对策》,《哈尔滨学院学报》2014 年第 2 期。

在发达国家,所有的社会服务机构都要承受社会公众的广泛关注与严格监督,而这种监督主要是通过新闻媒体来实现的。新闻媒体要自觉发挥监督作用,要敢于揭露社会服务机构的违法行为和腐败行为,并为行政监管提供线索与信息。二是要发挥服务功能。发挥服务功能是指新闻传媒要为社会公众提供社会服务机构信息,既包括社会服务机构资助对象的有关信息,也包括社会服务机构本身的信息。同时,媒体要通过展示社会服务机构信息来引导社会公众的态度和行为,进而引导社会服务机构的行为。三是要发挥引导功能。发挥引导功能是指新闻传媒要引导全社会来关注社会服务机构和公民社会建设,引导社会公众树立公民意识和政治参与意识。①

最后,加强社会服务机构的财务信息公开程度,保证每一笔资金使用的去向与情况,将财务信息公开的情况与绩效考核情况相结合,同时也纳入政府对于社会服务机构的财政拨款和补助的管理体系中。通过相应体系的建立和完善,加强社会服务机构的公信力,以保证社会服务机构更好的筹资与健康发展。

(四) 提高服务水平,推动机构增能

社会服务机构应该准确把握在筹资市场中的定位,扩大社会服务机构提供公共产品与服务的范围,针对不同的客户群体提供多样化与精准化产品,尽最大能力满足服务群体的需求;加强社会服务机构内部制度建设,刚性制度与柔性制度相结合,形成完善的内部管理制度。提高组织内部人员的素质,定期开展培训活动;通过科学的绩效评价指标与绩效评价体系结合社会服务机构的组织实际情况,形成科学化和系统化的社会服务机构筹资评价体系。②

---

① 李树海、丁渠:《论对社会组织的社会监督》,《河北法学》2013 年第 8 期。
② 邓雪莉:《非营利组织筹资模式创新研究》,《财会通讯》2017 年第 17 期。

第三节 社会服务机构的财务管理体系

一、社会服务机构的财务管理概述

(一) 社会服务机构财务管理的含义

社会服务机构财务管理是指有关服务输送方案所需要的财物、经费资源的确认和获取,并确保这些资源被有效使用和妥善记录。[1] 社会服务机构财务管理是指社会服务机构在运作过程中涉及的所有资金管理事务,包括社会服务机构资金来源管理(筹资管理)、资金支出管理(日常资金管理、项目资金管理、投资管理)、资金管理涉及的内部控制、审计监督等事务。[2]

(二) 社会服务机构财务管理的目标

社会服务机构财务管理的实质是管理组织资金方面的相关事务,其目的是保证提供足够的资金,开展公共活动,完成具体的社会使命。这需要社会服务机构制定科学的财务管理制度,使其能够获取并有效使用资金。另外,社会服务机构财务管理的目标可以表述为:获取并有效使用资金以最大限度地实现组织的社会使命。具体而言,社会服务机构财务管理的基本目标是按照国家的方针、政策,根据自身资金运动的客观规律,利用价值形式、货币形式,对其各项经济活动进行综合管理。为了实现财务管理的目标,社会服务机构财务管理工作应该做到以下6个方面。

1. 建立健全内部财务管理制度

社会服务机构财务管理制度是其进行财务活动、处理财务关系时应遵循的基本制度。机构为了强化财务管理,不仅要严格遵循和执行国家财务管理法规,还要建立健全其内部财务管理制度,确定内部财务关系,使各部

---

[1] 全国社会工作者职业水平考试教材编委会编:《社会工作综合能力(初级)》,中国社会出版社,2020年。
[2] 参见谢晓霞主编:《民间非营利组织财务管理》,西南财经大学出版社,2019年。

门之间互相配合、互相制约、协调一致地组织财务活动,处理好财务关系,实现财务工作规范化管理。

2. 加强经济核算,提高资金使用效益

社会服务机构在进行财务管理时,要利用价值形式对机构经营活动进行综合性管理,促使各个环节讲求经济效益,精打细算,充分发挥资金的使用效率,促使机构增收节支。通过会计核算,用尽可能少的劳动消耗和物资材料消耗,提供更多的优质社会服务。

3. 正确编制预算,合理安排收支

社会服务机构预算是完成各项工作任务,实现组织计划的先决条件,也是机构财务工作的基本依据。社会服务机构的全部财务活动(包括一切收支活动),都要按规定编制预算,实行计划管理。预算既要积极合理,又要保证供给,要分清轻重缓急和主次先后,使有限的资金尽量得到合理安排和使用。

4. 依法筹集资金,保证资金需要

社会服务机构除取得国家财政补助外,还要在国家政策允许范围内,挖掘潜力,多形式、多层次筹集资金,做到应收不漏,控制收入的流失。为了保证业务活动的正常开展,要积极筹措资金。在筹措资金时,除了在数量上保证外,还要注意资金需求的计划性和协调性,按期按量筹措资金,保证资金供应,以满足各方面的需要,保证各项任务的顺利完成。

5. 节约开支,控制费用成本

社会服务机构在筹集组织收入的同时,必须要加强支出管理,减少浪费,压缩一切不必要的开支,严格执行审批制度,制定支出消耗定额,节约使用资金,控制费用和成本。

6. 加强财务分析和财务监督,如实反映单位财务状况

财务分析和财务监督是社会组织财务管理的一项重要任务。加强财务分析和财务监督,有利于保证单位认真执行国家有关方针、政策和财务制度,维护财经纪律;有利于保证社会服务机构业务工作和财务收支计划顺利完成;有利于及时、准确地反映社会服务机构的财务活动状况,掌握财务活动的规律,为机构财务决策提供科学、可靠的依据。

(三) 社会服务机构财务管理的主要内容

1. 预算管理

预算管理是指社会服务机构根据事业发展计划和年度财务收支计划，对计划年度内社会服务机构财务收支规模、结构和资金渠道所做的预测，是计划年度内社会服务机构各项事业发展计划和工作任务在财务收支上的具体反映，是社会服务机构财务活动的基本根据。预算管理是社会服务机构资金运动的起点，对社会服务机构财务管理具有重要的意义。

2. 日常资金管理

日常资金管理是指社会服务机构及时对本组织的流动资金及日常财务收支进行管理，以保证各项资金的合理运用以及收支平衡的资金管理活动。一般而言，社会服务机构日常资金管理的内容主要包括现金管理、银行存款管理、其他货币资金管理和存货管理四个方面。

3. 项目资金管理

社会服务机构的资金管理可以分为日常性活动的资金管理和项目性活动的资金管理两个方面。社会服务机构在开展业务活动的时候，大部分会通过项目进行资金的运作。而如何使一个好的项目得到更多的资金支持，如何有效地使用项目资金从而使其达到最优的资源配置效率，是项目资金管理中最重要的财务管理内容。社会服务机构的项目资金收入管理的内容包括：第一，建立有效的项目立项申报工作制度，做到申报的每一个项目都有充分合理的科学依据支撑。做好项目选择、可行性分析、项目建议书的撰写等申请环节，提高申请的成功率，保证项目的资金来源。第二，设置合理的岗位进行项目资金的专项管理，确保项目资金的真实性和完整性。第三，建立合理的会计核算和资金管理制度，对项目资金的收入进行有效管理。

4. 筹资管理与投资管理

社会服务机构的创立、生存和发展都必须依靠可持续的资源支持。筹资管理是社会服务机构根据其持续经营和业务活动的需要，通过筹资渠道，运用筹资方式，依法经济有效地为组织筹集所需要的资金的财务行为。

社会服务机构拥有多余资金的时候,为了避免资金闲置,使得资金能够保值增值,可以将资金用于投资。投资并不是一项简单的经济活动,需要考虑风险、收益等方面的问题,因此社会服务机构需要进行投资管理,应努力使得风险和收益能够实现最佳匹配。

5. 财务报告与分析

社会服务机构的财务报告与分析是指其根据会计报表及有关资料,采用专门的分析技术和方法,对一定时期内社会服务机构财务状况、财务收支情况、效益情况等进行的研究、分析和评价。

6. 财务绩效评估

财务绩效评估是通过对社会服务机构财务报表的相关数据和其他资料进行汇总、计算、对比和说明,进一步揭示财务状况、经营状况、管理效率的一种分析评价方法。社会服务机构的财务绩效评价以社会服务机构的使命为指导,通过合理地量化组织的投入与产出,从效果、效率两个方面,对组织的财务状况和业绩成果进行衡量。

7. 财务监督

社会服务机构的财务监督是指特定的监督主体对社会服务机构财务活动和经济关系的合法性、合理性及其利用资源的有效性进行的监察和督促。实施合理有效的社会服务机构财务监督,有利于保证社会服务机构资产的安全和完整。[①]

(四)社会服务机构财务管理的功能

财务管理对社会服务机构经营具有重要意义,其功能主要表现在四个方面。

(1)提供经费支持方案执行,通过成本分析、监控预算等环节使更有效率、更节约成本的方案得到执行;

(2)避免社会服务机构的财务危机,保障机构的正常运行;

---

① 参见谢晓霞主编:《民间非营利组织财务管理》,西南财经大学出版社,2019年。

(3) 强化机构的公信力，将使捐款人更愿意捐款；

(4) 通过"投资管理"使基金增值，开辟更多财源。

二、社会服务机构的财务预算

社会服务机构每年都需要提交年度财务预算。鉴于机构每年所要解决和应对的新问题不断增加，新开展的服务以及原有服务的扩展都会导致社会服务机构经常处于资金紧缺的状况。因此，社会服务机构在财务方面一般会尽量维持一个没有亏损也没有盈余的状况。

为了实现这个目标，社会服务机构要尽可能建立一个财务控制系统，好让管理层能够定时获得准确的财务资料，从而有效地控制收入和支出，使其达到一个平衡的状态。制定财务预算的方法主要有以下5种。

1. 单项预算法

这是社会服务机构最基本的也是最常用的预算方法。它以当年的预算作为规划来年预算的基准，以渐进的方式为基础规划来年的预算。

2. 项目预算法

项目预算法是在单位投资所需要的资金确定的前提下，根据实际投资需要的资金额来计算需要筹集资金数额的方法。将现有资源按比例分配于不同的项目，并将预算过程与评估过程紧密结合在一起，借以考核项目运作是否有效，检查组织是否实现其宗旨与目标的预算编制方法。

3. 零基预算法

社会服务机构每年开始制订下一年度的预算时，以没有钱为出发点，根据机构在来年的实际需要而做出预算。[1]

4. 弹性预算法

弹性预算法是在不能准确预测业务量的情况下，根据量、本、利之间的关系，用一系列业务量水平编制的具有伸缩性的预算编制方法。

---

[1] 参见全国社会工作者职业水平考试教材编委会编：《社会工作综合能力（初级）》，中国社会出版社，2020年。

5. 全面预算法

全面预算法是关于社会服务机构在一定的时期内(一般为一年或一个既定期间内)各项业务活动、财务表现等方面的总体预测的一种预算编制方法。它包括经营预算(如开发预算、销售预算、销售费用预算、管理费用预算等)和财务预算(如投资预算、资金预算、预计利润表、预计资产负债表等)。

三、社会服务机构的财务监督

(一) 社会服务机构财务监督的内涵

社会服务机构财务监督是指特定的监督主体对社会服务机构财务活动和经济关系的合法性、合理性及其资源利用效率的监察和督促。社会服务机构财务监督的重点是社会公益资财的合理利用。

社会服务机构财务监督的具体内涵包括:(1)监督主体。监督主体即监督行为的实施者,可以是组织的利益相关者,包括政府、社会资财提供者、中介组织、内部经营管理者和员工等。(2)监督客体。监督客体即被监督对象,通常指社会服务机构资金运动过程中涉及的各项经济活动。(3)监督内容。财务监督是对社会服务机构财务活动、财务关系、资源利用进行的监督。

(二) 社会服务机构财务监督机制

1. 社会服务机构外部财务监督机制

外部财务监督机制包括政府财务监督机制和社会财务监督机制。

政府财务监督机制包括政府监督的组织机制、政府监督的运行机制、政府监督的信息反馈机制。政府作为社会组织的管理者和社会服务机构资金来源的提供者,有必要对组织的财务活动及财务关系的合法、合理、有效性进行监督。与其他监督主体相比,政府拥有公共权力,对社会服务机构财务进行监督的效力高,能够对社会服务机构的发展起到关键性的引导作用。

社会财务监督机制包括社会财务监督保障机制、社会财务监督实施机制、社会财务监督信息反馈机制。社会财务监督主体与政府财务监督主体同属于外部监督主体,但是社会财务监督的权威性与后者相比较弱。社会财务监督保障机制是提高社会财务监督动力和效力的有效途径。社会财务监督实施机制主要是解决各外部利益相关者在保障权利的情况下如何开展对社会服务机构财务的监督工作。社会财务监督信息反馈机制是强化社会财务监督效果的有效方式。

2. 社会服务机构内部财务监督机制

社会服务机构的内部财务监督机制与外部财务监督机制是相辅相成的关系。规范社会服务机构的财务行为,必须将外部约束性监督与内部规律性监督结合起来。社会服务机构内部监督包括理事会、监事会、组织各职能部门和员工等按照权责和层次划分的监督。内部财务监督机制主要包括:完善社会服务机构治理结构;建立内部职能部门对组织财务进行日常监督制度;通过内部财务监督激励机制提高内部监督的动力。[1]

社会服务机构应设立内部专门审计部门,对日常工作进行内部审计,对重大公益项目成立专项审计,确保项目运行中各资产运用的合理性和合法性;做到信息公开披露,接受政府、社会公众、媒体等各方监督。[2]

案例思考与讨论:

深圳市 L 社工机构的筹资管理及其困境

一、深圳市 L 社工机构简介及其筹资困境

深圳市 L 社工机构是一家典型的民办社会工作服务机构。L 社工机构成立于国家大力推动社会工作发展、深圳成为政府向民办社工机构购买社会工作服务试点任务的大背景下。2007 年,深圳确定采用"政府购买,民间运作"的社会工作发展模式,培育民间社会工作机构,L 社工机构顺势而生。L 社工机构在当前的社会环境下依然主要是依靠政府资助实现运营,但是

---

[1] 参见谢晓霞主编:《民间非营利组织财务管理》,西南财经大学出版社,2019 年。
[2] 骆春霞:《非营利组织财务管理研究》,《现代营销》(下旬刊)2020 年第 7 期。

也可以发现,该机构也在逐步探索自主服务品牌,打造机构自身的核心竞争力,来实现机构后续的运营发展,从而为获取更多外部资源奠定良好基础。

L社工机构也和其他机构一样,在筹资过程中遇到了很多同质性的困境。

过于依赖政府。L社工机构的服务经费主要来源于政府,2014年来源于政府资助的经费占机构总服务经费的95.83%,2015年来源于政府资助的经费占机构总服务经费的95.78%,2016年来源于政府资助的经费占机构总服务经费的97.91%。

营业性收入少。目前,L社工机构开展的服务主要包括岗位社工服务、项目社工服务和社区党群服务中心社工服务,这些服务的经费都是由出资方资助的,同时针对的目标服务人群大部分是社区弱势群体,因此,服务性质都是公益性的,基本上不需要服务受益者付费。

社会捐赠不足。当前,L社工机构的资金主要来源于政府招投标、项目资助和基金会等,但是社会捐赠部分只占很少量甚至没有。但是近年来,随着互联网科技的发展、众筹等新兴筹资方式以及腾讯乐捐等公益项目平台的兴起,让民办社工机构等公益组织得以受益,L社工机构也采用这些方式和借助这些平台推介服务项目,获得部分公益捐赠。

筹资渠道单一。L社工机构的资金来源渠道较为单一,多数来源于政府层面,而来源于企业的支持、营业性收入以及社会捐赠则非常少。资金来源渠道的单一性不仅导致机构在服务上缺乏自主性,同时也促使机构面临因为资金来源单一而导致的潜在生存危机。

二、深圳市L社工机构筹资困境的应对策略

近期,为了应对筹资困境,更好地促进有效筹资,L社工机构根据自身现状,提出筹资战略的一系列改进措施。

一是需要重点维护好与政府的关系。政府是推动社会工作服务发展的重要主体,民办社工机构维护好和政府的关系,能够确保其拥有稳定的资金来源和支持,保证机构的正常运作;

二是民办社工机构要居安思危,不断提升自身筹资能力,在政府大力支

持社会工作发展的大环境下,机构要不断修炼内功,坚守使命信念,提升专业服务品质,进行服务品牌建设,提升机构核心竞争力;

三是完善内、外部问责机制,提升机构公信力,积极主动接受外部问责,加强公众形象培育,做好机构内部管理的监督,提升机构公信度,形成机构软实力;

四是与时俱进,发挥"互联网+"优势,采用现代筹资手段及方式助力筹资工作;

五是营造良好的外部环境,进行政策倡导和筹资相关的法律法规的建立健全。

思考题:

(1) L社工机构主要运用了哪些筹资管理方法进行筹资?存在的主要问题是什么?

(2) 案例中提出的筹资改进措施,你认为是否可行,哪些方面还须进一步调整完善?

第九章 社会服务机构评估

第一节 社会服务机构评估概述

一、社会服务机构评估的概念界定

评估从字面可理解为评价和估量,其目的在于为科学决策提供重要的考量标准。评估是一种主观判断,是由评估主体根据一定的标准对评估对象展开的主观评价和估量。尽管评估是为了对评估对象的客观状态进行理性判断以实现组织或个体行为演变中的科学性,但其本身源于主观判断,评估标准是由人为选择而定。这个选择通常取决于评估主体或权威决策部门的价值取向和技术手段,具体来说包括政治、法律、道德等价值规范,以及经济、方法、工具等技术手段。①

对评估的具体含义,不同学者从不同角度出发给出不同侧重点的解释。从较为专业的角度来讲,评估是指运用数理统计和运筹学的方法以特定指标体系为评价标准,按照统一操作程序,通过定性与定量分析,对被评组织、机构、项目等一定时段的业绩、效益、效率、影响和持续性做出科学、客观、公正的综合性评判。② 综合国内外学者的观点,可以将评估定义为根据一组显性或隐含的标准,系统地衡量一项政策或方案的执行过程和成果,其目的

---

① 参见王守文:《结构、技艺、文化:社会组织评估新视野》,科学出版社,2019年。
② 参见国家民间组织管理局编:《中国民间组织评估》,中国社会出版社,2007年。

是经由此项工具的使用来改善政策或方案质量。这个定义强调在任何评估的过程中用来衡量或判断一项政策、组织或介入的所谓标准,其实是核心关注点所在。①

迄今为止,学界对社会服务机构评估还没有清晰的概念界定,更多的是对于社会组织评估的概念界定。徐家良将社会组织评估界定为依据一定的评估指标,把社会组织作为整体,对社会组织进行全方位的考察。② 李长文认为,社会组织评估是社会组织自身、政府、社会公众等评估主体对社会组织行为或绩效进行评价的专业活动,它对于社会组织完善内部治理、优化组织绩效有着不可或缺的作用。③ 此外民政部对社会组织评估这一概念进行了界定,指各级人民政府民政部门为依法实施社会组织监督管理职责,促进社会组织健康发展,依照规范的方法和程序,由评估机构根据评估标准,对社会组织进行客观、全面的评估。社会团体、基金会实行综合评估,评估内容包括基础条件、内部治理、工作绩效和社会评价。民办非企业单位实行规范化建设评估,评估内容包括基础条件、内部治理、业务活动和诚信建设、社会评价。④

社会服务机构是社会服务的承担者,它接受政府和社会的资助开展专业服务。因此,要想获得较高的社会公信力,社会服务机构必须接受评估。结合"社会服务机构"和"评估"的概念以及学界对社会组织评估的理解,本书将社会服务机构评估界定为:对社会服务机构的运行及其提供的服务所进行的评价,是一种将结果与计划相比较,判定机构绩效状况的活动。

二、社会服务机构评估基础理论

如今,社会服务机构逐步认识到使用评估工具来提升和推动自我发展的重要性。目前有关社会服务机构评估的理论主要来源于政府、企业的评

---

① 参见官有垣、陈锦棠、陆宛苹主编:《第三部门评估与责信》,北京大学出版社,2008年。
② 参见徐家良、廖鸿主编:《中国社会组织评估发展报告(2015)》,社会科学文献出版社,2015年。
③ 李长文:《我国社会组织评估研究简要述评》,《社会福利》(理论版)2020年第2期。
④ 中华人民共和国民政部令第39号:《社会组织评估管理办法》,2010年12月27日。

估理论与实践,主要有以下四种。

(一) 3E 评估理论

3E 评估理论主要指从经济性(economy)、效率性(efficiency)与效果性(effectiveness)三个角度设定评估指标并开展评估活动的理论体系。经济性侧重于成本控制,是指以最低可能的成本供应与采购来提供既定服务。它关心的是对投入数量的控制,而不关注其产出与品质,因此更注重成本的降低能力。效率性侧重于投入与产出的对比关系,效率指标通常包括服务水准的提供、活动的执行、每项服务的单位成本等。效果性是一个综合概念,指社会服务机构在发展自身基础之上还要为社会经济发展带来帮助,这两种效果的总和就是效果性的综合表现。3E 评估理论侧重于经济指标,但社会服务机构以维护公共利益为目标,除了财务指标外还包括社会公共产品和服务的提供能力与满足程度,具有民主、公益等价值目标,因此单纯运用 3E 评估理论会忽视社会服务机构的非营利性。不管是政府、企业还是社会组织,经济、效率与效果一直是衡量自身发展的重要指标。对经济、效率与效果的综合考虑,无疑对社会服务机构评估的准确性与全面性大有裨益。但是这种评估导向过分关注组织的经济、效率与效果,忽略了实施项目组织自身的能力建设,或者忽略了问责的要求,其结果是项目可以取得一定成效,但对社会服务机构整体发展能力判断失真,甚至严重忽视了社会服务机构的公益使命而未能反映其公信力下降等客观事实。[①]

(二) 3D 评估理论

3D 评估理论具体是指诊断(diagnosis)、设计(design)和发展(development)。诊断,形象地说就是找病因,主要是指寻找社会服务机构在发展过程中遇到的矛盾,常常是找出社会服务机构各种利益的整合与协调。设计,主要是针对诊断出来的问题,进行一个综合分析,再在分析的基础之上,设计一个有

---

① 参见王守文:《结构、技艺、文化:社会组织评估新视野》,科学出版社,2019年。

利于解决该问题的方案。发展,主要是运用设计的方案对症下药,对社会服务机构进行整治变革,使社会服务机构不断改善与进步。3D评估理论虽然考虑周全,然而它不能进行定量分析,也没有横向可比性,在具体实施中效果一般。

就社会服务机构评估而言,诊断是指社会服务机构的管理者或者参与评估的第三方评估机构等,能够正确识别机构所处发展阶段的主要问题,能够正确识别机构与政府、企业或其他社会主体之间在沟通中的障碍,能够清晰辨别提供社会服务过程中发现的问题。设计是指社会服务机构管理者或评估者通过原因甄别与分析,协调各种资源并制订可行的解决方案的过程。发展则是社会服务机构管理者通过与政府、企业、社会公众,以及其他社会主体进行多元合作,获取政府、社会资源并实现自我能力提升的战略能力。①

(三) APC 评估理论

APC 评估理论是清华大学邓国胜教授提出的一种绩效评估指标体系。他分析了西方评估理论存在的缺陷和不足,提出在中国应该从问责(accountability)、绩效(performance)和组织能力(capacity)三个方面对社会组织进行评估。所谓 APC 评估理论是指问责评估、绩效评估和组织能力评估的总和。问责评估是"确保民间组织公信度的一种制度安排,它的功能在于帮助民间组织树立社会信誉,树立组织的品牌";绩效评估的功能在于"通过评估提高组织的效率、促进组织服务质量的提高";组织能力评估的功能在于"促进民间组织的持续发展"。社会服务机构的问责、绩效与组织能力从不同侧面构成了机构发展的能力系统。问责评估是保证社会服务机构公信度的制度体系,一旦社会服务机构有违社会公信,问责评估就会进行约束,使社会服务机构一直维持在正常轨迹。绩效评估,从绩效成果出发考核社会服务机构,能使社会服务机构保持紧迫感和使命感,不断寻求自身的突

---

① 参见王守文:《结构、技艺、文化:社会组织评估新视野》,科学出版社,2019年。

破,正确、高效地处理事务。组织能力评估是社会服务机构的基础评估,是问责评估和绩效评估的基础,是辅助性的评估。①

(四) 服务对象满意度评估理论

对社会服务机构进行评估,我们必须把握几个前提要素,那就是该由谁来评估、评估的对象具体是什么,以及评估时要遵循什么规则与制度、评估结束之后又要怎么操作执行。这些问题的实质是围绕社会服务机构服务对象的满意度而展开的。

服务对象的满意度,即服务对象所感受到的服务质量达到其期望值的程度。它包括了解服务对象的需求,并能迅速、准确地回应服务对象的需要;充分具备提供服务所需的知识与技能;热心接受服务对象的要求;服务态度谦虚、有礼;能够倾听服务对象的不同意见;社会服务机构及其工作人员(包括志愿者)值得信赖;能够尊重服务对象的隐私;被服务对象有畅通的投诉渠道等等。②

三、社会服务机构评估的意义

(一) 为政府职能转变和政府购买服务提供依据

政府职能转移给谁,政府购买谁的服务,社会服务机构评估成为选择的重要依据。从这个意义上而言,社会服务机构评估是推动社会服务机构能力提高,培育、筛选优秀社会服务机构的极好途径。据了解,全国多地已经出台承接政府职能转移和购买服务的社会服务机构名录,社会服务机构获得政府购买服务的资格需要通过评估来决定,获得高级别等级的社会服务机构可以优先接受政府职能转移、获得政府购买服务等。因此,社会服务机构评估为政府职能转移和政府购买服务提供了重要的依据。

---

① 邓国胜:《非营利组织"APC"评估理论》,《中国行政管理》2004 年第 10 期。
② 参见王思斌主编:《社会行政》(第二版),高等教育出版社,2013 年。

（二）促进社会服务机构健康发展

社会服务机构能否发挥作用,先要看它是不是能健康发展。而衡量社会服务机构发展是否健康,需要由评估工作这个"秤杆"来衡量。社会服务机构自身建设的好坏,在评估工作中也会有一个比较详细的反映。包括登记管理机构、社会组织专家、社会组织实践部门等组成的评估组,依据评估标准进行评估而得出的结论才是最有说服力的。评估标准是面"镜子",社会服务机构应依据评估标准认真地对照检查,听取评估组的意见和建议,把握好自身建设是一切工作的基础,树立"打铁必须自身硬"的观念,这样社会服务机构的健康发展才有保障。

（三）完善社会服务机构内部治理结构

《社会团体评估指标》中共有1 000分值,分为4个1级指标,16个2级指标,48个3级指标,90个4级指标。这些指标基本全面覆盖了社会服务机构的基础条件、内部治理、工作绩效、社会评价等社会服务机构日常运营的各个方面,为加强和完善社会服务机构的内部治理结构提供了制度遵循。整个评估和以评促改的过程将极大解决社会服务机构不健全、内部治理不完善、组织行为不规范、社会公信力不高等问题,帮助社会服务机构迅速建立和完善以章程为核心的内部管理制度,有效发挥权力机构、决策机构、执行机构和监督机构的职能作用,从而促进社会服务机构持续健康有序发展。

（四）提高社会服务机构的公信力

对于社会服务机构而言,社会公信力就是生命线。社会服务机构评估通过公开透明的运作方式,实现了公众对社会服务机构的问责。一是促使社会服务机构重视信息公开,提高绩效,强化自律意识,提升社会责任感;二是增进公众对社会服务机构的了解和支持,树立社会服务机构良好的公众形象;三是减少社会服务机构与政府、社会之间的信息不对称。

同时,评估工作以一套相关指标体系作为考量基础,由评估机构根据规范的指标体系和科学的评估方法,以客观公正的立场,对社会服务机构的有效服务能力及可信任程度进行综合评价。社会服务机构评估涉及很多内容,内容会根据实践情况不断变化更新,以全面反映社会服务机构的实际信用状况。这样的体系相当于为社会服务机构建立了一套完整的信用评价体系,为今后强化社会服务机构信用,激励社会服务机构制度建设和诚信自律提供了标准和基础。①

四、社会服务机构评估的内容

根据管理学的观点,任何一个组织无论其规模大小,都需要通过正式或非正式的渠道执行监督和控制的功能,这关系着组织的生存和发展,更直接影响其决策的方向、服务成效、信誉和潜能的发展。因此,效能评估成为机构发展的重要议题。依据社会服务机构的基本特征,结合其所处政策制度环境和社会环境的变迁,可以认为社会服务机构的评估主要包括责信评估、使命和战略规划评估、服务方案评估和能力评估。

（一）责信评估

责信就是对社会负责和对社会的一种交代,具体是指社会服务机构对其使用的公共资源的流向及其使用效果的社会交代。社会服务机构已进入责信时代,问责性评估是确保社会服务机构诚信的一种制度安排,它的功能在于帮助社会服务机构树立社会公信度。问责性评估主要是外部评估,是在政府或外界力量的强制要求下推行的,其评估的具体内容如下。

1. 服务和活动与组织使命和宗旨的一致性

社会服务机构的使命和宗旨是其对解决社会问题的公开承诺,具有较高的价值取向,反映的是期望实现的意图、努力从事的事业和志愿投入的精神。社会服务机构的使命和宗旨的实现程度对其公信力有直接影响,要评估组织,首先要评估它的服务是否符合其宗旨和目标。

---

① 中国酒业协会:《浅议评估工作在社会组织管理中的重要作用》,《中国社会组织》2019年第19期。

2. 治理结构的规范性

社会服务机构的产权不属于组织负责人,而是属于社会大众,因此要通过适当的治理结构和机制来保证机构的主要管理者不损害公众的利益。董事会(或理事会)就是社会服务机构治理结构的主要内容。在社会服务机构的责信体系中,组织的管理体系——董事会与执行官的运作效能是机构使命能否实现、服务质量能否提高的关键因素。社会服务机构的评估要对其治理结构进行考察评定。

3. 资金的合理使用和运作

社会服务机构主要运作的是服务项目,政府、基金会和一些捐款者也主要是赞助服务项目而非赞助机构。因此,赞助人一般都希望将经费的大部分用于实际的服务中。资金和捐赠物的去向是机构评估的主要内容。

4. 财务与信息的透明程度

社会服务机构的资金主要来自政府、基金会、一般捐赠和服务收费。政府除了直接给予财政支持外,有时也通过社会政策给予某些服务减免税的待遇。因此社会服务机构要定期公开财务报告和服务评估报告,以让主要赞助人、服务使用者及社会大众了解机构整体运行情况,为外界监督提供方便。①

(二) 使命和战略规划评估

社会服务机构的使命和战略规划评估的主要目的是明确组织的发展方向和发展战略,以此来证明组织存在的价值、增强组织的凝聚力以及吸引更多人才。使命战略规划评估属于组织的自我评估,一般由组织内部管理者和员工参与实施,有时也会聘请外部专家参与。自我评估的动力来源于组织领导者的卓越意识、对组织进行变革的决心和外部激烈竞争的压力。

1. 社会服务机构的使命评估

德鲁克根据60多年为重要组织进行顾问咨询的经验,提出了非营利组

---

① 参见王思斌主编:《社会行政》(第二版),高等教育出版社,2013年。

织实现使命和战略规划的自我评估工具,即可以通过回答五个重要问题来评估社会服务机构的未来走向:(1)我们的使命是什么?亚力舒策略管理中心(Ashridge Strategic Management Centre)曾经综合不同观点发展出了一套亚力舒使命模式(Ashridge mission model),强调使命是通过价值、目的、策略、行为四个要素的互动、联系及强化过程而形成的,对这四个要素的反复检讨和评估对机构来说尤为重要。(2)我们的案主是谁?我们确认服务对象时,通常会思考下列问题:谁来寻求我们的帮助?其他的团体从我们的工作中获得什么直接或间接的利益?还有哪些人对我们所做的工作感兴趣?如果我们停止服务,谁会蒙受损失?(3)案主的认知价值是什么?案主的认知价值包括案主的需求、愿望以及追求。过去社会服务机构的组织绩效一直比较倚重外在技术层面的评价,包括外在规则和标准、专业判断、最佳的实务经验等;近些年社会服务机构开始强调尽可能从案主的认知出发评价组织绩效。(4)我们追求的结果是什么?社会服务机构致力于改善服务对象的行为、环境、健康、希望和能力,因此在确认服务对象及其认知价值的基础上,机构还必须了解组织的主要服务是什么,服务能够达到的最佳程度是什么,什么样的服务结果对案主最重要,如何测量服务的成功传递等。(5)我们的计划是什么?在社会服务组织自我评估的过程中会产生一个计划,它是组织目标和未来方向的简要总和,计划包括使命、愿景、长远目标、短期目标、活动步骤、预算和评价。在计划产生的过程中,应重点思考使命是否需要改变以及确认目标是什么。

2. 社会服务机构的战略规划评估

战略规划是社会服务机构通过对外部环境、内部环境、威胁与挑战、优势和机会的综合分析而制定出的长期性规划。这种评估方法主要由三部分组成:前提控制(premise control)、执行战略(implementation strategic)和战略监督(strategic surveillance)。[1]

前提控制:在制定战略规划时,一个重要的步骤是对机构内部和外部

---

[1] 参见饶美蛟、刘忠明主编:《管理学新论》,商务印书馆(香港)有限公司,1996年。

环境一系列相关因素提出假设,作为制定战略的前提和基础,这些环境因素既包括行业环境(竞争环境)、同类服务的机构、服务对象、赞助者等,也包括宏观环境,如经济、政治与法律、社会、科技与文化、教育、人口结构等。战略规划是长期的,而环境是不断变化的,因此需要对这些战略前提持续地进行评估来保证其继续有效,当环境因素发生重大变化时,以此为前提制定的战略也必须进行相应的调整。

执行战略:执行战略评估主要是对机构实际服务目标和预期达到目标之间产生的实际离差的原因进行分析,充分考虑环境因素变化的影响,并提出相应的对策。

战略监督:战略监督的目的是通过对机构内部和外部环境的密切监视,找出可能出现的对机构战略进程产生影响的重要事件和发展趋势。这些事件和趋势可能对机构战略构成威胁,也可能为机构未来发展提供机会。[①]

(三) 服务方案评估

所谓方案,是一套预先安排、有明确目标指向的活动。社会服务方案的评估工作应由以下 3 部分构成。

1. 社会服务方案的输出评估

社会服务方案的输出评估主要掌握的是系统所提供服务的种类与数量资料,一般将方案输出的评估主要聚焦于过程输出和最终输出。过程输出是指服务过程中所消耗的资源,其评估的重点是服务,关注的是"服务量"的测量,因此需要发展出不同种类的标准化服务单位来测量过程输出;最终输出是指社会服务方案的最终结果,其评估的重点是服务对象,关注的是"完成服务量"的测量,强调为服务对象提供一个完整的服务。

2. 社会服务方案的质量评估

社会服务方案的质量评估的理念来自企业管理,尤其是吸收了"以消费

---

① 参见王思斌主编:《社会行政》(第二版),高等教育出版社,2013 年。

者为中心"提供产品或服务的思想。但社会服务方案除了要向服务对象负责外,还要接受捐款人、社会大众等利益相关人的评判。社会服务品质包括多个方面的内容,如表9-1所示。

表9-1 社会服务品质的要素

要　素	定　义　与　说　明
可近性	服务容易获得和提供服务的机构容易接近
保证性	工作人员亲切、有礼貌、周到和具有专业素养
沟通力	用简单易懂的方式告诉服务对象有关产品、服务的资讯,包括可能改变的相关资讯
胜任	工作人员具备提供服务的必要的知识与技能
符合度	产品或服务达到规定标准
礼貌	工作人员对服务对象有礼貌、尊重和体贴
缺点	找出任何对服务对象满意度有不利影响的品质特征
持续性	绩效、结果和成果不会很快就消失
同理心	工作人员尝试了解服务对象的需要,并提供其个别性的关注
人性化	提供的产品或服务能保护服务对象的尊严和自我价值
绩效	产品或服务达到所预期的目标
可信度	以信赖可靠的方式提供产品与服务,即使是不同的服务对象或是在不同时间,仍能以最少的变动提供
及时性	工作人员适时地提供产品或服务
安全性	在安全的环境下提供产品或服务
设备	服务所需要的设施、设备、人员与出版物是适当的

3. 社会服务方案的成果评估

社会服务方案的成果评估关注的是方案的结果或成就。而在社会服务领域一般都以服务对象为焦点，将成果与服务对象结合在一起，关注的是服务对服务对象的影响，以及对服务对象生活质量的改变，可见它实际上是服务对象成果监控（client outcome monitoring）。因此，成果评估也被定义为是以服务对象生活质量的改变来评估社会服务方案的结果、影响和成就。

成果评估分为期中成果评估和最终成果评估。期中成果评估是在服务对象接受完整服务后，立即评估服务对象生活品质的改变，期中成果评估提供的是当下处置效果的评价。最终成果评估主要是采取分期追踪方式（如3个月、6个月、1年等），来掌握服务对象生活质量改变的资料，最终成果评估提供的是对服务后效果或长期效果的评价。这是因为在社会服务活动中，有相当一部分效果不是在接受完整服务后立即能够看出成效的。①

（四）能力评估

社会服务机构的能力评估一般分为两种：一是通过外部的评估机制引导社会服务机构加强组织能力的投资和建设；二是通过内部评估机制增强组织自身的能力。结合社会服务机构的特征，可以把社会服务组织的能力评估归纳为以下两部分内容。

1. 组织质量的评估

组织质量指的是组织具有的设施、人才以及组织结构及相应的制度建设，它是组织行动的基础。

组织质量的评估内容包括：一是组织的权力结构。它影响目标群体对资源的使用、决策的民主性以及权力参与的广泛性。权力结构配置合理，有助于保证正常的服务活动运作。二是组织的制度建设。这方面考察的主要是组织的规范建设，即组织的制度是否有能力支持和保护变化进程中的目标群体，规章是否能为组织的运作提供依据，其完善程度是反映组织质量的

---

① 参见王思斌主编：《社会行政》（第二版），高等教育出版社，2013年。

重要指标。三是人员素质。考察的是组织是否拥有足够数量的、适当报酬的、能力强的工作人员,是否为工作人员提供了必要的培训。在社会服务机构中,社会工作者是主要的专业人员,组织中社工的比例、专业能力以及投入精神,是必须考察的指标。此外,社会服务机构也会使用志愿者协助服务,对志愿者的有效管理及拥有一批长期志愿者也有助于提高组织的质量。四是设施及信息管理系统。一定的设施水平往往是保证一定的社会服务质量所必需的基础。信息管理系统主要包括健全的财务管理系统,良好的供应、后勤系统,准确、及时、有效的组织纵向与横向的信息交流,为有效决策提供依据的全面管理信息系统等。

2. 组织行为的评估

组织行为指的是组织实现目标的一系列活动,它是社会服务组织评估工作的核心。具体而言,组织行为的评估包括以下几方面:一是共同的价值观,其考察的是组织中所有工作人员与志愿者对本组织的宗旨与价值观的了解及其认同程度。二是管理技能水平,管理技能包括制定计划方案、预算方案和报告文本的技能;制定具有创新性、典型示范性的项目或活动计划的技能;实施和督促所规划的战略和项目的技能以及自我评估的能力。三是领导的艺术,包括完备而强有力的执行领导、部门主管;强调民主参与的执行长和董事会;能够运用现代管理方法创造凝聚力、加强交流;志愿者与工作人员的关系融洽;服务对象有机会参与组织决策与管理。四是动员资源的能力,包括有长期的、可靠的开发资源的政策、计划和有效的活动;有与其宗旨一致的创收系统;有充足的人力资源、资金。五是公共关系,包括社会服务组织与政府部门保持合作伙伴关系;与企业保持合作伙伴关系;与媒体的关系以及媒体对组织的关注程度;组织与所在社区的关系、与资助者的关系、与其他社会组织的关系;机构与目标群体(服务对象群体)的关系。①

---

① 参见王思斌主编:《社会行政》(第二版),高等教育出版社,2013年。

第二节　社会服务评估的类型与特点

社会服务评估介于社会工作实务与研究之间,是针对社会服务项目而进行的评估,是一种聚焦于用科学的思考、方法、测量和分析,对社会服务项目的设计、策划、实施和效果等方面进行测度、诊断与评价的活动,其目的在于提升社会服务的效率、效果和质量。

一、社会服务评估的类型

学界对社会服务评估的类型众说纷纭,不同的划分标准会产生不同的评估类型。

（一）按时间因素来分：事前评估、过程评估与事后评估

事前评估是指在服务计划形成后进行的评估工作,目的是评估计划的合理性。经过评估,如果对已形成的计划完全不满意,则要重新开始资料收集等基础工作；如果只是部分不满意,则主要检讨目标选择的适当性。

过程评估是指在服务执行(输送)中进行的评估工作,目的是检查执行环节是否能够顺利达成目标,如果对执行过程完全不满意,则要检查事前评估是否准确；如果只是部分不满意,则主要检讨计划的形成过程的适当性。

事后评估是指在服务提供完毕后进行的评估工作,目的是检查服务是否达到目标和为下一次服务提供经验和研究资料。由于经过事前评估和过程评估,事后评估一般只有部分不满意的情况出现,通常是需要重新检讨计划的形成过程的适当性。

（二）按评估者身份来分：内部评估与外部评估

所谓内部评估,是指由方案执行单位的成员所从事的评估工作。每一项社会福利计划或方案执行之前,都应该先由执行方案的单位内部的人员

来做评估工作,这种评估的优点是评估人员对于执行方案的组织结构以及所要评估的计划方案有更详细、更准确的了解,同时也有助于以后继续进行研究和评估工作。

所谓外部评估,是指由机构以外的专家对社会福利计划或方案进行的评估工作。这种评估的优点是比较容易保持评估工作的客观性;可以有一套评估的标准,这些标准可以对机构行政组织的基本结构进行监督;尤其是当社会福利机构组织内存在广泛而激烈的冲突时,"外来者"可以更客观地保持中立的地位,更有效地执行评估工作。

(三) 按评估的性质来分:结果评估、成果评估、效率评估和影响评估

结果评估是针对达成服务目标的质和量所进行的评估工作。它关注正在运行的服务方案,通过提供基本描述资料,包括服务使用率、求助的人口统计特征和人员配备模式等,来检讨服务方案的优先次序,制定预算并进行员工分配。结果评估由方案监察、特别研究、记录管理和保存三部分组成。

成果评估是着重对社会服务所产生的效果进行的评估工作。在社会工作服务中,成果评估主要从服务方案的成果评估、求助者改善的成果评估两方面进行评估。

效率评估是对达成服务目标的资源成本进行的评估,尤其关注为扩大成果而必须投入资源的比例。效率评估有三种形式:成本会计、成本—效益分析、成本—成果分析。

影响评估是针对社会服务方案对整个社区所产生的影响而进行的评估。内容包括服务方案是否获得了预期的结果,服务对社会环境是否产生了干预作用,以及服务是否还产生了意想不到的效果等。[1]

二、社会服务评估的特点

(一) 社会服务评估是检验服务效果的基本途径

任何社会服务活动,如果投入运行后没有进行相关的评估反馈工作,那

---

[1] 参见王思斌主编:《社会行政》(第二版),高等教育出版社,2013年。

么它的效果如何就不得而知。要想知道一项社会服务计划投入运行后，究竟是否达到了预期目标或取得了预期效果，或产生了哪些非预期的连带效果，就需要我们进行科学的评估工作。

(二) 社会服务评估是决定服务发展方向的重要依据

任何一项社会服务在执行过程中总会呈现一定的走向。伴随着社会服务目标实现程度的不断推进，该项社会服务是应该按计划继续下去，还是需要调整、革新或终止？这都必须依据一定的客观资料，而社会服务评估是能够提供这种客观资料的有效活动。社会服务的走向一般分为三种情况：一是社会服务的持续，二是社会服务的调整和改革，三是社会服务的终止。由此可见，无论是社会服务的持续、调整还是终止，都必须建立在科学、系统、全面的政策评估基础上。

(三) 社会服务评估是合理配置资源的有效手段

在社会服务实践中，政府或民间支持社会福利的资源十分有限，也不可能同时支持多项服务。随着人们福利需求意识的提升以及福利服务输送方式的转变，特别是政府与民间社会福利机构在福利市场所扮演角色的重组，如何有效率地运用有限的福利资源，提供符合服务对象需要的高品质福利服务，成为政府关注的议题。究竟哪项服务该投入多少资源？换言之，有限的福利资源要怎样配置？这些问题必须通过科学有效的评估才能回答。只有通过社会服务评估，才能确认每项社会服务的价值，并决定投入各项服务的资源的优先顺序和比例，以寻求最佳的整体效果，更有效地推动整体社会福利的发展。同时，通过社会服务评估，也可以全面了解以往的服务资源的分配情况，检验其合理性，总结经验和教训，进而更有效地开展社会服务活动。[1]

---

[1] 参见时立荣主编：《社会工作行政》(第二版)，中国人民大学出版社，2020年。

第三节 社会服务评估的方法与模式

一、社会服务评估方法

评估方法是社会服务评估中最核心部分,原因在于没有科学的评估方法就不可能有科学的评估结果。如果没有科学的评估结果,评估就失去了意义,就会使社会服务项目误入歧途。评估方法涉及评估的方法论、一般方法和具体方法。简单地说,方法论是指评估研究的指导思想、理论基础和基本原则;一般方法是指评估研究的思路和策略,如定量方法和定性方法;具体方法是指评估研究过程中收集和分析资料的方法,如资料分析法、访谈法、观察法、问卷法等。

(一)社会服务评估的方法论

方法论是关于研究方法的理论,是对研究方法的科学性、客观性和有效性的讨论和论证。在社会服务评估研究中,实证主义(positivism)和人文主义(humanism)是两种迥然不同的方法论,也是社会科学中两种最基本的方法。

实证主义认为,社会是自然的一部分,社会现象与自然现象没有本质的区别,提倡用自然科学的方法(如观察、实验、统计分析)去研究社会,继而用实际的经验资料去证明假设。按照实证主义的观点,社会服务评估应该通过丰富、细致的一手资料来确定服务对象的需求,以此来说明社会服务的效果。与此同时,用经验资料来说明社会服务存在的问题以及如何加以改进。总的来说,实证主义的方法论强调"用事实说话",尤其是强调数据在社会服务评估中的作用。

人文主义强调社会是人类活动领域,人类活动与自然现象有本质差别,因为人类活动是人的有意识、有目的的活动。该流派认为,社会研究的重要任务就是理解和解释人类活动的意义;唯有如此,才能真正理解人类行为和人类社会。根据人文主义的观点，社会工作者只有准确理解服务对象的需求、想法和期望，才能有效地帮助他们克服困难、走出困境。在社会服务评估中，人文主义的方法论注重服务对象对服务活动的感受和理解，以及服务活动对服务对象的意义。

尽管实证主义和人文主义这两种方法论迥然不同，但并非截然对立。在社会服务评估中，我们可以同时运用两种方法论立场，既注重数据资料的收集，又关注服务对象的感受。唯有如此，我们才能够比较全面地评价社会服务项目的效果。[①]

（二）社会服务评估的一般方法

定量方法和定性方法是社会服务评估研究的两种不同策略，尽管一些评估研究同时采取了两种研究方法。相对而言，实证主义方法论比较强调定量研究，而人文主义方法论则比较重视定性研究。

1. 定量研究

定量研究也称量化研究，这是遵循科学主义的研究思想而形成的研究范式。在社会科学形成之初，鉴于自然科学研究取得的巨大成就，社会科学家们也十分推崇自然科学方法在社会研究中的运用。自然科学采用重复实验的方法发现事物的规律，这就表现为用定量方法去发现事物之间的联系。在自然科学看来，对大量可重复（或可比较）现象的数量分析可以验证假设和发现理论。在力图将社会科学变为科学的努力中，社会科学家也仿照自然科学，力图通过大量、同类社会现象的搜集和分析，发现社会因素之间的关系（包括因果关系），以认识社会，干预社会运行。这就是社会研究中的定量研究，其研究模式是进行大规模的问卷调查或统计调查，并通过统计分析来确定现象之间是否存在联系和存在什么样的联系。

在社会服务评估中，定量研究方法被广泛使用。在提供大规模的社会

---

① 参见时立荣主编：《社会工作行政》（第二版），中国人民大学出版社，2020年。

服务或制定社会政策之前,要全面地了解居民的一般生存状况,了解他们的基本需求,这就需要进行问卷调查,并对调查资料进行统计分析。不仅是需求评估,在对大规模的社会服务进行结果评估时,一般也采用定量评估方法,以了解社会服务在多大程度上解决了服务对象曾经遇到的困难和问题。

2. 定性研究

定性研究也称质性研究,它是运用归纳、分类、比较等方法,对某个、某类现象的性质和特征作出说明的研究方法。定性研究不像定量研究那样追求用数量化的手段去衡量研究对象的特征,也不希望用大规模的统计分析去揭示事物之间的联系,然后去预测。它认为社会现象都有其特殊性,只有与研究对象深入接触、全面了解和深入理解才能认识其本质。于是,定性研究主要运用深入访谈、参与观察、个案研究、焦点小组、口述史研究、行动研究等方法搜集资料,并运用话语分析等方法得出对研究对象的实质性理解。

定性研究不是反对实证研究,它也要搜集有代表性的、深入的资料去说明问题。但是,定性研究不同意只用表面化的数字资料(某种意义上这是科学主义的最本质特征),而是认为只有用更全面的、更深入的资料,并通过对这些资料的深入理解(包括从当事人的视角去理解),才能认识其本质。

定性研究在社会服务评估中也被广泛使用。这是因为,社会工作强调服务是一个完整的过程,强调这一过程中服务对象的改变和问题的解决。因此,只有深入了解社会服务的整个过程,才能对其进行客观评价。此外,社会工作十分注重人的改变和服务对象的心理感受,注重社会服务的多重影响。在这种情况下,选择定性评估方法显然更加有效。

3. 定量研究与定性研究的比较

定量研究和定性研究是社会科学研究和社会服务评估领域的两个重要方法,两者在多个要素上存在明显差异(见表9-2)。

表 9-2 定量研究与定性研究比较表①

定 量 研 究	定 性 研 究
追求客观性	承认主观性
试图解释和预测	试图理解
运用演绎逻辑	运用归纳逻辑
检验假设	提出假设
资料先搜集后处理	资料边搜集边处理
依赖标准化的工具来衡量	研究者是执行者

定量研究与定性研究的主要差异在于：第一，研究是客观科学的还是带有主观性的。定量研究追求客观性，强调无论研究资料的搜集还是处理，都要尽量减少人为干扰，从而使得资料能更真实地反映研究对象的实际状况。定性研究认为，对人的研究免不了带入主观性，有时价值介入有助于对研究对象的理解。第二，运用标准化工具还是做多方面深入了解。定量研究对研究对象用同一工具来衡量，认为这样才能对它们进行一致界定以及对资料进行量化处理。定性研究认为，只有全面深入地了解研究对象，才能真正认识其本质，而标准化工具有可能把复杂信息简单化。第三，研究目的。定量研究试图解释和进行预测，即期望通过对有代表性资料的分析说明事物内部之间的联系，并对更大范围的同类事物给出推论性预测。定性研究没有想通过局部研究去推测更大范围，而是想深入理解研究对象。第四，研究方法。定量研究主要运用问卷调查、统计调查和统计分析方法。定性研究主要运用深入访谈、参与观察、焦点小组、行动研究方法。②

实际上，定量方法与定性方法各有优劣，它们分别适用于不同的评估场

---

① 参见[美] Bonnie L. Yegidis、Robert W. Weinbach：《社会工作研究方法》，黄晨熹、唐咏译，华东理工大学出版社，2004年。
② 参见顾东辉主编：《社会工作评估》，高等教育出版社，2009年。

景并发挥自己的作用。如果能在社会服务评估中将定量与定向结合起来使用,则评估效果会更好。

(三) 社会服务评估的具体方法

1. 资料分析法

(1) 组织材料分析。包括但不限于组织的基本信息,如组织章程、年度总结报告;项目有关的组织制度文本,如项目财务管理制度、人事管理制度等;组织日常工作记录,如董事会或理事会会议记录。(2) 项目材料分析。包括但不限于项目计划,如项目标书、项目服务方案;项目服务档案,如服务记录、总结材料;项目人员档案,如项目人员、志愿者档案;项目财务信息,如项目预算、决算表;与项目相关的各类管理制度档案,如项目行政管理、专业规范性管理、项目进度管理、服务质量控制、风险管理。(3) 其他资料分析。包括但不限于项目测评工具,如服务满意度问卷;项目各类统计文本,如服务满意度调查结果统计;项目各类工作报告,如项目中期报告、总结报告。

2. 访谈法

(1) 评估方通过焦点小组访谈法与项目的合作方代表进行交流,主要特指项目的资助人与围绕着项目有合作关系的主体,涉及监管部门、企业与其他社会服务机构。评估内容涉及项目运作过程中各合作方与项目执行组织展开的合作,各合作方对目前项目运作情况的满意程度等方面进行交流,以达到从组织外部了解相关项目执行情况的目的。(2) 应用座谈会法与项目的服务对象及开展项目服务的相关人员,主要特指项目的实际受益群体或特定对象,实际的项目执行人员,就服务满意率、服务成效以及对项目服务的具体意见开展进一步座谈,以期可以全面把握项目的执行情况,反映出项目投入过程与实际产出的比重权衡。(3) 通过结构式访谈,与组织负责人、项目负责人及工作人员、项目需求方和项目出资方进行面谈。

3. 观察法

(1) 为了解项目的具体服务过程,现场工作人员应对每个项目的日常服务或活动过程进行现场观察。观察内容包括:服务环境、服务内容、服务方法以及服务人员与服务对象的互动等。(2)对于已经结束的服务项目,现场工作人员可通过观察该组织与评估项目同类的日常服务和活动,从侧面了解项目的服务过程。

4. 问卷法

在项目评估过程中,现场评估工作人员可利用问卷调查收集项目服务对象满意率和项目服务成效等信息。问卷调查按以下要求抽样:若实际服务对象在100人以内的项目,进行全面调查;若实际服务对象在100—1 000人之间的项目,按照1∶2—1∶15的抽样比例进行简单随机抽样;若实际服务对象在1 000人以上的项目,先按照1∶3—1∶5的抽样比例进行区域抽样,确定开展问卷调查的社区;在已经选定开展问卷调查的社区,再按照1∶7—1∶10的抽样比例进行简单随机抽样,确定问卷调查的服务对象,并对其进行问卷调查。①

需要进一步指出,评估方法要与评估对象的特质相结合。比如,在对老人社会服务项目进行评估时,评估方法就应该考虑老人回答问题的便利性。如果接受服务的老人不喜欢和不接受某种评估方式,他们就无法合适地表达想法、感受、意见和建议,这就会影响评估的有效性。在对儿童服务项目进行评估时,评估者除了观察和访谈儿童本人外,可能还要向家长或老师了解相关信息。

二、社会服务评估模式

(一)形成性评估

这个模式关心的是正在进行中的社会福利服务或活动,以及这些服务或活动如何影响产出的结果,因此评估的对象是以正在进行中的社会福利服务或活动为主,评估的重点在于提出改进服务计划或方案的意见,以具体积极的建议协助社会服务方案的推展与改善。参与此类评估工作的人员,并不是旁观者或局外者,而应该是团体中的成员,或至少是对所要评估的团

---

① 范斌:《如何做好社会服务项目绩效评估》,《大社会》2018年第3期。

体有认同感的人,这种福利服务提供人员与评估人员之间密切的联系,是评估工作的一大特色。此外,形成性评估还具有监督的功能。形成性评估包含成本-效率评估与结果评估。

1. 成本-效率评估

成本-效率评估注重的是每一个提供服务的单位所需要的成本,评估成本-效率所用的成本基础是时间、期间(episode)、资源(material)或输出的单位(output units)。此外,成本-效率的评估还提供了关于投入评估的详尽细节,使评估人员能够检验提供服务时各个要素所耗费的成本。

2. 结果评估

结果评估与提供发生在方案中的大量活动资料有关。例如,有多少以及哪种形态的服务被提供? 结果评估也被视为对服务提供的一种反省和对输出输入总和资讯的检讨,以便加强或改进方案(或计划)的管理与控制。此外,结果评估亦具有监督的功能,对于方案管理者而言是一种早期的警告系统,也能够为其他的方案评估模式提供资讯。要测量服务方案的投入,必须对工作人员投入的工作时间和精力进行记录,而这项评估常被解释为监督的工作。监督的工作包括服务数量的记录(例如,以往机构拥有多少服务对象)与服务质量方面的资料(例如,机构过去的服务所导致的成果是什么)。测量服务方案投入之评估可包括以下内容:一是员工共提供多少项服务? 二是员工花费多少服务时间进行策划工作? 实际执行又花费了多少时间? 三是员工所服务的对象有多少人? 四是员工推行服务时工作的对象或他们需要应对的团体或机构是什么? 五是员工所推行的工作是否按照计划进行?

总之,形成性评估主要分析的是服务提供过程中的各项资讯,包含服务提供的成本、提供服务的人员、接受服务的人员等,以便为修正服务提供参考。

(二) 总结性评估

总结性评估关心的是产出和效率,评估的对象是已完成的社会服务。总结性评估也是一种对服务方案成功程度的评估。此种评估通常能指出方案的优点和缺点,并且提出改进的建议。如果能够谨慎地设计和执行总结性评估,就能辨别出服务方案中"非期待"的结果。除了在方案结束时评估之外,总结性评估也可以在方案的单元或周期结束时进行。总结性评估包括成果评估、适用性评估与成本-效益评估。

1. 成果评估

成果评估是将焦点集中于干预的结果上,特别是干预是否会产生预期的成效,即检验案主接受干预后达成的结果,并且确认方案的成果目标达成的程度。如果是对服务方案的评估,则要探讨方案实际结果与原预期结果间的差异。成果评估需要依赖清楚和明确的目标,但这些目标是基于"期望的效果"而非设计的活动。也就是说,成果评估将焦点放在案主状态的改变上,例如案主在行为、人格、感觉、适应力、技巧和知识等方面的改变。

2. 适用性评估

适用性评估是在比较服务的需求后去测量实际所输送的服务。这种评估聚焦于比较方案实际所满足的需求与在方案计划过程的评估阶段所确定的需求是否适合。如果社会服务机构想要为扩大目前所做的事情及为方案的扩展提出一个合理的时间表,就可以使用这种评估方法来估算为了适当地回应整体需求所需的资源总数。更进一步,如果机构发现目前提供服务的单位成本太高,以至于无法合理地扩大服务项目去满足全部案主的需求时,也可以运用评估方案分析其适用性,以便发现更有效的方法来提供相同的普及性服务。

3. 成本-效益评估

成本-效益评估注重的是达成结果的成本。该评估可用来定义每一个成功的成果所需要的方案运作成本。只有在服务对个案产生正向影响的时候,才需要计算与效益相关的成本,并不是所有接受方案服务的个案所需的成本都需要去计算。

(三) 结构与过程的评估

对于绩效而言,除了上述的评估模式以外,还有一些评估模式将焦点置于"结构"和"过程"上。

1. 结构评估

结构评估主要尝试描述服务的一些面向(dimensions)。它通常以理想的干预结构为基本假设,进而测量相关的服务。结构评估将焦点放在所提供服务的特质上,例如社工与案主的比例、社会服务机构用人的形态以及物理环境的规模和品质等。但是在评估真正的服务品质或估计绩效时,这类评估是有限制的,它的主要目的在于确定最低程度的服务品质,使机构符合法律和政策的规定。

2. 过程评估

过程评估将焦点放在社会服务机构的运作和干预的方法上,用于描述案主的特质、服务活动本身,以及机构运作与案主动机之间之交互作用等。这类评估也用于检验所做努力的程度以及这些努力被执行的过程。过程评估主要在于评估干预过程本身,例如案主与社会工作者在会谈情境中的交互作用的本质,它强调提供关于方案或干预运作的资讯。过程评估关注评估机构之"服务方案",以决定该方案能否按照原先的计划和期望进行。

(四) 目标达成模式与因果评估模式

由于社会服务评估的目的不同,在运用上也有不同的评估模式。若以社会服务评估的性质来区分,则可分为目标达成模式(the goal attainment model)与因果模式(影响模式)(impact model)。

1. 目标达成模式

这种评估模式着重于对福利方案或计划目标之评估。一项福利方案,从开始执行到最后获得成果的整体过程中,其执行的成效明显地受到许多因素或变量的影响。这些影响因素包括:接受福利服务方案的人员(人口变量)、方案的内容(方案变量)、态度及认知的变量(中间变量)以及最后的效果(依赖变量)等。换言之,目标达成模式的评估工作是针对不同的变量进行评估。目标达成模式的评估过程有四个步骤:一是制定服务方案应达成的目标;二是完成方案以达成目标;三是就有关目标达成的程度来评估完成的服务方案;四是利用资讯来检讨以前所要达到的目标并在服务方案推行过程中进行适当修正。

2. 因果评估模式

因果评估是经常被运用且所引起的争论也最多的模式之一。大致而言,因果评估模式是一套理论上的观念或理念,用以探讨各社会服务方案如何产生所期望的效果。这种评估模式分析的原则为因果假设的关系,并建立在三个基本假设上,即因果假设、干预假设与行动假设。因此,因果评估模式就是运用因果关系的理论来评估某项问题的处置是否已经对症下药。①

(五) CIPP 模型

CIPP 评估模型被称为决策导向或改良导向评价模式,20 世纪 60 年代末期由美国学者斯塔弗宾(Stufflebeam)提出,这一模型在提出时主要包括背景评估(Context evaluation)、输入评估(Input evaluation)、过程评估(Process evaluation)和成果评估(Product evaluation)四个部分,而 CIPP 即为四个评估环节的英文缩写。② CIPP 评估是指判定、获得、提供和应用描述性和判断性信息的过程,这些信息包括一些事物的目标、设计、执行和结果的优点和价值,用来引导改善的决策,提供责任报告,通知制度化/广为传播的决定,并且改善对于所涉及的现象的理解。③ CIPP 模型主要是通过提供一套完整的信息,来协助服务提供者对服务进行定期的评估从而改进服务质量,希望可以有效地运用资源、时间等,便于适当且公平地基于合法评估受益者的利益来提供服务。④

背景评估的主要目的是了解评估对象的地位或环境,界定其问题、需求

---

① 参见王思斌主编:《社会行政》(第二版),高等教育出版社,2013 年。
② 朱丹:《CIPP 评价模式在综合实践活动课程评价中的运用》,《基础教育研究》2010 年第 1 期。
③ Mahshid Abdi, Shahnaz Kohan, Soheila Ehsanpour and Babak Hamidfar. "The Evaluation of Reproductive Health PhD Program in Iran: A CIPP Model Approach," *Procedia-Social and Behavioral Sciences*, 2015, 197, pp.88-97.
④ 参见[美] Daniel L. Stufflebeam 等:《评估模型》,苏锦丽等译,北京大学出版社,2007 年。

和机会。背景评估可以在计划、项目执行中或者完成后来实施。在计划、项目执行之前的评估是一个界定研究,帮助设定特定的指标或者优先顺序;在计划中或者完成后的评估,通常是用来判断已经确立的目标。输入评估主要用于了解项目可以运用的资源,以及如何运用资源完成计划目标,包括对方案、工作计划和财政预算等进行评价。过程评估用来监督、记录和评价项目过程的活动,主要用于评价项目执行中所存在的问题和缺失,为项目决策提供必要的依据。成果评估主要测量目标的达成程度,对服务对象的影响等进行判断。

CIPP评估模型对项目实施的整个过程进行全面、系统的评估,划分为背景、输入、过程和成果四个评估部分,综合了形成性评估与总结性评估,是公认的一种较为全面的项目评估模型。它强调评估是一个持续进行的过程,应贯穿于整个项目运作的全过程。此外,该模型较为注重形成性评估,为决策者提供信息,以改进项目工作和提高服务水平。

综上所述,社会服务评估模式及其意义如表9-3所示。

表9-3 社会服务评估模式及其意义[①]

评估模式	项目	内容	意义与用途
形成性评估	成本-效率评估	考虑单位成本	检视提供服务的各项成本(如时间、期限、资源等)
	结果评估	检讨输出和输入的总和	监督方案或计划的运作,以便修正所提供的服务
总结性评估	成果评估	检验服务的成果(如案主的改善)	探讨实际结果与预期结果间的差异
	适用性评估	比较实际需求与方案所能满足的需求	检讨方案的适用性,以便提供更普及的方案
	成本-效益评估	定义每个成功方案所需的成本	检视投入与成果的比例

---

① 江一圣:《社会工作服务成效评鉴议题之初探》,台湾《社区发展季刊》1999年第88期。

续 表

评估模式	项 目	内 容	意义与用途
结构与过程的评估	结构评估	检视服务所需的每个特质(如员工比例、用人形态等)	确定以最小程度的服务品质,使机构符合法令的规范
	过程评估	注重机构运作及干预的方法	检验引起案主改变所做的努力与执行的过程
目标达成模式与因果模式	目标达成模式	检视达成目标的各种变量	聚焦于福利方案或计划目标的评估
	因果评估模式	检验达成目标的原因	聚焦于因果假设的前提,探讨因与果之间的关系
CIPP模型	背景评估	阐述机构或服务的背景;确定项目中服务对象并评估其需求;明确服务提供方的资源和有利条件;判断目标是否充分回应了需求及问题	决定所服务的环境;界定目标及优先顺序;重视可能潜在障碍并设法处理;提供评价需要,以作为结果判断的依据
	输入评估	检视和评价项目策划方案或措施;评估方案是否满足背景评估中所评估出的需求、问题和资源	选择支持资源及解决策略;阐述一个较好方案的程序设计;提供一套管控并判断执行过程的基础
	过程评估	评估或预测程序设计或执行过程中的不足;建立所有程序事件与活动的记录;检查服务内容是否按照服务目标和计划执行	对方案设计及程序进行执行和改良;记录实际过程,作为对执行过程及解释结果的判断依据
	成果评估	收集资料并判断项目的结果产出;将服务结果与目标、背景、输入和过程等资料进行比较分析;描述方案的优缺点和价值	针对变革活动,决定继续、撤销、修正或重新聚焦;提供一份清楚的记录(预期与非预期、正向与负向);判断方案的优缺点及价值

案例思考与讨论：

四川省 MH 社工服务站灾后社区生计发展项目评估

四川省 MH 社工服务站灾后重建项目基于发展性社会工作的取向，开展一个 5·12 震后弱势群众社区生计发展服务项目。该服务项目的具体策略手法是培育发展伤残弱势群众组成的生计互助小组并围绕其提供多元整合的服务，服务对象为四川省某市灾后居民。

项目一期主要依托该市 DF 职业技术学校在汉旺镇武都板房区的分校校区，由项目团队的社工长期驻站开展专业服务。同时还广泛依托四川当地和其他地方的各专业机构、团体组织等，共同开展项目服务工作。该项目迄今取得了不错的效果，初步实现了增强社区团结行动力以及持续改善有关家庭生计状况的目标。服务对象在互助小组的团结带领下投身互相帮助、自力更生的各种生计行动中，一些小型生计项目运转良好、取得了经营收益，并主动寻求进一步发展，出现了走向"社会企业"的趋势。在此过程中服务对象的身心状态都大为改善，社区各方面的关系也出现十分积极的变化。截至目前，多数组员已开展了家庭生计项目，特别是在商贸、种植、养殖等项目方面已取得较好的进展。

MH 社区生计发展服务项目以发展性社会工作为基本取向和工作框架，充分信任有关人群的发展动力与潜能、高度体现其主体性，提供社会工作的协助服务以促进伤残等弱势群众组织起来进行互助项目等集体生计行动，并支持其进一步成功的经营发展，最终实现"团结起来、自力更生、发展生计"的结果，可持续地建立起"社区生计"体系。项目预期将既在促进社区团结上也在改善发展居民生计上实现双重结合的效应，也为中国探索发展性的社会工作模式提供重要经验。

项目的实施必定要有相关的个人或组织参加，其中包括在项目中有既定利益的各方面的成员，如项目的投资方、承包方、项目经理、具体工作人员、服务对象，以及项目涉及的当地政府、相关机构、居民等。这些就是项目的参与方及受项目影响者,即项目的利益相关方。而项目评估的很重要的一个方面就是使利益相关方满意。与工程项目相比,社会工作服务项目涉及的利益相关方相对简单,工程项目的主要利益相关者包括业主、实施方、设计方、协作供应商、分包商、环境提供方、项目产品客户等等。MH项目的利益相关方包括以下部门。(1)出资方:中国红十字基金会;(2)承包方:QZY社会工作研究中心;(3)执行机构:MH社工服务站;(4)合作伙伴:民政厅社工处、团省委、省总工会、团市委、市人民政府、市民政局、市红十字会、市残联、市妇联、团市委、市社工协会、香港复康会、DF职业技术学校、市慈善基金会等。

思考题:

(1) 可以从哪些角度对MH社区生计发展服务项目进行评估?如何选择最适用的评估方法?

(2) 结合本案例中的MH社区生计发展服务项目,谈谈如何将社会服务评估的理论和模型(如APC、CIPP等)进行操作化?

第十章 社会服务机构管理的挑战与发展趋势

第一节 社会服务机构的使命、效率与责信

一、社会服务机构的使命

社会服务机构的使命价值代表机构存在的意义,能够引导机构成员行动。明确机构的使命就是赋予机构思想,再以机构思想统摄成员的思想。德鲁克提出,"任何一个组织的主管都必须相信,他们所属组织想要实现的使命与从事的任务,就是这个组织最重要的使命与任务,也是所有事物最根本的基础。如果他们不相信的话,他们的组织很快就会失去对自己的信念、自信心和自尊心,更不用说执行既定的任务了"。① 社会服务机构有自己的使命、宗旨、价值,一旦进入一种轨道,就有自己独立的生命,机构的创办者、所有者、领导者和员工都是机构暂时的运营者和管理者。②

(一) 使命的意义

被称为现代管理学之父的德鲁克有一个非常重要的管理理论,就是使命导向成功。他认为,"非营利组织是为使命而存在的,它们的存在是为了改变社会和我们每个人的生活"。柯林斯(Collins)和波勒斯(Porras)指出,

---

① 参见[美]彼得·德鲁克:《德鲁克论管理》,何缨、康至军译,机械工业出版社,2017年。
② 参见杨涛:《社会服务机构管理——利他经营、集体行动与自主共治》,南京大学出版社,2019年。

"我们生产什么产品或者提供什么服务,为什么我们的产品或者服务很重要,使命的一个主要作用是指导和激励,机构比以往任何时候都更清楚自己的宗旨,这样才能使工作更有意义,进而吸引、激励、留住杰出人才"。①

由此可见,使命对于任何一个非营利组织都具有非常重要的意义,社会服务机构当然也不例外。概括起来说,使命对于社会服务机构具有以下功能:帮助机构制订明确的目标,为机构指明方向、指明愿景,清楚地界定机构的定位和客户,帮助机构制订和采取正确的策略,有助于机构得到社会的认可和支持。②

(二) 使命的确立

社会服务机构的使命确立根植于一整套核心价值观。这些核心价值是社会工作作为一个专业的独特目的和视野:服务、社会正义、尊严与个人价值、人际关系的重要性、正直诚实、能力。同时,这些核心价值(及其衍生原则)必须适应"环境"和"人类经验的复杂性"。③ 中国社会工作专业的伦理使命:一是促进社会正义。这是社会工作专业首要使命。社会工作要以挑战消极歧视为己任,同时承认问题或冲突的多样性,促进社会公平。二是以终极价值为指引,以"济贫扶弱"为天职,解决社会冲突和问题,促进社会和谐,推进社会福利进程,完善社会系统。④ 我国的社会服务机构是一种自上而下的出场路径,一般是在政府主导下由社会工作者运作。这种出场路径造成了社会服务机构主体性的不足,赋予了这些社会服务机构不同于西方的本土使命,即主体性的构建。⑤ 从社会工作"人在情境中"的理念来看,社会服务机构的使命确立及其达成也必须将自身置于本土化的情境中,以此来确保机构使命的达成和保持机构的生命力。

---

① [美] 吉姆·柯林斯、杰里·波勒斯:《基业长青》(珍藏版),真如译,中信出版社,2009年。
② 徐本亮:《有效的社会服务机构使命怎样"炼"成》,《中国社会工作》2017年第30期。
③ 陈社英:《中国社会工作的使命:国际与历史的视野》,《社会与公益》2018年第8期。
④ 刘翠英:《本土化下的社会工作专业伦理使命的探讨》,《赤峰学院学报》(汉文哲学社会科学版)2015年第36期。
⑤ 王乐芝、母双:《我国社会工作的本土使命及其角色期许》,《新西部》(理论版)2015年第2期。

由于社会服务机构的出现总是为了解决某一个社会问题、为了满足某一个需求而创办和存在的。因此,其一是洞察力。社会服务机构须具备准确观察需要解决的社会问题和未满足的社会需求的能力,以及捕捉到机会空间的能力。其二是竞争力。社会的需求很多,要解决的问题也很多,任何一个社会服务机构都不是万能的。因此机构要清楚什么是自己可以做的,发挥自身的优势和长处。其三是奉献精神。社会服务机构不是"要我做",而是"我要做"。是一种责任感、一种使命感驱动去做,因此要有奉献精神。一个有效的使命应该和以上三个要素相适应,缺一不可。①

(三) 使命的困局

资源依赖理论认为,组织对外部环境要素的依赖程度,主要取决于三个因素:(1) 资源对组织维持运营和生存的重要性;(2) 拥有资源的群体控制资源分配和使用的程度;(3) 替代资源的可得程度。组织间的依赖关系往往不是单边方式,更多的情况是参与方在某种程度上的一种资源互赖关系。如果参与方彼此之间的依赖程度不同,并且这种依赖关系的不对称性无法经过其他的交换过程来得到弥补,那么满足依赖程度较低一方的要求,则成为保证依赖程度较高一方的生存和发展所必需的前提条件。② 目前,普遍来看,社会服务机构的自主力量较弱,资源更多依赖于政府。为保证社会服务机构有效地连续运转,机构需要从政府手中承接各种社会服务项目以获得经费支持。因此,提供服务的方向、内容、目标等都体现了政府的意图。社会服务机构对政府资源的依赖性可能会导致其现实运营与社会工作价值观和机构使命存在不一致甚至冲突之处。国家对社会福利及社会工作服务的强力渗透,使社工机构处于"活命"和"使命"的两难处境之中。

此外,虽然近年来政府对购买社会组织服务所投入的经费不断增加,但包括社会服务机构在内的社会组织对于捐赠资源竞争的日趋激烈。很多社

---

① 徐本亮:《有效的社会服务机构使命怎样"炼"成》,《中国社会工作》2017 年第 30 期。
② 胡杨成、蔡宁:《资源依赖视角下的非营利组织市场导向动因探析》,《社会科学家》2008 年第 3 期。

会服务机构为了正常的运营,借鉴市场组织运作的方式来提高组织的运营效率,如引入竞争机制,进行私营化和参与营利性的业务。但是在实践过程中,私营化也带来了很多负面问题,使机构严重偏离其设立的目标和使命。① 在社会组织普遍面临着资金短缺和制度约束等困境的情况下,社会服务机构既要力争在环境中生存下去,又要努力实现自己的使命,它在项目运作中就会体现出多种目标和意图,即多重逻辑。② 此外,在社会服务实践中也常常出现选择性服务倾向,采用效率优先的原则,选择为资源最优和利益最大的群体提供服务,实际上是一种功利主义做法。有学者曾撰文批判了这种"选择性服务",认为它弱化了服务机构和服务产品的专业性,造成社会工作者的惯性思维,带来形式化服务的盛行。③

(四) 对策与建议

第一,政府购买社会服务项目是政府与社会服务机构建立合作伙伴关系的重要途径。尽管政府购买服务给社会服务机构的独立性带来一定的消极影响,但更应看到它对政府和社会服务机构构建合作伙伴关系的积极影响。从政府的角度看,购买社会服务项目体现了政府的政策和意图,是政府资源分配和投入的指示器。从社会服务机构的角度看,它要理解和领会政府的政策和服务意图,从自身生存和发展的角度出发力争获得政府的项目,政府和社会服务机构通过项目连接在一起并形成分工负责、合作治理的格局。④

第二,提供社会服务的过程中,决策的重要依据即是否有利于满足服务对象的需求,并在此基础上提高效率,保证资源的充分利用。效率的提升是

---

① 钱颜文、姚芳、孙林岩:《非营利组织治理及其治理结构研究:一个对比的视角》,《科研管理》2006年第2期。
② 陈为雷:《政府和非营利组织项目运作机制、策略和逻辑——对政府购买社会工作服务项目的社会学分析》,《公共管理学报》2014年第3期。
③ 文军、何威:《社会工作"选择性服务"现象及其反思》,《学习与探索》2016年第7期。
④ 陈为雷:《政府和非营利组织项目运作机制、策略和逻辑——对政府购买社会工作服务项目的社会学分析》,《公共管理学报》2014年第3期。

为了资源的有效利用,保证机构事务的有效运行,但是社会服务必须以达到社会效果作为事务开展的前提,不能偏离最终的服务目标和服务对象的需求,不能以追求服务项目表面效果的达成,而破坏社会服务机构的价值理念和使命的追求。①

第三,社会服务机构核心使命的实现与宏观的政治形态、社会形态高度相关。从社会工作服务的属性上看,需要进一步确认其人文性与科学性的统一,尤其是强调其人文属性。在微观领域上看,服务对象的"去选择化",摒弃功利主义的正义观,回归社会工作原始阶段对弱势群体的社会关怀等等,这些改变,都将有助于社会服务机构使命的实现。②

第四,社会服务项目作为一个各方参与塑造公共性的重要平台,培育了各利益相关的个人或群体参与公共活动的积极性和理性能力,建构了"公共性"及制度保障体系。③ 在社会服务机构的发展上,未来需要强调机构资金来源的多元化与社会力量的广泛参与。社会服务机构应该在遵守国家法律、行政法规和专业规范的前提下保持独立性和自主性,对来自政府、市场和社会的多元资源进行有效动员、整合和配置,才有可能实现社会服务机构的最初使命。

二、社会服务机构的效率

政府购买公共服务是一个多方主体合作的过程。政府、社会组织和社会公众三方,既是利益的相关者、密切合作者,也是利益的追求者和博弈者。如果是在正和博弈的情况下,各自的利益就能够得到保障,政府购买公共服务能够实现帕累托最优。反之,不仅各方的利益无法得到满足,政府购买公共服务的发展大局也将受到影响。④

---

① 时立荣:《社会管理背景下的机构社会工作行政探析》,《东岳论丛》2012年第33期。
② 杨柳:《社会工作使命的检视及中国情景分析》,《长春大学学报》2019年29期。
③ 李友梅、肖瑛、黄晓春:《当代中国社会建设的公共性困境及其超越》,《中国社会科学》2012年第4期。
④ 崔光胜:《政府购买公共服务中的利益博弈与风险防控》,《湖北社会科学》2017年第2期。

(一) 组织效率的困境

1. 社会服务机构的组织特性

综合文献研究与现实观察,可以了解到社会服务机构普遍存在效率低下的原因,一部分源于其自身的特性,可以概括为以下4点:(1)产权不清晰。不清晰的产权导致了社会服务机构在治理结构上的缺陷,进而难以建立有效的治理机制,导致了机构的效率低下。(2)社会服务机构的绩效具有难以度量性。由于社会服务机构提供的主要是服务,而不是产品,难以对领导者和员工进行有效的绩效度量,也难以产生有效的激励合约。(3)社会服务机构目标对业务的限定。机构的目标是为了满足公共需求,而不是最大化股东利益,业务上的限定对社会服务机构的绩效产生了一定的影响,无法像营利性市场组织那样灵活变动。(4)公众、媒体等对于社会服务机构的过分关注。机构的宗旨是为了满足公共需求,但是对于满足公共需求的效果存在不同的评价,同时接受服务的不同利益主体之间也会对机构的运作产生影响。[1]

2. 专业人才激励机制不完善

现代管理学之父彼得·德鲁克曾指出"决定非营利组织成败的关键是组织应具备吸引并留住具有奉献精神的成员的能力。一旦丧失这种能力,组织就会走向衰亡,这是很难挽救的"。社会工作服务专业人才队伍一直是高流失率的灾区,据《深圳市社工行业年度数据报告》显示,深圳社工的流失率从8%(2008年)到11%(2009年),再到13.3%(2010年),2011年达17%,2014年社工的流失率高达22.2%,超出行业20%的警戒线。这意味着2014年,每五位社工中就有一位离开他(她)的岗位。与此同时,全国高校每年培养大约8000名社会工作专业人才,仅有不到30%的学生毕业后从事社会工作职业。[2]

---

[1] 钱颜文、姚芳、孙林岩:《非营利组织治理及其治理结构研究:一个对比的视角》,《科研管理》2006年第2期。

[2] 袁小良、徐雯:《社会服务机构中社会工作者激励因素研究》,《社会建设》2016年第3期。

(二) 社会服务机构提升效率的具体路径

1. 资源的合理有效配置

将社会政策转化为具体的社会服务,实际上是对社会福利资源的一种传输。在传输的过程中会产生资源的消耗,为了最大化地利用社会资源,就需要社会工作行政对资源进行有效合理的配置。社会工作行政面对的社会资源包括人力、物力和财力资源,这些社会资源是有限的,需要进行有效整合,提高利用率,避免浪费。社会工作行政正是通过对各种资源的有效配置才能形成社会服务能力,满足服务对象的需要。①

2. 对社会工作者的正向激励

社会工作服务机构的"政府购买服务"预算约束决定了它不能完全像商业组织一样对符合某种期望行为或工作绩效标准的员工以金钱进行激励。虽然员工的职业动机更多的是利他主义而非金钱驱动,但是这并不意味着一定程度的外在激励对社会工作服务机构不重要。因而要重视社会工作者对基本经济需求的满足,特别是公平的薪酬和福利,甚至相对完善的考绩和升迁制度。在这种预算约束下的社会服务机构针对服务对象的需求开展相应的服务,其本质上属于人力密集型(labor-intensive)组织,社会服务机构中的社会工作者是实现组织目标最主要的动力或最重要的资产,从这个意义上来讲,非物质的针对人的内在激励应成为社会服务机构中主要的激励机制,员工对职责要求、劳动回报、组织背景、组织内部人际和组织整体的满意度提升与最终激励效果之间积极相关,社会服务机构应当在适当满足社会工作者期望的基础上,激发其内在的动机,并将其转化为工作的意愿,使个人目标同组织目标有机整合,从而实现组织的持续发展。②

3. 匹配利益相关者的多元需求

一是通过承接政府的公共服务,能与政府"合作共赢",建立社会服务机构与政府良好的"伙伴关系",实现其对社会公共事务的广泛参与,使自己成

---

① 时立荣:《社会管理背景下的机构社会工作行政探析》,《东岳论丛》2012 年第 33 期。
② 袁小良、徐雯:《社会服务机构中社会工作者激励因素研究》,《社会建设》2016 年第 3 期。

为治理社会的重要力量。二是通过与政府的相互合作,增进彼此间了解,以期在以后的项目、资金、税收等方面获得更多的便利和支持,实现自身的利益最大化。三是通过向公众提供服务,能广泛与公众交流,树立良好的社会形象和品牌效应,达到社会广泛认同和传扬的目的。①

4. 外部制度保障的强化

2006年,英国政府公开了非营利组织提供的《公共服务行动计划》,强调非营利组织在全社会范围内广泛接受监督。2007年,英国内阁办公室又发布了《第三部门在社会和经济复兴中的重要作用》的报告,其中包括了政府购买社会公共服务的长期发展战略。2008年,英国第三部门办公室负责人发布了公共服务行动计划更新,讨论了其中部分社会公共服务提供已经成功或失败的经验。美国政府的监管职能则是通过对服务绩效的考核评估加以实践,美国联邦立法及地方法律中有关绩效的法案和条例均明确规定了政府购买社会公共服务的行为,以及服务供给方应该达到的服务效率和服务质量。由美国预算管理办公室(OMB)下设的联邦采购政策办公室签发,1993年《联邦政府绩效与结果法案》和1997年的《联邦收购条例》强调了政府购买社会公共服务的评估标准和契约规范。从以上指导文件中不难看出,西方发达国家已经摒弃命令、强制等传统行政监管手段,转而建立一种基于规则的管理。这种规则的制定和遵守既受法律保护,又建立在多方认可的基础之上,从而得以尝试探索建立健全政府、服务提供方和社会公众的三方互动及制衡机制,促进越来越多的非营利组织和营利机构发展壮大。② 这些西方经验对于我国社会服务机构的发展也有一定的启示意义,即需要在加强完善外部制度保障的前提下提升社会服务机构的效率。

5. 完善评估体系

我国社会服务机构能力建设的一个有效途径是从评估切入,包括对社

---

① 崔光胜:《政府购买公共服务中的利益博弈与风险防控》,《湖北社会科学》2017年第2期。
② 张汝立、陈书洁:《西方发达国家政府购买社会公共服务的经验和教训》,《中国行政管理》2010年第11期。

会服务机构非营利性的评估、使命与战略的评估、项目评估和组织能力的评估。学者邓国胜提出构建的非营利组织的评估框架(见图10-1)对我国的社会服务机构评估具有一定的参考意义。① 该评估框架的第一个子模块是非营利性评估,即对社会服务机构是否违背了非营利性的行为规范进行评估,以促进社会服务机构的组织责任与社会公信度的提高,从而解决非营利组织的筹款难题。通常,对社会服务机构的非营利性评估属于外部专家评估,一般由独立的第三方进行,以保证评估的客观性、公正性和科学性。第二个子模块是使命与战略评估。该模块的目的在于通过评估明确组织的发展方向和发展战略,它解决的主要问题包括社会服务机构如何制订长远的发展规划,如何增强组织的凝聚力、吸引人才等。通常,使命与战略评估属于组织的自我评估,由组织内部员工实施。当然,有时也可以请外部专家参与。第三个子模块是项目评估。该模块的目的在于通过评估促进社会服务机构的效率与服务质量,它试图解决的是因缺乏竞争导致的效率低下、服务

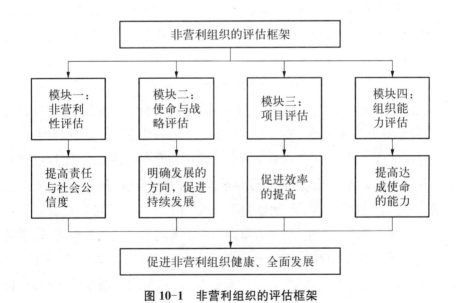

图10-1 非营利组织的评估框架

---

① 邓国胜:《非营利组织评估体系研究》,《中国行政管理》2001年第10期。

质量不高的问题。通常，项目评估属于外部专家评估。第四个子模块是组织能力评估。该模块的目的在于通过组织能力评估增强社会服务机构达成使命的能力。它试图解决的是长期以来社会服务组织能力欠发达的问题。通常，机构的能力评估属于自我评估，由组织内部人员完成。

三、社会服务机构的责信

（一）社会服务机构的责信概念

在传统购买服务契约委托框架下，风险、资源与服务输送的责任转移至社会服务机构。责信机制是解决这类问题的有效途径之一，有助于建构政府与社会自主、对话的伙伴关系。责信概念超越了责任（responsibility）和绩效概念，不仅指正式制度中命令连锁关系所定义的责任，而且包括绩效、响应性，甚至伦理等广泛的期望。[1] 责信是行动者为其策略或行为负责的一种动态过程，且必须镶嵌在多元利害相关人的关系网络中，并带有正式与非正式的负责意义。麦金尼（Mckinney）和霍华德（Howard）认为，责信是指在任何情境下，执行权力的个人应该受到外部机制，以及某种程度的内部规范的合理规制。也就是说，责信包括自我约束和外部约束。责信包括多层次的责任以及对相应责任的制约，有的学者称为"多元责信"。[2] 社会工作专业伦理要求社会工作者提供优质社会服务，社会工作者要承担对机构、同工、服务对象等的责任。在开发、推行社会工作服务项目阶段，为了社会工作行业可持续发展，不仅社会工作者要求达到专业伦理要求，而且社会服务项目利益相关者（stakeholder）也要承担责任。社会服务项目利益相关者包括政府、社会服务机构、社会工作者、服务对象等。一般可以把责信分为主观责信和外部责信。主观责信，重点在于个人与组织的自我要求，特别是在伦理守则与专业训练方面的自我要求，即"自律"。外部责信，又称"他律"，重点在于外部各行动者（即订立契约各方）对组织预期绩效的约束，特

---

[1] 陈云凡、王丹：《政府购买助残服务契约责信架构研究》，《社会工作》2015年第6期。
[2] 参见官有垣、陈锦棠、陆宛苹主编：《第三部门评估与责信》，北京大学出版社，2008年。

别是各行动者通过契约明确各自的角色与责任期待。① 具体来说,内部责任体现在实施项目的社会服务机构的组织文化、服务等各项纪律约束上。外部责任制度体现在机构诸如财务、服务等相关的法律法规约束上。

社会服务机构因其价值驱动、非政府、非营利和志愿公益等组织特质,其公共资源使用情况,尤其是资金去向更易受到社会关注,面向外部情境主体进行积极主动的责信交代是机构"自证"合法性的重要举措。所谓责信交代,是指社会服务机构向服务对象、社会大众、政府及其他资助者等外部主体对其使用公共资源的去向及效果进行的社会交代。② 王思斌认为,社工服务机构的责信交代包括四个方面:一是服务交代,主要是向服务对象提供令其满意的、操作规范的服务;二是专业交代,主要是向社会工作专业学者、行业协会、评估机构、同行机构等专业组织和群体证明其遵守社会工作守则、坚守专业操守及提供专业服务的情况;三是财政交代,主要是向政府、基金会、捐款人等经费资助方提供财政报告,说明资金使用的适当性和效益;四是政治交代,主要是向立法机构、社会媒介等压力团体交代机构履行社会责任和义务的情况。③

在推动社会福利和服务发展的过程中,社会服务机构责信主要是指专业发展对其所产生的制度约束和非制度约束。责信机制的建立包括从上到下的体制合法性和从下到上的民众认受性。④ 对于社会服务机构而言,常常通过评估来回应政府购买社会服务的责任问题(即问责)。也就是说,通过专门的评估活动及评估报告,政府试图回答一个问题,即在购买社会服务过程中,政府是否为公众做了一笔"好"的交易,评估主体与问责对象有时是重合的(比如政府同时作为评估者和所评估项目的出资者),有时是交叉的(比如政府指定或委托政府官员参与评估,但评估人员不完全由政府官员组

---

① 参见官有垣、陈锦棠、陆宛苹主编:《第三部门评估与责信》,北京大学出版社,2008年。
② 张超:《身份焦虑:社会工作机构的合法性困境及其突破》,《社会工作》2017年第1期。
③ 参见王思斌主编:《社会行政》(第二版),高等教育出版社,2013年。
④ 顾江霞、罗观翠:《试论政府购买社会服务项目的责信机制——基于H市政府购买社会服务项目实践的经验》,《华东理工大学学报》(社会科学版)2010年第25期。

成），有时是相对分离的（比如政府出资委托独立第三方开展评估）。①

(二) 社会服务机构建立责信的具体路径

1. 案主为本，多元交代的基本原则

目前，社会服务机构的社会交代主要是以财政交代为主，服务交代、专业交代和政治交代普遍缺位。为此，应依据"案主为本，多元交代"的基本原则，再造机构合法性的责信格局，具体而言：第一，履行机构的组织使命，坚守价值驱动的组织品质，在责信交代中做到面向服务对象的"服务交代优先"。第二，在进行必要的财政交代的同时，自觉做好专业交代和政治交代，通过构建多元交代格局提升机构的公信力，主动出击为自身合法性的建构营造良好的外部支持环境。②

2. 建立"法制化"理念

强调"法制化"理念的目的是推动社会服务项目公开、透明、制度化运作。在推动社会服务机构问责机制建立的过程中，建立公开、透明、制度化的运作，是为了回应利益相关者的不同动机。为了防止出现机构寻租行为，为了使机构竞争有明确的制度可遵行，推动者可以推动相关制度的建立，建立政治责信、财务责信、专业责信、机构责信等方面的机制。当然，在探索阶段，社会服务项目可根据积累的经验在专业伦理指引下进行相应调整。③

3. 在公共服务网络上建立责信架构

当公共部门透过契约或其他机制将责任转移至民间部门时，也将遭遇因两部门的差异所产生的困难。这是由于公、私部门之间存有追求公共利益与营利本质上的差异，若以私部门管理责信的精神套用于公部门，可能会

---

① 顾江霞：《专家参与还是公众参与？——对政府购买社会服务评估主体的一项经验研究》，《社会工作》2017年第6期。
② 张超：《身份焦虑：社会工作机构的合法性困境及其突破》，《社会工作》2017年第1期。
③ 顾江霞、罗观翠：《试论政府购买社会服务项目的责信机制——基于H市政府购买社会服务项目实践的经验》，《华东理工大学学报》（社会科学版）2010年第25期。

产生如追求效率极大化而忽略案主权益的现象。①

因此,社会服务网络中的责信架构应该建立在网络成员间的互动上。② 为促进"公私协力伙伴关系"的建立,责信应该在公共服务网络基础上建立。从公私协同合作角度出发,风险、成本效益、社会与政治影响、专业、伙伴协力与绩效测量等成为协助公共管理者改善伙伴效能的基本面向。③ 有学者从政策网络角度出发,围绕服务对象、购买服务部门、社工机构董事会、社工机构管理人员、社工和人民代表大会、社会工作专业,基于政府购买服务契约中的委托方与代理方应该重视职责归属、信息透明、回应力、服务质量与绩效批量,提出专业责信、法律责信、道德责信、政治责信与市场责信五项构面(见图10-2)。④

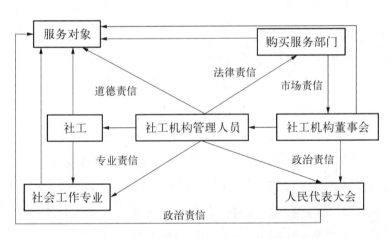

图10-2 政府购买社会服务网络中的责信面构成

---

① See Hughes and Owen, et al. *Public Management and Administration* (5th ed.). Springer, 2017.

② Yang, K. and J. Y. Hsieh, et al. "Contracting Capacity and Perceived Contracting Performance: Nonlinear Effects and the Role of Time," *Public Administration Review*, 2009, 69(4), pp.681-696.

③ Forrer, J. and J. E. Kee, et al. "Public‐Private Partnership and the Public Accountability Question," *Public Administration Review*, 2010, 70(3), pp.475-484.

④ 陈云凡、王丹:《政府购买助残服务契约责信架构研究》,《社会工作》2015年第6期。

第二节 社会创新中的社会服务机构发展

党的十八大以来,社会领域的改革发展突飞猛进,社会创新逐渐成为政府、企业和社会间合作治理的重要行为策略和实现方式。鼓励和引导社会组织的创新行为,对于促进社会建设、培育公民社会和完善社会治理,有着重要的意义。

一、社会创新的内涵与意义

一般认为,美国管理学家彼得·德鲁克在1973年的《管理:任务、责任、实践》一书中最先提出"社会创新"(Social Innovation)的概念并强调其重要意义。① 根据德国社会学家沃尔夫冈·查普夫(Wolfgang Zapf)的考察,20世纪80年代西方学术界几乎同时从社会技术、政治创新、企业内的组织形态、新的生活方式等多方面来使用"社会创新"概念。② 在当下,我国社会转型所引发的社会矛盾不断加剧,社会问题日益复杂化。而政府职能转变和社会结构的变化又在推动着政府社会治理模式转变,中国社会创新理论逐渐受到各界关注。③ 当前国内社会创新研究的重点,主要是结合国外的理论文献和实践经验,探讨社会创新的内涵与意义等基本问题。由于"社会"是一个相对宽泛的概念,而且社会创新可以从主体、对象、方式等不同角度,或从经济学、管理学、社会学、行政学等不同学科来阐释,这也使得学界对社会创新的定义呈现多样化,目前尚未形成一个相对统一、规范的概念框架。

早期国内对社会创新的理解较为宏观和宽泛。有学者从社会要素的结

---

① 纪光欣、岳琳琳:《德鲁克社会创新思想及其价值探析》,《外国经济与管理》2012年第9期。
② 参见[德]沃尔夫冈·查普夫:《现代化与社会转型》(第二版),陈黎、陆宏成译,社会科学文献出版社,2000年。
③ 张健:《当代中国社会创新:公民社会转型与国家孵化原则》,《人文杂志》2009年第6期。

构性转换和功能性升级的角度来阐释社会创新,认为社会创新内含着价值观念、思维方式和时间理念的转换,社会结构、社会体制和社会组织的调整,具体包括观念创新、制度创新、技术创新、组织创新、文化创新等。① 也有从与技术创新相比较的角度,把社会创新理解为对人类社会组织与过程进行重构,以促进新技术、新产品或新工艺的应用和扩散过程,强调社会创新对于技术创新的协同作用价值。② 可以说,社会创新是社会变迁的一种特定形式,它以明确的社会目标为导向,通过创造或采用新的社会技术、方法、途径和形式,以增强社会能力和建立新的规则体系,从而高效地推进社会变迁的过程。③ 此外,从发展哲学的角度可以把社会创新看成是目标明确的,更具有综合性、扩展性和适应范围的整合性社会发展行动系统,是现代社会发展的一种新行动模式或运行机制。④

随着社会创新理念的传播和社会创新实践的涌现,2006年以来,国内对社会创新的理解开始具体化。臧雷振结合国内外有关社会创新概念的分析,提出中国视角下的社会创新应该通过充分发挥公民个体和社会组织的创新能力,提升社会能力,完善社会服务功能,弥补政府和市场不足,为和谐社会建设和迎接社会挑战带来改革性进步和功能性升级,实现社会良性发展的过程。⑤ 丁元竹则把社会创新看成"通过一些制度设计来改变目前人类应对一些社会问题的困境,诸如就业、社会福利等"。⑥ 何增科把社会创新理解为公民和公民组织等社会行动者在社会领域为解决社会问题、满足社会需求而发起和实施的富有成效的创造性活动。具体而言,社会创新的主体是民间社会组织及其社会企业家、社会活动家等,社会创新的领域集中

---

① 金民卿:《社会创新的路径选择和人文社会科学在社会创新中的功能》,《新东方》2001年第4期。
② 项保华:《社会创新与技术创新协同作用机制研究》,《科学管理研究》1993年第4期。
③ 王雅林、晚春东:《论社会创新》,《学习与探索》2002年第1期。
④ 冯鹏志:《迈向知识经济的路径与力量——社会创新的含义、特征与范式》,《自然辩证法研究》2001年第4期。
⑤ 臧雷振:《社会创新的国际比较》,《中共中央党校学报》2008年第6期。
⑥ 丁元竹:《软实力、社会企业、社会创新》,《21世纪经济报导》2005年1月18日。

在教育、医疗、养老、助残、环保等社会领域,社会创新的目的是增进社会利益、实现社会目标。社会创新是一个解决社会问题、满足社会需求且富有成效的创造性过程等,这些也构成社会创新与企业创新、技术创新、政府创新等相区别的主要特征。①

综上,社会创新可以理解为一个涉及社会生活的基本理念、组织和制度的创新过程,是在旧的社会生活范式或体系的基础上建立新的运作模式的过程,其中既包含着对旧的生活范式或体系的否定,以及在理念、组织和制度层面突破旧有体制的大胆改革,也包含有建构新的理念、组织和制度的种种积极探索和尝试。社会创新是政府、企业、第三部门或公民个人单独或合作创造性地整合利用社会资源,通过新的途径或方式来解决社会问题或满足社会需求的实践过程,具有目标的社会性、主体的多元性、方式方法的创造性等特点。社会创新涵盖了治理发展及公民社会组织能力扩展的各个方面,可以促进释放社会活力,弥补市场与政府失灵,有助于跨部门与组织间的整体协作,改善公共服务质量。②

二、社会服务机构在社会创新中的战略意义

德鲁克早年提到创新时认为,创新正经历一个由政府转向社会、从管理创新走向社会创新的历史过程,社会创新将是这个时代最主要的政治任务,各类社会服务机构需要学习如何在原有系统中建立企业家精神和创新制度,从而更好地实现分权和协作。③ 社会服务机构是社会创新的积极实践者,它们擅长从社会的角度出发,引入合理的创新方法和创新手段(如服务模式创新、筹资模式创新、组织形式创新等),运用、调整和重塑现有的社会关系(包括制度、组织、规划等),有效地满足社会需求。社会服务机构参与社会创新,有一定的优势或者便利。

首先,社会服务机构引入公益模式来解决社会问题,更易调动参与者、

---

① 何增科:《社会创新的十大理论问题》,《马克思主义与现实》2010年第5期。
② 周直、臧雷振:《社会创新:价值与其实现路径》,《南京社会科学》2009年第9期。
③ 王名、朱晓红:《社会组织发展与社会创新》,《经济社会体制比较》2009年第4期。

投资方的积极性,更易获得政策支持与民众好感。在社会创新过程中,社会服务机构间的互动合作与政府及企业相比更为灵活,可以作为政府、企业及民众之间的桥梁纽带,促进各个主体的互动,提高合作质量。①

其次,社会创新活动的复杂性、不确定性意味着"政府调控"加"市场机制"难以满足创新过程中的全部需求。例如,政府存在层级过多、技术不够专业的问题,企业存在不营利就无法生存的问题,因此可能会出现"双失灵"现象。社会服务机构一方面可为政府和市场"查漏补缺";另一方面也能发挥自身积极能动性服务弱势群体,解决社会问题。

最后,政府的主要责任是制定规则和提供公共服务。企业的基本诉求是产生利润,他们都缺少积累社会资本的动机。社会服务机构不追求营利,也没有太多的层级限制,它把会费、捐赠等用于公益事业中,将社会成员对社会创新的投资用于社会资本的培育积累,以促进创新体系内各方之间的联系、信任与规范,有助于形成良好的社会网络。

三、社会服务机构提升社会创新能力的路径

目前,有不少社会服务机构以不同方式关注社会问题,提供公益产品。借助当前社会管理创新这一有利契机,大力推进社会服务机构发展,是社会发展的重要战略任务。从更广阔的社会建设维度看,社会服务机构参与社会创新,需要法律、政策、经费、环境等层面的支持,各方面力量应当有所作为,推动形成社会创新的良好氛围。

第一,积极探索政府购买社会服务机构服务的新模式,完善政府管理社会服务机构的机制。国内外经验表明社会服务机构要获得生存的土壤和环境,离不开政府的强有力支持。我国是社会主义国家,人民当家作主,坚持以人为本的执政理念,在党的带领下全面探索小康社会实现途径,努力促进和谐社会建设进程,积极加强和创新社会管理,这是社会服务机构发展自我、服务社会的政治优势,也是建立社会工作服务机构与政府良好合作关系

---

① 参见康晓光、冯利:《中国第三部门观察报告(2017)》,社会科学文献出版社,2017年。

的保证。从实际运行层面来看，社会服务机构要生存，必然离不开政府的资源平台，离不开政府的法律保障。因此，社会服务机构势必须与政府建立良好的战略合作关系。不仅实现政社之间的良性互动与合作，而且竭力探索政府出资、购买社会服务机构向社会传递公共服务的模式，这既是我国社会服务机构嵌入社会建设与社会发展，也是我国社会服务机构发展的根本方向和根本机制。

第二，加强社会服务机构自身能力建设，完善机构内部相关规章制度。当前我国社会服务机构存在的普遍问题是机构自身能力建设不足，以致政府、市场以及社会相关主体对社会服务机构缺乏认可和支持，严重阻碍了组织自身发展壮大。在当前社会创新视阈下，社会服务机构要想获得健康发展，必须加强自身能力建设。一是更加明确自身机构使命和愿景，明确机构定位，树立有效的机构目标，对受众的需求进行深入的了解，积极主动提高创新能力，运用新科技、新手段，加强各领域之间的联系与合作。二是开发和探索机构服务领域和服务项目，有效链接政府及社会多种资源，不断打造机构服务社会、服务大众的品牌效应，扩大社会认知度，提升机构公信力。三是完善机构自身管理制度，如建立健全组织规章制度、完善组织内部员工激励机制和培训机制，探索和形成机构自我评估机制等，打造组织自身的品牌效应和发展战略。四是促进社会服务机构加强透明度建设，尤其是在网络社会里，社会服务机构应当深入触网，建好机构的网页，及时公开组织信息、业务范围和机构动向。促进社会服务机构自身能力建设，是实现其作为社会创新与社会公共服务模式转型的重要途径。

第三，大力推进专业人才队伍建设，实现社会服务机构可持续发展。社会服务机构是提供专业社会服务的重要场所，因此，如果机构缺乏专业性，机构服务质量难以保证，也难以真正实现服务社会与大众的功效。我国社会服务机构今后应在专业性方面加大力度，尤其是在组织人才队伍建设方面，以推动和实现机构的可持续发展。一是培育一批社会服务机构职业经理人，充分实现作为社会活动家或社会企业家的优势与角色功能，以保证机构能够得到最有效经营；二是注重现有社会服务机构人才的培养，提升其专业化水平,充分发挥专业社会工作者的优势,有效传递社会服务和公共福利,促进组织发展的活力和生机;三是建立与高校合作的机制,通过引进和输入的方式,实现高校专业力量的定期督导与大学生不间断的专业实习,保证机构具有明显的专业性优势;四是积极探索志愿者立足机构、服务社会的机制,通过专业人才与志愿者的有效联动,带动更多的人在服务社会及他人的过程中实现自我价值,促进更广泛的社会和谐。

第四,整合多元化力量,构建社会服务机构发展的网络体系。社会服务机构是非营利性的,其发展离不开外界资源的供给和资助。未来我国社会服务机构的发展需要采用多渠道争取外界资源的支持,构建起社会服务机构发展的网络支撑体系。一是争取政府资金支持为主渠道,充分有效使用政府公共服务资源,将有限的资源传递到最有需要的人手上;二是争取市场(企业)资助,倡导企业承担社会责任,鼓励企业通过社会公益捐助等方式,探索"企社合作"机制,共推社会服务事业发展;三是积极争取社会力量的支持,如向相关基金会申请投标项目,通过基金会支持,开展社会服务,实现组织功能的目标;四是建立与高校之间的联动机制,鼓励社会服务机构吸纳和引进高校专业师生力量,这对社会服务机构持续不断的人力输入起着不可或缺的作用。社会服务机构要可持续发展,需要构建起政府、市场(企业)、社会等社会主体相互联结、相互支持的网络支撑体系。社会创新是一项事关全党的执政根基是否稳固的战略举措,是事关社会主义和谐社会建设目标能够实现、社会主义现代化建设进程能够顺利推进的决定性因素。其中,发展和推进社会服务机构,必然是重要任务之一。

四、社会服务机构与社会创新实践

社会创新最具表象性的特征是在社会发展过程中涌现出的具有创新意义的各种组织和制度形式。在社会服务机构为主体的各类社会创新实践中,先后涌现诸如自助健康小组、免费药品、身心灵整体健康和临终关怀、小额信贷、慈善超市和零碳排放房屋计划等形式。

（一）社会服务机构的组织创新

社会组织虽被视为社会治理的重要主体之一，但无论在发展的成熟度、社会影响力还是公众的重视程度等方面，都明显弱于政府以及企业。[①] 一方面，这使人们意识到包括社会服务机构在内的社会组织并非想象中的那样完美。对作为依靠志愿精神建立与成长的组织而言，无论是从内部资金链运转、自身成长机制、管理效率，还是从外部竞争能力与公众信任等角度来说，都难以避免志愿性的丧失对这类组织的威胁，以及实践上的失败所带来的支持的减少。[②] 另一方面，众多学者开始探索如何突破"社会服务机构即使在具有充分的志愿精神的前提下，仍旧难以达成所期望的社会目标"这一发展瓶颈。[③] 面对上述问题，从组织变革与创新角度出发，即社会服务机构通过向社会企业嬗变，依靠商业组织的企业家精神与全新的社会定位，来解决社会组织发展中遇到的根本性难题，逐渐被人们视为可行且有效的途径。[④]

由此看来，社会企业的蓬勃兴起为社会服务机构解决自身困境提供了可行的路径。社会企业通常是指介于公私部门间的组织，其主要形态为利用交易活动以达成社会目标及财政自主的非营利组织。[⑤] 作为社会创新的重要组织形式，它是市场经济与社会公益有机结合的产物[⑥]，这也决定了社会企业具有运用商业手段和方法达到社会目标、融合商业与非营利组织的资本和管理方法、创造社会和经济价值、从商业活动中获得收益来支持社会项目等诸多混合型性质。[⑦] 而社会企业的这些特质，也都恰恰迎合了社

[①] 孔繁斌：《多中心治理诠释——基于承认政治的视角》，《南京大学学报》（哲学·人文科学·社会科学）2007年第6期。

[②] See Hodgkinson, V. A. and Weitzman, M. S. *Dimensions of the Independent Sector: A Statistical Profile* (2nd ed.). Independent Sector, 1985.

[③] See Lester M. Salamon. *Partners in Public Service: Government-Nonprofit Relations in the Modern Welfare State*. Johns Hopkins University Press, 1995.

[④] See Maier, F., Meyer, M. and Steinbereithner, M. "Nonprofit Organizations Becoming Business-Like: A Systematic Review," *Nonprofit and Voluntary Sector Quarterly*, 2014, 45(1).

[⑤] See OECD. *The Nonprofit Sector in A Changing Economy*, 2003.

[⑥] 王名、朱晓红：《社会企业论纲》，《中国非营利评论》2010年第2期。

[⑦] See Kim Alter. "Social Enterprise Typology," *Virtue Ventures LLC*, 2007(12).

会服务机构解决自身困境的发展方向。虽然,社会企业在诸如内涵界定、社会定位、组织边界等方面有诸多模糊的地方,但是,把社会企业视为一个能够在不同适用范围下更柔性的组织形态或许能够发挥其最大的价值。①

相对于欧美国家,社会企业在中国尚属新生事物,其探索社会创新方面的实践也才刚刚起步。但综合看来,中国的社会企业已经初步形成了四种典型模式:一是依托传统体制的创新模式,二是引进市场机制的创新模式,三是投身社会目的的创新模式,四是关注社区成员利益的创新模式。②

1. 依托传统体制的创新模式

这一类社会企业的前身主要是计划经济时期政府主办的从事社会公共服务的企事业单位,其突出特点是依托体制内资源成立和运营,并且在人事安排、生产经营和内部决策方面受到政府自上而下的干预和控制,以社会福利企业为典型。社会福利企业是政府为了安置残疾人等特殊人群就业,主要由民政部门设立的社会福利性质的特殊企业。残疾人以生产小组的形式从事一些简单的手工制造,企业可以享受物资、资金、劳动保险、产业政策和税收减免等待遇。许多研究将中国的社会福利企业视为社会企业,认为它们是中国最早运用市场导向帮助弱势群体的运营模式。③ 实际上,传统的社会福利企业并不算真正的社会企业,它们并没有真正运用市场机制,基本无法实现营利,主要靠政府补贴来维持运营,其享受的各项优惠政策也仅限于国营、集体社会福利企业和残疾人自我雇佣。据统计,福利企业平均安置一个残疾人,政府需要投资 2.6 万元,并且造成 1 万元的税收流失。

20 世纪 90 年代以后,随着政府补贴的减少,福利企业面临越来越大的

---

① See Westwall, A. and Chalkley. *Social Enterprise Futures*. The Smith Institute, 2007.
② 李健、王名:《社会企业与社会治理创新:模式与路径》,《北京航空航天大学学报》(社会科学版)2015 年第 3 期。
③ 时立荣:《转型与整合:社会企业的性质、构成与发展》,《人文杂志》2007 年第 4 期;王名、朱晓红:《社会企业论纲》,《中国非营利评论》2010 年第 2 期。

经营压力,传统福利企业发生了转向,这种转向主要来源于两种力量的作用:一是一些具有社会使命的营利性企业开始积极招募残疾人就业;二是一些为残障人士提供服务的社会组织改变了传统的照护模式,运用优势视角发掘残疾人特长,为残疾人提供庇护性就业服务。政府对社会福利企业的这种转向给予积极响应和支持,2007年出台了《福利企业资格认定办法》《关于促进残疾人就业税收优惠政策的通知》等政府文件,放宽福利企业资格认定办法,并规定企业(个人独资、合伙企业和个体经营户)、事业单位、社会团体和民办非企业单位等被认定为福利企业后同样可以享受税收等方面的优惠政策。因此,依托传统体制的创新模式主要是传统福利企业通过社会创新谋取市场化转型,实现自身可持续发展,并推动政府给予身份认定和政策支持。

2. 引进市场机制的创新模式

这一类社会企业的前身主要是社会组织,其突出特点是依托体制外资源,尤其是来自民间资金自下而上的支持,以民办非企业单位(社会服务机构)为典型。民办非企业单位是中国民间组织的一种基本形式,是企事业单位、社会团体和其他社会力量以及公民个人利用非国有资产举办的、从事非营利性社会服务活动的服务实体。由于民办非企业单位可以从事收费性的业务活动,本身还属于非营利组织的范畴,许多学者将民办非企业单位归为社会企业,但这种看法可能极大地高估了社会企业在中国的实际数量。根据1998年国务院颁布的《民办非企业单位登记管理暂行条例》,民办非企业单位面临着诸多方面的政策限制,这造成了民办非企业单位存在私人资产与社会资产、营利与非营利之间含混不清的问题。

事实上,民办非企业单位扭曲的市场机制使其不能算作社会企业,一些学者更倾向于使用"类社会企业"或"准社会企业"等称谓。① 在这样的背景下,一些民办非企业单位为绕开政策限制,选择通过工商注册成立另外一家

---

① [比利时]雅克·迪夫尼:《从第三部门到社会企业:概念与方法》,丁开杰、徐天祥编译,《经济社会体制比较》2009年第4期。

专门从事营利性经营活动的企业,这种现象在中国尤为普遍,也被称为"两张皮"现象。民办非企业单位成立企业主要有三方面原因:一是工商企业的登记注册程序相比民办非企业单位更加容易;二是目前国家对于高新区或高新技术等国家和地方重点发展领域的企业通常提供税收优惠,而民办非企业单位实际上很难获得税收优惠,许多组织采取登记企业的形式来规避税收;三是可以用企业营利的收入交叉补贴民办非企业单位的运营成本。通过这种方式,民办非企业单位走出了一条将社会公益与市场机制结合的道路。民办非企业单位引进市场机制的创新模式与德富尔尼(Defourny)和金(Kim)所提到的东亚国家普遍存在的非营利组织与营利组织合作类型的社会企业还有所不同①,这种合作更多体现为不同性质组织之间的内部合作。

3. 投身社会目的的创新模式

这种运行模式下的社会企业主要指传统商业企业,其突出特点是运用市场资源从事社会问题的解决,以民营企业践行企业社会责任为典型。企业社会责任是指一些经营较为成功的企业出于对可持续发展的追求,积极转换自身经营理念和方向,改变营利作为企业唯一经营目标,投身于社会公益事业。中国学者一般不把企业社会责任视为社会企业范畴,但认为企业社会责任与社会企业之间存在着广泛的通路。② 这种通路在实践中主要体现在两个方面,一是企业通过成立社会企业来整合其传统的社会责任,帮助其更好地实现社会目标,如零点研究咨询集团成立的零点青年公益创业发展中心;还有一些企业或商界精英出于社会公益目的共同发起成立社会企业,如阿拉善生态协会等。二是一些企业尝试将社会企业模式整合到他们的现有业务中,通过与社会组织合作,为核心商业模式赋予社会价值,朝着企业社会创新与共享价值创造迈进。

4. 关注社区成员利益的创新模式

这一类社会企业的前身主要是互助性经济组织。其突出特点是与社会

---

① Defourny J. and Kim, S. Y. "Emerging Models of Social Enterprise in Eastern Asia: A Cross-Country Analysis," *Social Enterprise Journal*, 2011, 17(1), pp.86-111.
② 金锦萍:《社会企业的兴起及其法律规制》,《经济社会体制比较》2009年第4期。

组织服务社会公共利益不同,该类社会企业更关注成员利益,尤以合作社为典型。合作社是根据合作原则建立的以优化社员(单位或个人)经济利益为目的的互助性经济组织。中国的合作社类型主要以服务"三农"型为主,如供销合作社及其发展的专业合作社、农业技术协会、农业经济协会和农产品行业协会等。此外,城市中也出现了住宅合作社、信贷联社等合作社形式。从外部来看,这些组织并不符合"社会"性质,实际上是广大弱势阶层改善自身地位的依托和载体。有学者认为,在中国,合作社具有重要的意义并且是社会企业图景的重要组成部分。[1] 北京梁漱溟乡村建设中心农村合作社服务指导团队的调研发现,当前中国农村运行良好,管理规范,有实际成效的合作社按照广义的标准推算也达不到20%,其他80%或是企业主导型合作社,或是官办的合作社。[2] 如此看来,多数合作社并不是真正的社会企业,但2006年以来出现的农民专业合作社可以被视为对社会企业的促进[3],并日益成为农村经济增长以及政府设计者社区建设的新引擎。在农民专业合作社中,会员是合作社的治理主体,合作社内部更加强调民主管理和互益性,政府主要在提供财政支持、税收优惠和金融、科技、人才的扶持以及产业政策引导等方面发挥主导作用。

(二) 社会服务机构的技术创新

所谓社会服务机构的技术创新是指通过积极推动以互联网、AI(Artificial Intelligence,指人工智能)系统等信息化、智能化技术在社会服务机构中的广泛运用,创新管理服务的方式、方法和流程,提升组织效率和效益。目前来看,以养老服务机构为代表的"互联网+"养老模式在运用现代科学技术赋能服务创新和流程创新等方面有较大发展,对其他领域的社会

---

[1] 余晓敏:《社会企业的治理研究:国际比较与中国模式》,《经济社会体制比较》2012年第6期。
[2] 赵晓峰、何慧丽:《农民专业合作社发展面临的结构性困境与突围路径》,《农业经济》2013年第1期。
[3] Yu X. "Social Enterprise in China: Driving Forces, Development Patterns and Legal Framework," *Social Enterprise Journal*, 2011, 117(1), pp.9-33.

服务机构技术创新起到一个示范作用。

具体而言,"互联网+"养老模式综合利用各种信息通信技术,以互联、移动、开放、共享为特征,围绕老年人的生活起居、安全保障、保健康复、医疗卫生、娱乐休闲等各个方面,面向老年人、服务单位、政府机构等相关人员和组织,开展信息采集、信息整理、信息利用和信息服务。"互联网+"养老既是一个技术体系,更是一个服务体系。从养老服务机构的视角观察,根据业务目标、业务主体和业务环境的差别,"互联网+"养老业务具有与传统养老体系完全不同的特征,可以概括为如下4点。

(1) 基于知识的服务。"互联网+"养老是建立在信息采集、信息整理、信息利用和信息服务基础上的一种养老体系。对数据和信息管理,以及对知识的升华应用是信息社会的典型特征,依托于数据、基于知识的增值服务是任何传统养老无法比拟的。

(2) 技术的多样性。"互联网+"养老体系是多种信息通信技术的综合利用,包括传感技术、存储技术、计算技术、通信技术、数据分析技术和人工智能技术等,这些信息通信技术的集成应用使多元异构信息汇聚和数据融合挖掘成为养老服务体系的技术基础。"互联网+"养老体系的实现是多种信息通信技术的综合体现和共同支撑,不是一种或一类技术能够代表的。

(3) 业务的综合性。"互联网+"养老体系是综合集成的业务集群。传统养老以居家养老、社区养老、机构养老区分,而"互联网+"养老体系依托网络和数据,脱离了空间性且模糊了时间性,它使老年人在任何时间、任何地点、任何场景下都能得到服务,满足实时性的用户需求,甚至发掘出潜在的用户需求。以居家养老中的健康体征监测为例,系统使用可穿戴设备实时监测老年人的个人体征数据,包括心率、血压、血糖、血氧等,从终端发送数据至系统后台,通过分析反馈有针对性的医学建议,这一业务过程涉及医学、通信、计算机科学等多种学科,也涉及设备制造、数据通信、医疗保健、数据存储、情报分析等多个行业。

(4) 行业的融合性。"互联网+"养老体系带动行业之间的融合与产业的集群式发展。"互联网+"养老涉及的行业几乎涵盖所有已知的传统服务行业和以信息技术为代表的新兴产业,例如智能建筑、智能家居、智慧医疗、网络金融、在线交易等。通过信息融合和数据挖掘,这些看似相距甚远的行业和领域得以交叉产生新的业务和共享用户。

"互联网+"养老服务机构的体系在理念、技术和规范三个方面具有深刻内涵。从理念上看,"互联网+"养老是适应当前社会服务机构发展的一种新的养老模式。例如河北一家养老类机构以河北保定为基地打造健康休闲养老的综合性项目,建立治疗中心与康复中心,利用移动互联技术为机构老人建立健康云平台,提供全面的健康管理服务和健康咨询服务,通过搭建机构内部养老信息平台,了解老人的需求,为老人提供日常生活所需的康复护理等系列服务;通过老人所佩戴的智能设备,实时对老人的身体状况进行监控和开展主动服务。

从技术上看,通过互联网、物联网、大数据等技术手段,提高管理和服务信息化水平,不断创新养老服务供给方式。青岛市市北区建立了虚拟养老院——"市北E家养老院",提供专业居家养老服务,发展老年电子商务,建设基层养老信息服务平台,开发老年家庭医疗监测和传感系统,为老年人提供居家生活、医疗保健、代购代缴、紧急救助等方面的服务;杭州桐庐为老人建设"智慧医疗",通过数据采集仪器和便携式监护仪器,以及无线通信网卡,为社区老年人提供免费的健康数据监测、远程会诊和急救定位等服务,并且通过远程"零距离"实时监测、跟踪,让子女、村卫生站医师实时掌握老人的健康和行动位置,弥补养老护理资源的不足,解决外出工作子女无暇照顾家里老人的后顾之忧。

从规范上看,为使"互联网+"养老服务机构的业务健康有序发展的规范标准有待建立健全。目前,"互联网+"养老的概念模式和业务体系尚在摸索阶段,因此,针对"互联网+"养老服务机构制定的相应的标准和规范都有待进一步健全和完善。这些标准规范有一部分是从国家和政府层面出台的各项法规、政策和文件而来,也有一部分是源自行业内部的规范、导向和指南。值得注意的是,规范化和标准化从业务中来,又要在迭代改进的过程中去指导业务和服务,从而更好地推动社会服务机构完成技术、金融、项目等资源整合,推动产业链升级。

(三)社会服务机构的理念和方法创新

贫困、失业、老龄化、剥夺、排斥、歧视以及贫富两极分化等社会问题是社会服务机构主要参与的活动领域。面对这些严峻的社会问题和挑战,社会服务机构在提供服务介入时尤其需要理念与方法的创新,以便以更科学先进的方式应对解决。其中影像发声法就是社会服务机构在介入社会问题中借鉴融合公共卫生研究领域的研究成果并对其进行发展创新的一种理念与方法创新。

所谓影像发声法,就是让行动者用手中的相机拍摄相关主题的照片、记录其真实的生活,由研究者组织行动者以小组为单位讨论照片,共同分享各自独特的经历和知识,通过多次拍摄与讨论活动,提高行动者对问题的认识,找到相关问题的原因以及可能的解决方法,从而激发行动者和社会的改变。① 影像发声法主要有三个目的:第一,让人们能够记录和反映他们社区的优点和关注点;第二,通过或大或小的团体对照片进行讨论,来促进对一些重要议题的批判性对话和认识;第三,影响政策制定者,使政策制定者与社会大众对于社区议题有更形象和深刻的了解。

从这个意义上讲,影像发声法不仅可以用在社会工作研究之中,而且适用于对社区弱势人群的需求与生活状况的研究。运用该方法可以和其他质性研究方法一样,获取大量真实的研究素材,并且易于被研究对象接受,不会被受访者的文化水平所限制,能较快地打开话匣子,从照片中引出背后鲜活的故事。"每个人都有一个独特的故事,一段特别的经历,不同的阶层、种族、性别、家庭、国家等都有他们自己的想法和观念",对于他们拍摄出来的影像、他们讲述的故事,可以结合他们所在的文化和环境加以阐释。影像发声法扩充了阐释的形式,使那些有利于界定和改进我们社会的、政治的、健

---

① Chonody, J., Ferman, B., Amitrani-Welsh, J. and Martin, T. "Violence through the Eyes of Youth: A Photovoice Exploration," *Journal of Community Psychology*, 2012, 41(1), pp.84-101.

康的事实的声音更加多元化。

同时,这种方法同样可以运用于社会工作介入。在开展社区服务项目的设计中,影像发声法不仅可以用来了解需求,还可以针对这些需求进一步设计介入方案,有针对性地开展专业活动。在影像发声法中运用的小组讨论和论坛活动,本身就隐含着增能的作用,关键是在参与过程中如何激发服务对象的潜能,不仅要发出自己的声音,更要付诸行动来促进自身或社区的改变。①

案例思考与讨论:

春草社工服务机构的使命、责信与创新

在中国城市农民工总量攀升及其城市融入需求日益增加的社会背景下,北京市以提升北京市农民工对城市的归属和融入感为主题进行招标。最终春草社工服务机构的城市农民工志愿者培育项目中标。在项目的整个进程中,有关部门共安排了三个不同阶段的评估工作,由第三方机构来承担相应的专业评估工作。

春草社工服务机构是一家专注于服务农民工的社会服务机构,它开展的农民工志愿者培育服务项目的核心理念为"团结协作,助人自助",帮助农民工从弱势群体成长为有能力的助人者,最终加强自身的城市融入,对农民工赋权增能。

该项目不同于用单一的个案工作、小组工作、社区工作、社会行政的方法帮助农民工实现某一方面的城市融入,而是在一个项目里集合了社会工作的大量专业方法,从微观、中观、宏观不同层面介入,系统开展农民工全人教育与"参与式"能力建设,逐步实现农民工的城市融入。

机构招募农民工志愿者主要有4种渠道:第一种是定期去社区里面宣传;第二种是在网上发布志愿者招募的链接,鼓励大家报名;第三种是鼓励

---

① 朱眉华、吴世友、Mimi V. Chapman:《社会工作介入与研究的新方法:影像发声法——以T村外来务工家庭的母亲形象项目为例》,《华东理工大学学报》(社会科学版)2012年第4期。

服务对象或者困境儿童家长报名加入;第四种是举办社区活动、志愿者活动等活动时现场招募,志愿者选拔本着自愿原则,基本不设过于严苛的选拔标准,鼓励农民工参与。招募后对农民工志愿者进行前期培训。任务的具体分配往往根据活动内容来定,有宣传、技术操控、秩序维护、负责签到区、负责物资区,也有活动协助、活动带领。春草社工服务机构鼓励农民工志愿者参与活动后的集体评估会,对志愿者来说,这样的参与既是能力提升的过程,也是与团队联结的过程。

该机构的服务评估表明,参与志愿服务对农民工的城市融入影响十分显著。在经济层面,受访的农民工志愿者从志愿服务的经历中获得了有助于职业发展的能力。在社会层面,志愿服务参与直接扩大了农民工的人际交往范围,并进行各种形式的交流、互助,参与社区服务和其他公益活动能够直接增加农民工和本地市民的交流机会,农民工能够更加了解市民的生活方式并尝试适应,市民也可以更加理解农民工群体的真实情况。在心理层面,志愿服务能够给人带来成就感和被认同感,会帮助农民工在城市生活中建立好的心态,农民工对生活的认可度和自信度都在提高,更愿意主动积极地融入城市。因此,参与志愿服务总体上对农民工的城市融入具有非常好的促进作用。

但必须看到的是,该项服务还存在一些不尽如人意的方面:一是农民工志愿者培育服务项目本身仍存在需要调整的地方。由于春草社工服务机构志愿者管理系统的信息化程度不高,未能及时更新了解志愿者的发展状况,也就无法准确匹配志愿者能力建设的需求和具体的志愿服务参与,这直接影响到志愿者培育的质量。此外,许多农民工志愿者的长期志愿伙伴都是和他们一样的农民工,志愿者大家庭这个平台无法有效为农民工志愿者提供跨群体的交流和支持。二是农民工的经济实力有限。从目前情况来看,农民工整体文化程度和技术能力比较低、法律意识比较淡薄、政治素质不太高、生活习惯与思想观念也不先进,致使其就业竞争力低,对其职业发展的能力培育效果有限。

思考题:

(1) 春草社工服务机构的使命是什么?在项目推进中是否达成了机构的使命?

(2) 春草社工服务机构需要对哪些主体进行责信交代?

(3) 春草社工服务机构在项目运行过程中体现的效率如何?遇到哪些困境?是否可以运用社会创新的方式加以解决?

图书在版编目(CIP)数据

社会服务机构运营与管理/王川兰主编. —上海：复旦大学出版社，2022.12
复旦大学社会工作硕士系列教材
ISBN 978-7-309-16416-9

Ⅰ.①社… Ⅱ.①王… Ⅲ.①社会服务-组织管理-研究生-教材 Ⅳ.①C916

中国版本图书馆 CIP 数据核字(2022)第 174067 号

社会服务机构运营与管理
Shehui Fuwu Jigou Yunying Yu Guanli
王川兰 主编
责任编辑/朱 枫

复旦大学出版社有限公司出版发行
上海市国权路 579 号 邮编：200433
网址：fupnet@ fudanpress.com http://www.fudanpress.com
门市零售：86-21-65102580 团体订购：86-21-65104505
出版部电话：86-21-65642845
上海新艺印刷有限公司

开本 787×960 1/16 印张 19 字数 272 千
2022 年 12 月第 1 版
2022 年 12 月第 1 版第 1 次印刷

ISBN 978-7-309-16416-9/C·428
定价：58.00 元

如有印装质量问题，请向复旦大学出版社有限公司出版部调换。
版权所有 侵权必究